マーケティング教育学

SAKATA Takafumi
坂田 隆文［著］

文眞堂

はじめに

本書は大学でマーケティングを教える教員に対して書かれた問題提起の書です。企業で実務やOJT，メンター制，研修などを通して社員や部下・後輩にマーケティングを学ばせたいと思っている経営層・管理職の方や自身でマーケティングを学ぼうとしておられる方々にとって適用可能な部分がたとえ本書の中にあったとしても，本書で議論する内容は大学・学部で講義やゼミといった場を通して学生を相手にマーケティングを教えている教員に向けて書いており，大学教員のみを本来の読者として想定しており，即効的な解を書いてなどいません。

後述するように，マーケティングは日本中の大学で講義として設置されており，和書洋書問わず多数のテキストが存在しているどころか，企業や各種団体において実務家向けの研修やセミナーが実施されていたり，数えきれないほどの実務書で解説・説明がなされています。この事実にもかかわらず，マーケティングを教えるという行為そのものに関する理論はほとんど存在していません。書籍でいうなら，私が知る限り皆無です。これが本書を執筆しようと思った一番の動機です。では，本書では何の問題を提起しているのでしょうか。ここではその説明をすることから始めさせて下さい。

世の中にはマーケティングの名人・達人と呼べるような方がいます。私が直接・間接的に存じている方を列挙するだけでも高岡浩三氏（ケイアンドカンパニー株式会社，代表取締役），森岡毅氏（株式会社刀，代表取締役CEO），深澤勝義氏（日清食品ホールディングス株式会社，執行役員・CMO），音部大輔氏（株式会社クー・マーケティング・カンパニー，代表取締役），石橋昌文氏（ネスレ日本株式会社，元CMO），宮地雅典氏（カゴメ株式会社，執行役員），佐藤章氏（株式会社湖池屋，代表取締役社長），髙口裕之氏（株式会社おやつカンパニー，取締役専務執行役員マーケティング本部長），槇亮次氏（株式会社Mizkan，取締役マーケティング本部長）などなど，枚挙に暇がありません。これらスターマーケターとも呼べるような皆さんは，想像力・創造力を駆使してマーケティングの力によって世の中を変えるほどのインパクトをもつことをなさってきました。ところが，スターマーケターが存在する一方で，実務の世界を見渡すと，マーケティングの実践にただただ日々苦労しているだけの方もいれば，マーケティングの重要性に気づきすらしていない方も無数ともいえるほどに存在しているようにも思います。

日本には経営・商学部をはじめ，経済学部や生活科学部，政策学部など，マーケティング関連講義が設置されている学部のある大学が数多あります。もちろん，経営学部の卒業生誰もが経営者になるわけではないように，文学部を卒業した方がみな作家になるわけではないように，あるいは法学部を卒業した方が全員法曹界に進むわけではないように，マーケティングを学んだ誰しもがマーケターになるわけではないでしょう。中には「大学で講義を受けたような気もするけど，どんな教授の授業だったかも覚えていないし，そこで習ったことは社会に出てから何も活かせていない」という経験は，マーケティングに限らず多くの講義であることでしょう。しかし，非常に実学志向の強いマーケティングという学問が多くの大学・学部で教えられているにもかかわらず，スターマーケターと呼べるような方がこれほどまでに数少ないのは何故でしょうか。

また，先に列挙させて頂いた方々は皆さん，大学を卒業してすぐに一流マーケターになったわけではなく（そもそも大学でマーケティングを学ばなかった方もいるかもしれません），実務経験を通してそのマーケティングスキルやマーケティングセンスを磨いていかれたようにも思います。それを理論的に説明するならば，古典的な心理学の研究では一流になるには少なくとも 10 年の経験を積まねばならないということが指摘されています（Simon and Chase 1973)。また，それを実証研究によって確認し，超一流と言われるレベルに達するまでの経験蓄積について心理学的側面から議論し，経験を積んだ中でも熟達者と言えるレベルにまで達する人は一握りだという既存研究もあります（Ericsson 1996)。さらには，学習とは経験から得られるものであるということは半世紀以上にわたって議論されてきています（池尻他 2021)。さらに，人が成長するのは，その 70％程度が仕事経験を通した学びによってであり，読書や研修といったいわゆる学習そのものから成長できる割合は10％程度であるという指摘もあります（Lombardo and Eichinger 2010）。

かのアインシュタインも何かを学ぶための最良の方法は自分で経験することだと述べていたそうです（Mayer and Holms 1996）。それを確認するかのように，経験からいかにして学習するか（Kolb 2014），経験から学習するためには何が必要なのかといった研究はこれまでに数多く存在しています（松尾 2006, 2014, 2021）。すると，経験を積むことこそが一流マーケターになるための必須要件だという考え方を採ることに何の違和感ももたれていないのかもしれません。さらには，日本を代表する哲学者である和辻哲郎はかつて，日本民族に欠けているのは「科学的精神」であり，やってみなくては解らないと感ずるのがこの民族の癖であると看破しました（和辻 1964, 1-2 頁）。マーケティングにおいても和辻がかつて日本人の特徴とみなしたように「経験してみなくては分からない」と考えてしまう傾向があるのかもしれません。しかし，それが確かだとすれば，経験する／できる「場」から離れた大学でマーケティングを教える意味はどこにあるのでしょうか。また，経験できる場を離れたところで学ぶ学問や理論に何の意味があるのでしょうか。経験ではなく学問や理論が重要だという理由をここでは代替可能性と発展可能性という２つをもって説明しましょう。

第一に，代替可能性とは，能力を伸ばすためには経験が必要だという前提に立つならば，高い能力をもった人の代わりになる人を用意するにはその人の経験を待たねばならないという限界があることを意味しています。諸説あるようですが，微分が誕生したのは2000年程前の投石機（カタパルト）の存在に一因があると言われることがあります。投石機で敵を殲滅したり城壁を攻撃する際，経験豊富な投擲手（操作する人）に依存するだけでは，その方の目の調子が悪かったり，その方が亡くなってしまった途端に，次の投擲手を育てることに時間を要し，戦争に負けてしまいかねません。しかし，計算法が確立されていれば，他の人が代わりに投擲することができるようになります。これと同じことがマーケティングにも当てはまるのではないでしょうか。属人的な経験や勘に頼っていては，その方の感覚が鈍ったり，その方が退職・転職した際に組織としてのマーケティング力が落ちてしまいます。そうならないようにするためには，個人的な経験に頼らずに済む教育が必要なのです。

第二の発展可能性とは，これまた能力を伸ばすために経験が必要だという前提に立つならば，その方がいずれ引退することを考えれば，一人の経験値以上に能力が高まることは期待できません。苅谷（2014）はアメリカ社会学会初代会長L. F. Wardの論考をもとに，19世紀末の時点で「遺伝（と，それを前提とした経験）か教育か」という二項対立で議論されていた学習の問題に対して，自然な経験に委ねるのではなく，科学的な知識によって意図的・計画的・目的的に編成された知識の体系の伝達によって社会は進化を遂げるという議論を繰り広げています。マーケティングにおいても，個人の経験からだけでは，組織の，社会のマーケティング力の進展には限界があることは明白でしょう。

そもそも，私は「経験か教育か」という二項対立で議論する必要もないかと思っています。経験したことを通して教育内容を自らの血肉とすることもあるでしょうし，自身の経験を後世に伝える教育の場があることが組織・社会の発展につながるからです。実際，この二項対立の不毛さを示唆するかのように，多くの企業人が（特に優秀・有能な方ほど）驚くほどに多くの書籍を読んでいらっしゃいます。それは所謂実務書や啓蒙書といったものではなく，専門書，あるいは海外ジャーナルに掲載されているような専門論文も含めての話です。優れた企業人ほど経験「だけ」に頼るのではないのです。

経営（学）の文脈ではありますが，『日経ビジネス』のシニアエディターである中沢（2023）は実務において学問・理論を重視する経営者の姿を数多く紹介しています。同書の中で星野リゾート代表星野佳路氏は「私は教科書に書いてあることを忠実に実行してきました…（中略）…経営に科学を取り入れるべきだと考え，教科書を経営の根拠に置いています」（11-13頁）と，エレコム会長葉田順治氏は経営学のテキストに「書いてあることを隅から隅までその通りに実践しよう」（57頁）と決意したと，中川政七商会会長中川淳（13代目中川政七）氏は「本を見つけては実践し，うまくいかなければ適用の方法を考えてまた，実践してみる…（中略）…うまくいかないときには本に書かれている原理原則が間違っているからではなく，適応の仕方がよくないからだと捉えている」（121-126頁）とおっしゃっています。まさに経験と教育（学問）とは二項対立ではないということでしょう。本書執筆中に出版された音部（2023）

の副題に「経験を知識に変える」と記していることなども，経験と教育が二項対立で議論されるものではないことを意味しているように思います。

また，実務家であるスターマーケターが実務家の方にとっても学者にとっても有益な著書（これらを実務書と呼ぶにはあまりに学問的な示唆にも富んでいます）を出しておられる様子を見ることができます。それは先のスターマーケターの例を挙げるだけでも高岡（2022a, 2022b），森岡（2016：「第 44 回ビジネスブックマラソン大賞」,「ビジネス書グランプリ 2017 マネジメント部門賞」），音部（2021：日本マーケティング学会「日本マーケティング本大賞」），佐藤（2023）など，枚挙に暇がありません。このようなことができるのは，経験と教育，言い換えるなら実践と学問・理論とは別々のものではなく，それらはどこかで関連していたり，それらを架橋する「何か」がどこかに存在していたりするからではないでしょうか。

しかしながら，本書が想定する大学教育においては，残念ながら実務を実際に経験させるということはできません。本文中でも述べるように，それができたとしてもせいぜい疑似体験どまりです。すると，マーケティングを（実行者の立場から）実際に経験できない学生のための教育について検討する必要があるのです。

また，そもそも教育（理論・座学知）と経験（経験知）との間には何らかの関係があるのではないでしょうか。それは相補関係かもしれませんし相関関係かもしれません。それを少しでも明らかにすることができれば，マーケティングという「理論」と「実務」の両方の意味を有した言葉に，学術的・実践的な貢献ができるのではないかと考えました。

さらには，現場に基づいた理論の構築や理論と実践の架橋を世の中（主に企業）にいる人たちに任せてしまって良いのでしょうか。私はそうは思いません。何故なら，日本国内だけでも数千のマーケティング関連講義が存在しています。大学時代にマーケティングやそれに連なる学問を学んだことがあるという人は毎年数万人いるかもしれません。それにもかかわらず，「大学で教えるのはあくまで学問であり，社会に出てから意味があることは保証できない」などと割り切ってしまうのは，我々マーケティング学者にとって無責任な発言ですらあるでしょう。事実，音部（2023）は「社会に出て役に立たない程度のマーケティングの知識なら，学ぶ意義は少なく，そもそも『学んだ』というべきものではないのかもしれません」（音部 2023, 50–51 頁）と述べています。

もちろん，先述の通り，経営学部で学ぶ内容が経営者になるためだけのものではないように，文学部で学ぶ内容で作家になれるわけではないように，法学部が法曹界でしか通用しないことを教えているわけではないように，マーケティングを教えるということは将来のマーケターを育てることだけに存在するというわけではないでしょう。そもそも大学という場は，研究蓄積を伝える教育機関であり，専門学校や職業訓練校とは違って職業人を育てる場などではないのですから（金子 2007, 32–34 頁）。しかし，繰り返しになりますが，マーケティングが社会科学（あるいはもっと広く，文系学問）の中でも非常に実学志向の強い，社会との接点の多い学問である以上，そのマーケティングを学んだ学生たちが大学を卒業した途端にマーケティングに対して何の意味も価値も感じないのだとすれば，それは我々教員の「教育」にも問題があると考えるべきなのではないでしょうか。

もちろん，それは日本の大学制度の問題にも関係するかもしれません。青島（2008）が教育社会学者や経営学者との議論を通して明らかにしているように，大学が高校までの基礎的学習が先送りされた場となる一方で社会からの「仕事に役立つ」実践的教育（それは専門性という意味ではありません）を行うよう求められ，そこで行われる教育の本質が見失われていることも事実でしょう。そのため，本書が取り組むにはあまりに大きな問題なので詳細には踏み込みませんが，日本の大学教育（特に社会科学や文系学問）には専門性が欠けている（あるいは足りない）というのはどの大学教員もが感じていることではないでしょうか。せいぜい 1～2 万字程度の卒論を書けば学生・卒業生は「○○学を学びました」というのでしょうが，日本ではその学んだ内容よりも大学名の方が幅を利かせるということも往々にして起こりえます。実際，私のゼミの卒業生たちも入社後に聞かれるのは大学名（や，せいぜい学部名）であり，専門性では決してありません。

一方，欧米であれば “What was your background?” といった質問や，“What were you trained?” といった質問が普通になされるということもお聞きします。要は，「あなたはどんなトレーニングを受けてきたんだ？　あなたは何を学んできたんだ？　どういう専門性をもっているんだ？」というわけです。日本にはこれがない（欠けている）から，マーケティングをいくら学んだところでそれが社会的に評価されるわけではないと学生が（教員も！）感じているのだとすれば，こんなに寂しいこと，虚しいことはないのではないでしょうか。実際，アメリカでは学部教育において大学が学生に及ぼす影響を実証的に明らかにした研究が存在します（Mayhew et al. eds. 2016）。一方，日本国内では，教育学の分野ですら「大学研究の視点は，旧来のエリート大学，すなわち現在の研究大学を中心にしたもの」（山田 2009, 33 頁）であり，実務との兼ね合いにおける学部教育の専門性は問われずにいます。

私は大学でマーケティングを教えて 20 年強のキャリアしかもっていませんが，一人でも多くの優れたマーケターを世に輩出したい，そう思いながら学生と向き合っています。そのため，2023 年 4 月からは日本最大のマーケティング系学会である日本マーケティング学会においてマーケティング教育研究会というリサーチプロジェクトを立ち上げました。設立メンバーである須賀友嗣氏（株式会社 U-TEAM，代表取締役），古池政裕氏（中部マーケティング協会，部長），上野篤志氏（株式会社博報堂プロダクツ，プロデューサー），山本奈央氏（名古屋市立大学，准教授），青谷実知代氏（神戸松蔭女子学院大学，准教授）とはこのような問題意識を共有できており，何度も議論を重ねてきました。そしてその成果の一部として，日本マーケティング学会カンファレンス 2023（於；法政大学）において同リサーチプロジェクトのセッションとして「マーケティング教育は本当に必要なのか」というタイトルのもと，「マーケティング教育における知識提供の課題と限界」（坂田），「実務におけるマーケティング教育」（カゴメ宮地雅典氏），「PBL 型産学連携商品企画における理論活用：商品化された事例を題材に」（中京大学 3 年小池菜月氏・小金丸未来氏）という報告が行われました。また，第 1 回研究会では Mizkan 槇亮次氏に「マーケティング人材の育て方，育ち方」というタイトルの講演を行って頂きました。さらには，本書執筆中の 2024 年 1 月 31 日には，本書の第 2 章の議論をもとに Management and Organizational Behavior Teaching Society（MOBTS）Oceania 2024（at University of Queensland）で研究報告を行いました（Sakata and Takemura 2024）。また，本書発行直前の 2024 年

6月29日には本書第2・3章の議論をもとにInternational Management and Organizational Behavior Teaching Society（IMOBTS）2024（at James Cook University）で研究報告を行うことになっています（Sakata and Takemura forthcoming）。

その中で見えてきたマーケティング教育の問題や課題を明確にし，マーケティング教育を理論的・学問的に検討するための問題提起を行うために本書を記すことにしました。そこにあるのは「一人でも多くの学生にマーケティングを学ぶ楽しさを知ってもらいたい」という想いや「一人でも多くのマーケターを送り出し，世の中をより良いものにしたい」という使命感です。もちろん，学ぶのは学生自身であり，我々教員にできるのはその手助け程度のものでしかありません。いや，手助けすらできず，せいぜい契機を与える程度のことしかできないことばかりです。しかし，教育者の端くれとして，マーケティング「教育」について検討することが私の想いや使命感に結びつくのではないかと考え，本書を書いてみることにしました。

さらには，大学における専門性という問題も本書執筆の契機に挙げられます。前述の通り，大学というのは専門学校や職業訓練校とは違い，仕事に役立つだけの知識や技能・能力を育成・涵養するのではなく，「学部生であっても研究者のタマゴであり，なぜそのようになっているのかについて新しい理論を開発することを期待」（坂田他 2023, 81頁）された状態で教育が行われるべきものです。企業人育成のために大学があるわけでも，会社の課題解決のため（だけ）に研究がなされているわけでもありません。このような立場に立つなら，ビジネスマナーや各種資格のように会社で必要とされる知識を身に付けさせることこそ（一部の）大学講義の役割だという意見が強調されることすらあるというのが，いかにおかしなことなのかということにも気がつけるでしょう。我々大学教員は学習指導要領や教育指導書を渡されて教育を行うわけではなく，あくまで自身の（あるいは自身が所属している学会や研究会での）研究成果に基づいて教育を行うからです。

そもそも，文部科学省の大学設置基準（第19条）では学部・学科の教育上の目標を達成するために必要な授業科目の開設について5つの基準が指示されていますが，そこでは教育成果が何なのかが明確に特定されているわけではありません（坂田他 2023）。また，第 19 条 2 項では「教育課程の編成に当たつては，大学は，学部等の専攻に係る専門の学芸を教授するとともに，幅広く深い教養及び総合的な判断力を培い，豊かな人間性を涵養するよう適切に配慮しなければならない」（強調点は筆者）とあり，専門性の教授が主，それ以外の部分は（それが大学の教育目標として適しているかどうかはさておき）あくまで従の関係にあるということがわかります。この時に昨今強調されがちなコミュニケーション能力だの主体性だのリーダーシップだのといった（測定すら困難な，その実態すら正確には定義も検証もされようがない）資質や能力を教育の主眼に置くわけにはいかないということが分かろうかと思います（竹内 1995；本田 2005a, 2020；中村 2011；中村高康他 2018；松下編 2010；広田 2015；苅谷 2020a；武藤 2023）。だからこそ，マーケティングという学問（専門性）を教えるということについて掘り下げて考えてみたいと考えました。

さて，本書のタイトルである「マーケティング教育学」という言葉ですが，お気づきの通り，このような言葉は存在しません。マーケティングと教育とを結び付けた研究としては教育マーケティングという言葉が以前からごく一部で存在してきました（佐野 2009；大林・石原 2021）。これらの研究では，マーケティングに対する造詣の深浅はさておき，教育現場における課題をマーケティングの理論を援用して解決しようとしてきました。一方，学際的な研究でより学術的に進んでいるのは，教育経済学や教育心理学，教育社会学といった教育○○学でしょう。これらの研究では教育を経済学の側面から，心理学の側面から，社会学の側面から分析・研究しています。ただし，それらの研究で焦点とされるのは「○○学」における○○問題であり，教育そのものに関心を置かない傾向にあります（苫野 2022）。問題となるのはあくまで○○という学問領域での問題意識に基づいたものであり，教育そのものには深く踏み込むことはされていません。

それらに対し，マーケティング教育学というのは，教育学（そこには広く認知科学や教育○○学も含みます）の観点からマーケティングを捉え直そう，分析・検討してみようという企図をもってつけました。そこにはマーケティングを教育することそのものへの問題意識を強くもっています。何故なら，既述の通り，マーケティングを教育し，一人でも多くのスターマーケターを育成するということが日本という国にとってプラスになることに疑いの余地はないからです。また，大学という専門科目を教える場においてマーケティングを教育することについて掘り下げて考えてみることは，マーケティングという学問そのものにとっても有益だと考えたからです（竹村 2021b）。とはいえ，この造語は私が言い出した言葉であり，日本マーケティング学会のマーケティング教育研究会での研究発表会以外では寡聞にして聞くことがありません（他で注目すべきものはと問われれば，日本商業学会関西部会の 2008 年 4 月例会における「マーケティング教育」というテーマでの廣田章光氏，高嶋克義氏，加藤司氏の発表が行われたくらいです）。しかし，学問としてのマーケティングを，実践としてのマーケティングを後世に伝えていくには，教育学の知見をマーケティングに援用できないかと考え，このタイトルをつけました。

本書最終章でも論じていますが，このようなタイトルをつけることにより，教育の観点からマーケティングの理論的・実務的問題を考察することが，ひいてはマーケティング論に対するインプリケーションをもたらしたり，実務におけるマーケティングに何らかの寄与があるのではないかと考えました。私のこの狙いは一冊の本で十全に議論し尽くせるものではありません。しかし，本書が契機になり，本書への批判をもとに，マーケティング教育を議論する人が一人でも増えることを心より願っています。

2024 年 4 月 18 日

坂田 隆文

目　次

第1章
問題の所在：マーケティング教育の実態と課題

Ⅰ．はじめに

本章はマーケティング教育の実態と課題を浮き彫りにすることによって，今後のマーケティング教育そのものに焦点を当てた議論を展開していくための問題提起を行うことを目的としている。ここで，本書全体を通して筆者が有している問題意識は，何故，大学・学部教育においてマーケティングを教育する際に巧くいかないことがあるのか[1]，大学・学部においてマーケティングをもっと巧く教育するにはどうすれば良いのか，ここにある。もちろん，このような漠とした問題意識で研究を進められるはずもない。しかし，まずは非常に大雑把ではあるが，この問題意識を掘り下げることにより，議論を進めていきたい

1　本章では教育の巧拙を教員の講義テクニック（あるいは指導への熱意）に求めるスタンスはとっていない。その理由は論を進めていくうちに明らかになるであろう。

ここで，教育内容や手法を改善するために学生による講義アンケートがあるではないかという指摘が可能かもしれない。それについては，筆者自身は近年多くの大学で導入されている授業評価アンケートに対して批判的な立場をとっている。その理由は3つある。第一に，学生に講義を評価する能力が備わっているという保証はどこにもないからである。この点については，国際政治学者である大磯（1996）がより端的に，マトモな学生が1～2割しかいない日本の大学では講義アンケートをとっても意味がないという指摘をしている（120-121頁）。第二に，学生自身，同じ講義を2度受けるということは（再履修を除いて）ないため，講義内容を相対化しようがないからである。第三に，学生が同じ科目名称の講義を異なる教員のもとで受けるということはないからである（オムニバス方式の講義は存在するが，その場合でも講義内容は異なっている）。この場合も比較対象がなく好き嫌いといった主観のみでの評価を行うことになってしまう。

と考えている。

「マーケティング」という言葉自体には学術的な意味（すなわち，理論としてのマーケティング）と実務的な意味（すなわち，企業・組織が行う活動という意味）が併存している[2]。このうち，我々研究者が考えるべきは，学術的な意味でのマーケティングであることはもちろんであるが，研究を行う以上，その研究蓄積を後世に継承していくことも重要なはずである。しかし，現実には，マーケティングは工学や物理学といった所謂理系学問や，文学や語学といった人文科学，さらには経済学や社会学，法学といったマーケティング以外の社会科学に比べて，その教育が効果的・効率的になされていないのではないかという認識をもっている[3]。そのため上記の通り，マーケティング教育に関する問題提起を行うことそのものに価値があるのではないかと考えている。

あくまで理念的にではあるが，高校までの教育には文科省による学習指導要領が存在し，どの科目で何を教えるのかということが明示されており，たとえば小学校の算数で変数（任意の値をとれる文字）を教えることはない[4]。一方，大学教育においては何を，どこまで，どのように教えるのかは当該科目担当教員に委ねられている。そのため，マーケティング論（あるいはその下位分野としての製品開発論やブランド論，サービス・マーケティング論，商品企画

2　我々はここでマーケティングが科学かどうかという議論をするつもりはない。マーケティングはあくまで科学であり，学問であるという前提を疑う余地もない。もちろん，マーケティングは科学たりうるのかという古典的な論争（Anderson 1983；Peter and Olson 1983；Firat 1985b；Hunt 1990, 1991, 1992；Peter 1992；Brown 1997, 2001）を無視するつもりはないが，ここでの問題意識とは射程が異なる点を強調しておく。また，これらの議論を仮に推し進めるならば科学とは何なのかという議論にも踏み込みかねず，それも本書の問題意識からは大きく外れるため，戸山田（2005），野家（2015）のような議論を参考にはしているものの，本書では議論の射程外にしている。

3　ここで教育における効果や効率を操作定義する必要があるという指摘もあろう。あるいは，教育を効果的・効率的に行うことの是非について指摘するエモーショナルな立場もあるかもしれない。また，そもそも教育効果を測る指標自体が十分に議論されていないのが現実である。マーケティングとは異なる文脈であるが，これらの点を議論した先行研究としては佐藤（2011）や竹村（2021a）が参考になる。

4　もちろん高校までの授業の場合でも，特に私立であれば科目担当者の創意によっていかようにも授業の多様化は可能であり，それを否定するつもりもない。この点については，たとえば国語教師だった大村はまのエピソードなどは非常に有名であろう（苅谷夏子 2012）。

論，広告論，流通論などの研究分野）で何をどこまでどのように教えるのかについては原則担当教員に一任されている。にもかかわらず，高校までの教育において議論されているような教授法（pedagogy）が大学教育の領域で議論されていることは少なく，マーケティング教育に限っていえば極一部に限られたものであるのが現状だ。

本章ではマーケティング教育にまつわる問題を扱うために，以下の議論を行う。次節においては大規模教室における講義やゼミ・演習における輪読といった，いわゆる座学に関する考察を行っている。伝統的に行われてきたこの方法は，知識の伝授という意味では非常に有効であり，だからこそ長らくマーケティング教育のスタンダードともいえる手法であった。では，その方法に問題・課題がないかというと，そういうわけではない。この点について考察を進めていく。

第Ⅲ節においては，マーケティング教育においてスタンダードとまではいえないまでも非常に多くの現場で用いられている教育手法であるケースメソッドについて考察する。本文中でも述べている通り，ケースメソッドを用いたマーケティング教育に関する議論は既に随所で行われており，その屋上屋を架す愚を避けるべく，ここでの議論はなるべくシンプルになるよう心がけよう。

第Ⅳ節においては，近年，マーケティング教育手法として台頭してきているPBL（Problem Based Learning：課題解決型学習）の教育手法について論じている。この手法は元々医学をはじめとする理系分野で用いられていた方法であるが，その有効性が知られたことから，2000年代に入ってからマーケティング領域の教育現場で導入されている事例が多数報告されてきている。ここでは，この手法の具体例に触れながら，その特徴や課題・問題点について論じている。

第Ⅴ節では，マーケティング教育における今後の議論の方向性を示すべく，「教育」という側面に焦点を当てた際のマーケティング教育にまつわる問題提起を行っている。本章は本書全体を通しての方向性を指し示すための章であるため，後の章とも重複した部分もあるが，まずは本書の全体像を提示すべく，本章でそのさわりともいえる部分を議論していくことにする。また，ここで，本書全体の構成を紹介する。

Ⅱ．座学による知識教授の実態と課題

教室における大人数相手の講義やゼミ・演習（以後，ゼミに統一）の輪読といった講義スタイルは，標準テキストをもとにマーケティングにまつわる知識を教授する伝統的な教育スタイルである[5]。そこでは，「整理された正しい知識を持っている人から，まだ持っていない人に情報を一方通行で注入する」（髙木・竹内 2010, 5頁）ことが行われている。巷間言われているように日米では求められる発言量が異なるといった話や，求められる予復習が桁違いだという話もあるが，ここでは知識の教授という点にのみ絞って議論を進めていこう。

そのために次のような作業が有効だと考える。それは代表的なマーケティングテキストを比較してみるという作業である[6]。それによって座学で何を伝達（一方通行で注入）することが教育とみなされてきたのかを推察できるだろう。ここにマーケティングの代表的な2冊のテキストがある。一方はArmstrong and Kotler（2020）によるもので，他方は石井他（2020）である。それぞれの章立てを見てみると，概ね以下の3点が共通しているようだ（表1-1及び1-2）。それは第一に，どちらもがマーケティングという企業活動がいかなる機能を果たすのか，社会的にどのような意味をもった存在なのかを冒頭で議論していることである。これは教科書的な意味でいうなら，学生が学ぶ対象の位置づけを明確にするための章だと考えられる。第二に，細かな違いはあれども，マーケティング・ミックス（4P）に基づいた章立てを行っており，マーケティング・ミックスをマーケティングの全体像を成すものと考えている姿勢がうかがわれる。第三に，企業の社会的責任のような今日的テーマを扱った章を盛り込んでいる。この点については，両者ともに改訂版を出すごとに第1版では存在しなかったテーマを追加している姿を見てとることができる。

5　本書で「講義」と表現した時には，日本の大学・学部におけるマーケティング教育のものであり，特に触れない場合は，他国での講義や大学院，ビジネススクール（MBAコース）における講義，あるいは企業で行われる研修の類を除外している

6　ただし，かつて田村正紀神戸大学名誉教授がマーケティングには教科書がないとおっしゃっていたように，本書で取り上げたテキストが「知識が蓄積していくタイプの教育に適した書籍」（竹村 2021b, 119頁）かというと，議論の余地が残るであろう。

では，その中身はというと，テキストとして採用されているからには当然のことであるが，両者ともにマーケティングにまつわる基礎的・基本的な概念や理論，時にはフレームワークの説明が連なっている。たとえばマーケティング

表 1-1　Armstrong and Kotler（2020）の目次

第1章	マーケティング：顧客価値と顧客エンゲージメントの創造
第2章	企業とマーケティング戦略：顧客エンゲージメント，顧客価値，顧客リレーションシップを構築するためのパートナーシップ
第3章	マーケティング環境の分析
第4章	マーケティング情報の管理：カスタマー・インサイトの獲得
第5章	消費者と企業の購買行動を理解する
第6章	顧客価値主導型マーケティング戦略：ターゲット顧客の価値創造
第7章	製品，サービス，ブランド：顧客価値の構築
第8章	新製品開発と製品ライフサイクルのマネジメント
第9章	価格設定：顧客価値の理解，およびその獲得
第10章	マーケティング・チャネル：顧客価値の提供
第11章	小売と卸売
第12章	顧客エンゲージメントと顧客価値の伝達：広告とパブリック・リレーションズ
第13章	人的販売とセールス・プロモーション
第14章	ダイレクト・マーケティング，オンライン・マーケティング，ソーシャルメディア・マーケティング，モバイル・マーケティング
第15章	グローバル市場
第16章	持続可能なマーケティング：社会的責任と倫理

表 1-2　石井他（2020）の目次

第1章	マーケティング発想の経営
第2章	マーケティング論の成り立ち
第3章	マーケティングの基本概念
第4章	製品のマネジメント
第5章	価格のマネジメント
第6章	広告のマネジメント
第7章	チャネルのマネジメント
第8章	サプライチェーンのマネジメント
第9章	営業のマネジメント
第10章	顧客関係のマネジメント
第11章	ビジネスモデルのマネジメント
第12章	顧客理解のマネジメント
第13章	ブランド構築のマネジメント
第14章	ブランド組織のマネジメント
第15章	社会責任のマネジメント

を取り巻く環境に関する議論が行われていたり，市場・顧客を理解するための分析手法や製品企画・開発法，さらには価格設定方法や営業活動の在り方，広告策定プロセスにまつわる解説が行われていたり，マーケティング・ミックスやSTP，製品ライフサイクル，サプライチェーン，ブランド，セールス・プロモーションといった概念に関する説明が行われていたりするといった多くの点で，2つのテキストには共通点がある。

当然のことと指摘されればそれまでではあるが，座学で知識を教授するとは，テキストに掲載されているマーケティングにまつわる基礎的・基本的な概念や理論を教えることに他ならない。そこでポイントとなることは3つある。それは第一に，教員がテキストに掲載されていないことをどこまで教えるのかという点である。たとえば講義中の「小ネタ」として関連事象の紹介をするということもあろうし，専門家である教員だからこそ伝えられるテキスト外の概念や理論にまで発展させて講義を進めていくこともありえるだろう。

学習指導要領によって指導内容を定められた高校までの授業と異なり，大学での講義は担当者に委ねられた部分が大きいということは，講義の本筋から外れた「小ネタ」だけで講義を終わってしまう可能性もあるわけであり，テキスト外の概念や理論を学生の理解度を度外視したかたちで講義するということも起こりうる。その年，その期に初めて集まった学生たちに対して何をどこまでどのように教えるのかは一発勝負のものであり，たとえシラバスで教育内容を事前に定めていたとしても，それがそのまま90分という講義時間でピタリと過不足なく教えられるかと言われると，せいぜい教員の指導経験に依存するくらいしかできず，保証はどこにもないはずである[7]。

第二に指摘されるべきなのは，テキストそのものに対する信頼である。すなわち，用いられるテキストが理論を体系的にまとめたものであるのか，そのテ

7　ただし，三谷（2017）が「いまの大学が，とりわけ授業の開講コマ数とかシラバスの書き方とか，いわゆる事務的な『約束事』でがんじがらめにされた，ある種官僚主義的な空気の支配する空間になりはてている，というのは否定しようのない事実である」（35-36頁）と指摘していることに筆者も賛同している。また，日本におけるシラバスという存在の生産性のなさやそれを作成する際の「浪費に終わる」（絹川 2006, 176頁）ことへの筆者自身の問題意識に類するものとして，絹川（2006）及び佐藤（2019）も併せて参照されたい。

キスト自体が客観的に高く評価されうるものであるのか，他のテキストとの齟齬がないかといった点を検討せねばならない。

そもそも大学では，講義によっては教員が作成したオリジナル資料を用いることもある。また，仮にテキストを用いていたとしても，そこで用いられるテキストがマーケティングという学問について体系的にまとめられたものでなければ，マーケティングにまつわる概念や理論を体系的に学ぶことなどできるはずもない。さらには，当該テキストが第三者から見てもテキストに用いられる価値がある一冊でなければ，そこに書かれている概念や理論も信頼に値するかどうかが明らかにならない[8]。

最後に，2点目とも強く関わることであるが，用いられるテキストを選ぶのも教員の仕事であるという点も考慮せねばならない。先に2冊の「代表的」なテキストの紹介をした。しかし，これらが代表的であるかどうか，標準テキストといえるかどうかということを誰が決めるのか[9]。論理的には講義担当教員でしかありえない。それは昨今のシラバス重視の大学教育の事情とも関連している。実際，どの大学も講義が始まる前に教員がシラバスを作成し，自身が選定したテキストをそのシラバスに掲載し，学生はそのシラバスを見て講義を履修するかどうかを決める。すると，教員の教育内容を講義で用いられるテキス

8　そもそも文系学問においては「何を学生に読ませるのかの基準自体が曖昧，あるいは多様になる。極端に言えば，担当者の専門や好みによって違ってくる」（苅谷 2018, 27頁）ということがいえる。このことに関して上林（2017）は，日本の経営学のテキストに対して「執筆者によって体系も内容も千差万別」で，「結局受講生が何を体系的に学修すべきかを客観的に示すことが難しくなってしまいがち」であると断じているが（45-46頁），これらのことはマーケティング講義においても十分に指摘しうることである。もちろんこのような意見に対して「マーケティングでは4Pを教えるという共通項があるではないか」という反論もあるだろう。しかしながら，筆者の経験では，マーケティングの発展科目を担当した際，入門科目で単位を取得した学生たちが4Pすら学んでいなかったこともある。

9　周知の通り，高校までの授業であれば，原則として文部科学省の検定教科書に基づいて授業が行われる（苅谷 2005）。一方，大学の場合，テキスト使用の有無も，どのテキストを用いるのかについても，決定者は原則科目担当者にある。こういった議論を進めていくならば，主に社会学の分野で既に議論になっている大学の存在意義や大学改革にまつわる議論に触れる必要が生じることもあろう。しかし，紙幅の関係から，そういった議論は天野（2013），苅谷（2002, 2012a, 2012b, 2020b），苅谷・吉見（2020），佐藤編（2018），吉見（2016, 2020, 2021）に譲っておくこととする。

トによって担保することすら，論理的にはできないことになる。自身が執筆に携わった著書を販売することを目的としたり，代表的なテキストとは中身が全く異なるような流行の書籍に夢中になったり，極論をいうならば，講義内容と全く関係しない自らの興味・関心に流されてしまってテキストを選ぶということもありうるからである。

これら３つのうち，１つ目に関しては，再現性という点で確認することができない。もちろん，国内の全てのマーケティングの講義・ゼミを録画し，そこで行われた話をテキスト化すれば物理的には可能であるが，とても現実的とはいえない。そこで２つ目と３つ目を確認すべく，表1–3をご覧頂こう。表1–3は河合塾入試難易予想ランキング表（2023年度版）において「経済・経営・商学系（私立大)」に分類されている大学・学部におけるマーケティング（あるいはマーケティング論，マーケティング入門，マーケティング基礎など）のシラバス（2022年度）に掲載されている教科書をアトランダムに抜粋したものである。恣意的に抜粋したものとはいえ，教科書指定がない場合や教員によるオリジナル資料を用いている講義も多数存在する中，教科書を指定されている講義だけを見ても統一性がないことが明らかであろう。さらには，同一科目名であったとしても担当教員が異なれば用いられる教科書が変わることもあり，時系列でシラバスを調査したなら，担当教員の変更で教科書が変更されることも容易に想像できよう。

先にArmstrong and Kotler（2020）と石井他（2020）で指摘されたテキストとしての共通点が，講義中に配布されるオリジナル資料で担保されるとは限らないのはいうまでもない。さらには，仮にテキストを用いていたとしても，用いられるテキストがこれだけ多様になってしまうと，講義中に指導される概念や理論，フレームワークも大学・学部・年度・担当教員によって多少なりとも異なってしまう可能性は否定できない。用いられるテキストの多様化は講義の多様化を意味し，座学で教える内容を標準化できないことを意味する。

さて，では，あくまで理念的にではあるが，マーケティングという学問分野において標準テキストが一冊存在しているとしよう。それは先のArmstrong and Kotler（2020）でも石井他（2020）でも，もちろん表1–3に掲げられているどのテキストでも良い。それがマーケティングという学問を教える際にどの

表 1-3　主要私立大学のマーケティング論で用いられるテキストの多様性

【早稲田大学商学部】　マーケティング論 2（恩藏直人）
恩藏直人『マーケティング』日本経済新聞社
【青山学院大学経営学部】　マーケティング論Ⅰ及びⅡ（石井裕明）（芳賀康浩）（久保田進彦）
フィリップ・コトラー，ゲイリー・アームストロング，恩藏直人『コトラー，アームストロング，恩藏のマーケティング原理』丸善出版
【学習院大学経済学部】　マーケティング論（上田隆穂・青木幸弘）
上田隆穂・澁谷覚・西原彰宏『グラフィックマーケティング』新世社
【法政大学経営学部】　マーケティング入門（竹内淑恵）
石井淳蔵・廣田章光・坂田隆文編著『1 からのマーケティング・デザイン』碩学舎
【國學院大學経済学部】　マーケティングの基礎（宮下雄治）
宮下雄治『米中先進事例に学ぶ　マーケティング DX』すばる舎
【武蔵大学経済学部】　マーケティング 1（大平修司）
石井淳蔵・廣田章光・清水信年『1 からのマーケティング〔第 4 版〕』碩学舎
【南山大学経営学部】　マーケティング A1（川北眞紀子）
小川孔輔『マーケティング入門』日本経済新聞出版社
【日本大学商学部】　マーケティング論（東徹）
嶋正・東徹編著『現代マーケティングの基礎知識［改訂版］』創成社
【専修大学商学部】　マーケティング（大崎恒次）
現代マーケティング研究会編『マーケティング論の基礎』同文舘出版
【関西学院大学商学部】　マーケティング入門（川端基夫・石淵順也・伊藤秀和・西本章宏）
和田充夫・恩蔵直人・三浦俊彦『マーケティング戦略〔第 6 版〕』有斐閣
【近畿大学経営学部】　マーケティング（岡山武史）
廣田章光編『デジタル社会のマーケティング』中央経済社
【近畿大学経営学部】　マーケティング（鈴木雄也）
陶山計介『よくわかる現代マーケティング』ミネルヴァ書房

※　担当教員名に関しては，同一科目名を複数の教員で別々に担当する場合は丸括弧を分け，同一の科目を複数教員で担当する場合は中黒でつないだ。なお，その他に多く見られた「教科書を使用しない」あるいは「オリジナル資料を用いる」という講義については全て割愛した。
出所：各大学のホームページに掲載されたシラバスを基に筆者作成。

教員もが用いるテキストだとしよう。そこにはマーケティングとは顧客志向が大切であるという話や，マーケティング・ミックスや STP という概念について書かれているかもしれない。あるいは今後，マーケティングが学問として成熟するにつれ，新たな概念や理論，フレームワークが誕生するかもしれない。

そうすると，ここで 1 つ疑問が生じる。それは，マーケティング教育とはマーケティングにまつわる知識を教えることのみを意味するのかという疑問である。もちろん，大学の講義であれば，小テストや年度末試験で「マーケティングにおいて重視されている顧客志向とはいかなる考え方なのかについて説明

せよ」という問題を出したり，「STPとはそれぞれ何の頭文字なのかを答えなさい」といった問題を出したりして，一定の点数に達すれば学生は単位が得られることに異論はないだろう。しかし，他の社会科学に比べて日常生活における具体的な事象を題材とし，現実のマーケティング活動を取り扱うという意味で実学志向の強いマーケティングにおいて，単なる知識の提供ということがいかに成り立つのであろうか。この問題については第3章で詳述する。

さらに，知識としての概念や理論，フレームワークを教授（学生の立場でいうなら学習）したとしても，それはあくまで概念や理論などを教えた／学んだというだけのことであり，それらが実際にどのように用いられるのかという点については深く掘り下げて教授／学習したことにはならない。というのも，たとえばSTPを学んだとしても，どのような基準でセグメンテーションすれば良いのか，どのターゲットを狙えば良いのか，どうポジショニングすれば良いのかといったことを考える能力を養うための場はテキストの中には存在していない。それはもちろん，事例が紹介され，その事例に限ってのみの一応の正解が存在するかのように説明されることもある（山田 2017, 2019）。しかしながら，それをもって概念・理論・フレームワークに唯一の正解があるといえるわけではない。

このような座学に関わる論点は，つまりは，マーケティングが他の社会科学に比して実学志向が強い学問であるという事実と，単に知識を提供すればマーケティングを教えたことになるわけではないという見方ができることにある。そのため，座学という伝統的な手法に対するアンチテーゼとしてケースを用いた教育プログラムが発展してきた（Barnes et al. 1994）。特に少人数講義やゼミで用いられることが多いこの手法については，節を改めて議論することにしよう。

Ⅲ．ケースメソッドを用いた教育手法の実態と課題

具体的なビジネスの事例（ケース）を題材にして，そこに書かれている内容（あるいは設問）に関して議論する学習法をケースメソッドと呼ぶ。このケースとは，執筆者による意図や意見，分析，結論が込められることなく，事実の

みが客観的に記されたものであり，企業活動を分析するためのリサーチ手法としてのケース（あるいはケーススタディ）とは異なるものである[10]。

ケースメソッドでは通常，個人でケースを読みこみ，事前に与えられている課題を自分の頭で考え（あるいは，課題が与えられていない場合は，そもそも何が課題なのかを考えることから始め），数人程度のグループで討議し，その後，教員の指導のもと，教室全体での討議を行う。ケースメソッドで用いられるケースは日本国内だけでも慶應義塾大学大学院経営管理研究科（https://kbs.bookpark.ne.jp/）や神戸大学大学院経営学研究科（https://b.kobe-u.ac.jp/cases/），日本ケースセンター（https://casecenter.jp/）のマテリアルがインターネットから入手可能であるし，マーケティングや経営学のケースをまとめた書籍が既にいくつも出版されている（たとえば，石井・大西 2005；沼上 2011；青木 2015；余田他 2020)。また，ケースメソッドを用いた教育手法にまつわる研究も既に数多く存在しており（Barnes et al. 1994；佐野 2003；Ellet 2007；髙木・竹内 2006, 2010；竹内 2013, 2015；池尾 2015, 2021；佐藤監修 2015；小樽商科大学ビジネススクール編 2020；余田他 2020；水野・黒岩 2022)，マーケティング教育にまつわる議論の中ではケースメソッドに関する議論が最も活発である。

ケースメソッドを経営学部や商学部の教育手法として導入したのはハーバード・ビジネス・スクールであると言われており[11]，日本においても 1962 年には慶應義塾大学でケースメソッドが取り入れられ（髙木・竹内 2006)，1990 年を超える頃には既に商学部を中心に「ケースを教材に使う先生方が増えて」（竹内 1989, 455 頁）いたという。ケースメソッドを用いた教育手法に関する本書での具体的な説明は第 4 章まで待つこととして，ここでは前項で座学につ

10　なお，両者の違いについては髙木・竹内（2010）の 19 頁図 1-3 で簡潔にまとめられている。また，後者，すなわち分析手法としてのケースに関しては，Yin（1994)，藤本（2003)，George and Bennett（2005)，田村（2006, 2015, 2016)，佐藤（2008)，澁谷（2009）などを参考にされたい。

11　ケースメソッドを用いたハーバード・ビジネス・スクールでの様子や体験談については Copeland（1958）や土屋（1974)，Kelly and Kelly（1987)，Ewing（1991）など数多くの書物が既に出版されている。特に，McNair（1954）では同校の「最近の卒業生の目から見たケース・メソッド」という章が設けられており，当時の臨場感溢れる記述がなされている。

いて議論したのと同様に，ケースメソッドの長所と短所に触れておきたい。

ケースメソッドの長所として何よりも先に挙げられるのは，具体的な事例を扱っているため，学習者が着手しやすいという点であろう。用いられるケースによっては学習者がそこでの議論を身近なものと感じることができ，机上の議論ではなくリアルな現場感覚をもって講義に参加できる。それは「書を持って街へ出る」（佐藤 2006）ことがなくとも，教室内を「街」にできているとさえいえるかもしれない。

では，実際にケースメソッドを用いる時には何を重視すべきなのかというと，「今」を生きる我々の目線で議論するのではなく，「ケースに登場する人になったつもりで，その人と同じ立場で同じ条件で，直面する問題を見てみる」（石井 2005, 5頁）ことによって，自分で考える経験を積み（池尾 2015, 2021），腹に落ちた理解をするということがポイントだという（石井 2009）。この当事者目線の重要性はケースメソッドというマーケティングの教育手法を解説した既存研究においても随所で語られるものである（髙木・竹内 2010；池尾 2015；水野・黒岩 2022）[12]。

ケースメソッドではこのように，ケースを読み，自分なりに考え，そこで学習者自身が何らかの意思決定を行うためにどのような知識が必要なのかを理解するというプロセスを辿ることが重要である。いくつかのケースを読んで（疑似的に）経験を積んだ後になってから読むテキストは，初めからテキストを読むのに比べて理解しやすくなる[13]。ここに座学とケースメソッドの違いがある。また，テキストによる学習であれば「マーケティング・ミックスとは製品と流通と価格とプロモーションである」という1つの解答が存在するが，ケー

12　なお，慶應義塾大学のMBAコースでは，ケースメソッドの目的として「直面する経営問題に対し自分がその当事者であったとすればどのような意思決定を下すのか，その思考過程を繰り返し訓練することが目的となる」と明確に記述されている（慶應義塾大学経営管理研究科HP，https://kbs.bookpark.ne.jp/pages/about_kbs01，2022年10月19日閲覧）。

13　なお，ここでいう「テキスト」では，座学に関する議論で既に指摘したテキストの標準化の問題からも免れることができる。何故なら，ケースを読む中でどのような概念や理論，フレームワークが必要なのかということ自体を学習者が学ぶため，教員がテキストを指定するわけではないからである。ただし，当然のことであるが，後に述べるように，用いられるケースが標準化されない以上，それによって学ばれる内容を標準化できないということもまた事実である。

スメソッドにおいてはそこで議論されている内容によって，唯一無二の解答など存在しないことも特徴として挙げられるであろう。

テキストをもとにマーケティング・ミックスを学んだ者であれば，4つのPを答えれば正解だという考え方になろうが，ケースメソッドではそのケースに書かれている事例からマーケティング・ミックスそのものへの考察を深めていくことができる。具体的な解説は第4章に譲るが，それを「セオリーづくりを経験する」（石井 2009, 161-162頁）という。また，そこでの議論を通して足りない知識（概念や理論，フレームワーク）があると気づくことができれば，それに関連する書物を読んだり足りない情報を自ら収集しようとしたりすることも期待できる。すると，たった数頁のケースが学習者の無限ともいえる学びにまで発展する可能性を秘めているとさえいえる。そういった学習過程の中で現実を説明するのに唯一無二のセオリーが存在するわけではなく，セオリーで説明できない範囲があるということが理解できるようになることを石井(2009）は「セオリーを相対化する」（164頁）と表している。いずれもテキストから学び，テキストの内容を暗記するのに比べ，自ら理論を生み出す仮想経験を行ったり，既存理論を相対化するという点で深い学びだといえる。

ケースメソッドにマーケティングの教育手法としての長所がいくつもあるということは既に随所で指摘されていることであるが，では，短所はないのかというと，もちろんそういうわけではない。少なくとも以下の4つは，ケースメソッドの本質的な課題として避けられないものとして既に指摘されている。それは第一に，ケースメソッドではその学びの質・量が学生の態度・能力に依存するという点である。座学であれば教員が主導権を握り，学生に教えるべき内容（その多くは事前にシラバスで明記されるなど，少なくとも教員にとっては自明のものである）を時間内で教えるというコントロールが可能になりやすい。しかし，ケースメソッドは学生が主体となって進められる（べき）ものであるため，「実際の授業や研修が始まってみなければ，どのような発言が出るのか，議論がどの方向に進んでいくのか想定できないことも多く」（水野・黒岩 2021, 3頁)，結果として「議論がどこに飛んでいくか分からないという難しさがある」（徳山 2015, 181頁）ばかりか，学生が主体的・能動的・積極的に参加しなければ，講義自体が成立しなくなってしまうおそれすらある。

理想的な議論が行われたなら，セオリーづくりを経験し，セオリーを相対化する僥倖に恵まれるかもしれない。しかし，ケースメソッドは「そこに書かれた事実描写を何らかの『枠組み』で理解するための知的努力を自分に課すこと」（髙木・竹内 2006, 37 頁）であるがゆえに，誰も発言しない，思い付きでのみ発言が行われる，参加者間での発言がかみ合わない，議論が過熱しすぎて収拾がつかなくなる，参加者の学びの障害になる人が存在しうるといった可能性も孕んでおり，「参加者の自由気ままな発言に引きずられ，教育目的を途中で維持できなく」（髙木・竹内 2010, 232 頁）リスクも背負っており，「完成品としていつでも同じものができるわけではない」（髙木・竹内 2010, 102 頁）ということが指摘されている。

第二に，ケースメソッドの学びを標準化できるのかという問題がある。前述の学生の態度・能力に学びの質・量が依存しているという点に関しては，そもそもケースメソッドにおいては参加者が事前に十分な準備をし，自主的な発言で討議が進み，その発言によって参加者の思考プロセスが形成されていくという前提がもたれているのであるが（髙木・竹内 2006），そうであるがゆえに，ケースメソッドは大規模教室における座学以上に「生もの」にならざるをえない。

そもそもケースメソッドが導入された当初，ケースを用いて教える教員がいないという状況にあった（和田 2006）。もちろん現在では前述の通り良質なケースメソッドにまつわるテキストも多数存在しており，ケースを用いてマーケティングを教えることができる教員も多数存在する。しかし，アメリカの大学においては教授法（pedagogy）という科目でケースメソッドを行う手法が体系的に学べるのに対し（徳山 2015），日本ではケースメソッドを「自己流の方法で実施していることが散見されて」（水野・黒岩 2021, 2 頁）おり，ケースメソッドという教育手法の体系化が進んでいるとは言い難い[14]。そのため，同じケースを用いて同じ「ケースメソッド」を行ったとしても，参加学生が

14　髙木・竹内（2010）は慶應義塾大学名誉教授石井英夫氏による「世の中には普及しそうでいて，なかなか普及しないものがいくつかあるが，その最たるものの一つにケースメソッド教育がある」という言葉を借りながら，ケースメソッドを「移転困難性を伴う教育方法」（14 頁）と表している。

作り出す場の雰囲気などによって学生の学びに差が生まれることが起こりうるのである。酷い場合には，学生たちが専門知識としての概念も理論もフレームワークもなしに単なる思い付きを言い合っているうちに時間がきて，議論した気になって終わってしまい，受講者自身が何を学んだのかが分からないまま終わってしまう「ケースメソッドもどき」（水野・黒岩 2022, 222 頁）を「なかなかゼロにはできない」（髙木・竹内 2010, 260 頁）。

第三に，ケースの量は膨大に存在するがゆえに，どのケースを用いるのかによって教育効果が変わる可能性があることが指摘できる。これは前述のケースメソッドの標準化にも関係することであるが，「この概念を教えるにはこのケース」という標準化を行い難いのが実情である。さらにいうなら，用いるケースが同じだったとしても，前述の通り，学生の議論の方向性などによって指導内容が変わるということも起こりうる。

第四に，ケースメソッドは座学と違い，学習した知識の量だけが問われるわけではないため，参加者の評価を行うことが難しいという点が挙げられる（髙木・竹内 2010）。発言回数の多寡と発言の質の高低のどちらが評価に影響するのか，そもそも発言の質をどのように評価するのかは教員に委ねられており，普遍的な評価基準が存在するわけではない。さらには，一緒に議論に参加したメンバーによって議論の活性化度合いが変わることからも，評価の困難さは一層複雑なものになる[15]。

ケースメソッドには座学にはない長所がある一方，マーケティング教育における効果・効率の高さがあることも事実である。ただし，それは，ここで見てきたように，「巧くいけば」という注釈付きになりそうである[16]。では，巧くいけばより効果的・効率的になる教育手法はないのかというと，そういうわけではない。教育学の領域で注目を集めている PBL（Problem Based Learning：課題解決型学習）型の教育手法がそれである。節を改めて論じる

15　髙木・竹内（2010）に掲載されている「クラス発言の裏事情」（85-89 頁）を読むと，ケースメソッド経験者であれば誰もが身につまされる思いをすることだろう。

16　Barnes et al.（1994）では随所に巧くいっていないケースメソッドの状態が紹介されている。また，水野・黒岩（2022）の中には，そのものずばり「うまくいった授業・研修のエピソード」「うまくいかなかった授業・研修のエピソード」という示唆に富んだ節がある。

ことにしよう。

Ⅳ．PBL の可能性と課題

1900 年代初頭にアメリカの教育学者ジョン・デューイによって教育現場に取り入れられたとされ（山田監修 2012），その後，1960 年代頃より医学・看護分野でいち早く採用され始め（小野・松下 2015），近年では初等教育でもその有効性が認められつつある学習法に PBL と呼ばれるものがある。この教育法では問題・課題に出合い（発見し），それを解決するというプロセスを通して知識の獲得やその活用・応用を学ぶプロセスを経験していく（図 1-1）。この教育手法は「実世界で直面する問題やシナリオの解決を通して，基礎と実世界を繋ぐ知識の習得，問題解決に関する能力や態度等を身につける学習」（溝上 2016, 9 頁）という定義からも理解できるように，自ら問題・課題を発見してそれを解決する能力を養うことを目的としている。

座学であれば知識が教えられ，その知識の定着度合いを測るために（筆記試験などの）問題が与えられる。一方，PBL では初めに出合うのは問題・課題であり，その問題・課題を解決するためにどのような知識が必要なのかを学習者自身が考えることまでが求められる（Woods 1994）。つまり，最初に知識の

図 1-1　PBL のプロセス

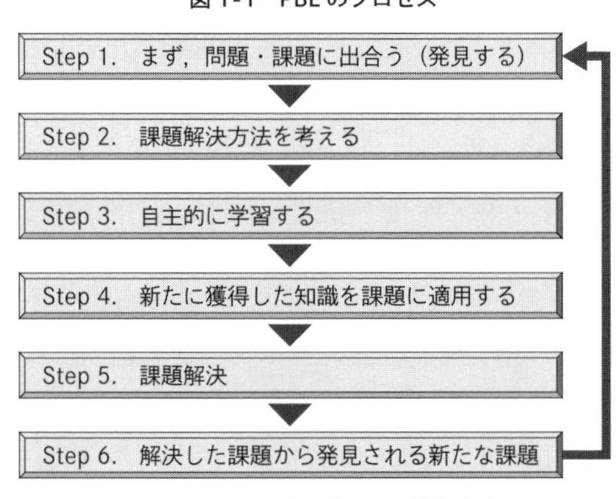

出所：Barrows（1985），第 7 章を基に筆者作成。

教授・学習があるのではなく，「その学びはいかなる課題を解決するために必要なのか」という課題設定から始まるのである。

もちろん，マーケティング教育において PBL を実施した際ですら，PBL の P すなわち Problem（問題・課題）が必ずしもマーケティング課題にならない場合もあるということもある。以前筆者が担当するゼミで行った某企業との産学連携活動において，学生が企画提案したものが商品化寸前までいったことがあった。しかし同企画は，連携先企業の担当者が試作品開発段階のタイミングで異動になり，後任者への引継ぎが巧くいかず商品化できなくなった。その際，学生たちにとってはマーケティングと全く関係ない事情（人事異動や引継ぎの問題）こそが最大の課題になったのである。この事例はマーケティング問題として始めた PBL の P がマーケティング以外の問題に変容した例といえる。

この PBL はマーケティングの領域においても 2005 年頃より徐々に取り入れられている。その中身はというと，企業と連携して実在する課題に取り組む産学連携活動や，実在する企業の課題や架空の課題を解決するためのビジネスプランコンテスト・企画コンテストなどが幅広く行われるようになってきた。コンテストに限っていえばインターネット上に数えきれないほど存在するし，産学連携活動に関しても，様々な大学・学部・ゼミで行われており，情報をまとめることができないほどである。

PBL にまつわる詳細は本書第 6・7 章に譲るとして，ここでは大規模教室における講義（座学），ケースメソッドという 2 つのマーケティング教育の方法論について検討してきたことを踏まえ，マーケティング教育における PBL の可能性について考えてみることにしよう。ここに（株）博報堂プロダクツによって書かれた「『産学連携』で企業のマーケティング課題は解決できるのか？」と題する note がある[17]。書き出しはこうである。

> 中部エリアの課題解決を，まるっと対応する博報堂プロダクツ中部支社。今回取り上げるテーマは「産学連携」です。ここ数年，「産学連携」という言葉を聞く機会が増えたと感じている方もいるのではないでしょうか。何が

17　https://note.com/hakuhodoproducts/n/n157dda59e72b，2022 年 10 月 19 日閲覧。

できるのか？　何のためにするのか？　どうやればいいのか？　と疑問を持っている方も多いと思います。そこで今回は，中部支社で実施した「産学連携」施策について紹介したいと思います。

これは同社が中京大学総合政策学部坂田隆文ゼミとの産学連携活動として，名古屋市に本社を置く1726年創業の医薬品卸である中北薬品（株）に対して，中北薬品が製造・販売している「活命茶」という商品にまつわる提案活動を行った経緯を紹介したものである。具体的には，

(1)　学生とのワークショップで課題やアイデアを抽出
　・新しい商品パッケージの開発
　・新しいフレーバーの開発
　・新しいCMや販促ツール等の制作
(2)　(1)で出た課題をもとにした新・活命茶のファクトPR
(3)　新たな売り（販路拡大／獲得）につなげる

という3つの活動が行われ，学生にできることは学生が，（本格的なパッケージデザインやCM制作といった）プロでしか行えないものは博報堂プロダクツが行うという役割分担を行った。

実際に行った活動としては，(0) として「坂田ゼミ生が中北薬品の活命茶という商品に関する大規模な調査を行う」という段階が入っている。具体的に説明すると，現役大学生1,032人に対して同商品のCMを視聴してもらったうえで当該CMを知っているかと問うと93.3％が「知っている」と回答した。次に異なる大学生2,083人に「活命茶についてどの程度知っていますか」という質問を行うと図1-2のような結果が出た。すなわち，CM認知度が93.3％もあるにもかかわらず商品そのものを「全く知らない」と回答した学生が半数近くもおり，商品そのものに対する認知度が低いことが明らかになったのである。

そこで，前2調査と重複する部分もある大学生3,149人に対して「以下の中から購入経験があるお茶を選んで下さい」という調査を行った。その中には「あなたのお茶」という，実際には存在しない架空のお茶もダミーとして入れておいた[18]。その結果を見ると実際に存在する活命茶という商品が，架空の，存在すらしないお茶よりも「購入した」という回答が少なくなっていたので

図 1-2　活命茶認知度調査

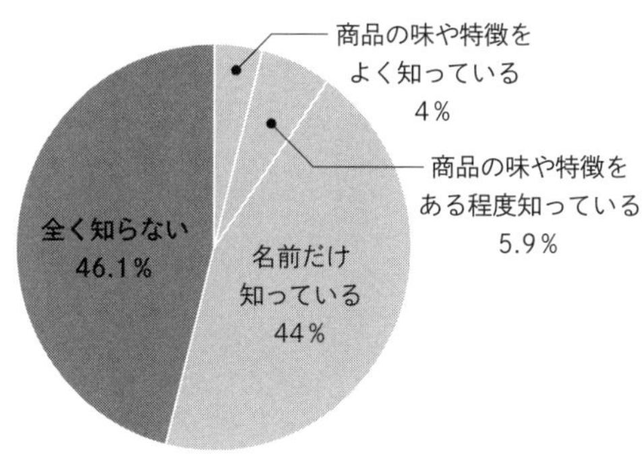

出所：坂田ゼミ生提案資料を基に筆者作成。

ある（次頁図 1-3，実数としては「あなたのお茶」の購入回答 253 人に対して「活命茶」の回答数は 128 人）。CM の認知度は 90％を超える。そこからかなり下がるが半数以上の大学生が名前くらいは知っているし，10％程度はある程度は商品自体を認知している。しかし，実際の購入経験を調べてみると架空のお茶にも負けるという非現実的な結果が出てきた。この調査結果に坂田ゼミ生たちは困惑した。

博報堂プロダクツ社員と坂田ゼミ生とで何故このようなことが生じるのか議論を重ね，(1) CM が商品名に結びついていない，(2) 活命茶はあまりに販路が乏しく，大学生にとって目にする機会が少なすぎるため，「あなたのお茶」という架空の茶以上に買った記憶すら残らないのだという仮説が考えられた。そこで博報堂プロダクツ社員と坂田ゼミ生は産学連携活動で企画・開発された商品であれば「若者向け」という説明を前面に出して CM づくりを行ったり

18 「かつめい茶リラックスブレンド」発売後，「あなたのお茶」という商品が（株）日本サンガリアベバレッジカンパニーから実際に発売されていることが判明した。そのため，「0.08％」の回答者は実際に当該商品名の商品を購入した可能性があるということが明らかになった。一方，同社の商品は東海圏ではそれほど流通していないため，調査設計をした学生たちは「あなたのお茶」という名前の商品が本当に存在するとは思いもしなかったのである。このことは学生の調査設計の不備であり（ダミーと想定していた「あなたのお茶」という名の商品は調査の 10 年ほど前から販売されていた），調査の妥当性の低さを露呈してしまうことになってしまった。ただし，本書では，ここでの論点を重視すべく，学生たちの主観であった「あなたのお茶という商品は存在しない」という論調で記述している。

図 1-3　活命茶購入経験調査

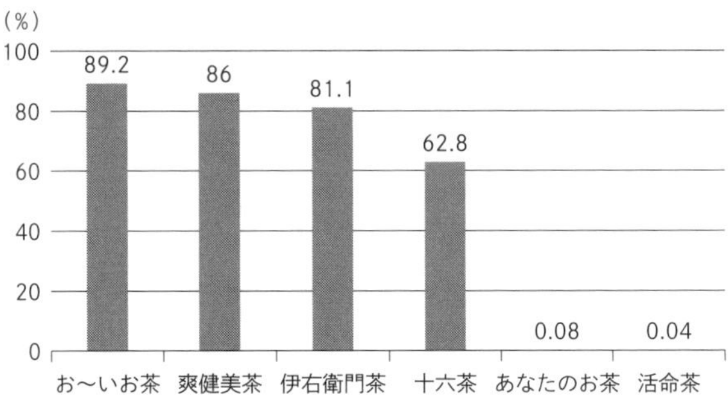

出所：坂田ゼミ生提案資料を基に筆者作成。

販路拡大のための営業活動ができたりするのではないかと考え，共同して商品パッケージ企画と新フレーバー開発を行い，それをもとに博報堂プロダクツが新 CM や販促ツールを制作するという活動を行った。そこでできたのが「かつめい茶リラックスブレンド」という，活命茶をリブランディングした商品である（写真 1-1）。

パッケージデザインを刷新し，若者向けのフレーバーに変えたことで，「かつめい茶リラックスブレンド」は活命茶が取り扱われていなかった大学生協や高速道路のサービスエリア，飲食店，ネット通販でも取り扱われるようになった。また，リアル店舗では学生の手作り感のある POP を使うことによって産学連携活動によって誕生した商品だということを強調し，より若者の認知度向

写真 1-1　活命茶のリニューアル

出所：株式会社中北薬品。

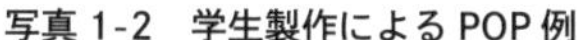
写真 1-2　学生製作による POP 例

出所：筆者撮影。

上につながるように心がけた（写真 1-2）。

さて，ここでの論点は，もちろんこの商品の成否にはない。マーケティング教育においてこのような活動が何の意味をもつのかという点にある。では，このような PBL 活動にはどのような意義があるのだろうか。博報堂プロダクツと坂田ゼミの事例からは，少なくとも，以下の 2 点を座学やケースメソッドにはない特長として考えられるといえそうである。それは第一に，実際に自分たちが調査を行って企業のリアルな課題を明らかにし，それを解決するための方法を考えているという実学からの教育であるという点だ。PBL の正に P（Problem：課題）を発見・解決する活動には，これ以上ないといっても良いほどのリアルさがあるのは間違いない。中北薬品中北馨介社長から「弊社が抱えている課題にフィットした提案内容でとても納得感の高いものだった」とのコメントを受けるに至っていることからも，それは明らかであろう[19]。

第二に，学生たちは博報堂プロダクツの社員という実務に長けた方とのやりとりを通して自分たちの知識の足りなさや視点・視野の狭さ，あるいは発想力の貧困さなどを感じる経験を重ねていた。それはケースメソッドの際にセオリーづくりを経験したり，セオリーを相対化したりするのと同様，マーケティングにまつわる概念や理論を身体的に（すなわち，単に情報としてではなく実

19　ただし，髙木・竹内（2010）が「実践に用いる学問こそが実学」（iii 頁）であり，「理論知識だけでなく実践知識も重要とする」（4 頁）のが大学で教えられる実践学問であると指摘していることを踏まえるなら，ここで行った活動は理論的知識（理論学問）に欠けるものであったことを認めざるをえない。それは既述の調査設計の不十分さからも明らかである。なお，学問と実践の関係については，本書においても随所で触れることである。

際に活かせるものとして）必要とすることにつながっているようでもあった。

ケースメソッドに比べて「リアルな実学」としての側面もあるPBLであるが，では，その課題は何であろうか。詳細は第6・7章で改めて議論するが，かつめい茶リラックスブレンドにおける産学連携活動においてだけでも少なくとも以下の4つを挙げられそうである。それは第一に，PBLではケースメソッド同様，その学びの質・量が学生の態度や能力に依存するという点である。PBLにおいては学生の一連の学習活動プロセス活動の成果が「不十分なものであったり，場当たり的なものであったりすると，PBL自体がナンセンスな活動になる」(溝上 2014, 86-87頁)。前節のケースメソッドに関する議論に屋上屋を架すことになるため詳細は避けるが，PBLに関する教授法（pedagogy）が定着するまでは，この課題が克服されることは難しそうである。

第二に，PBLにおいていかなる課題を取り扱うのかについては，非常に注意が必要である。16頁の図1-1でも示した通り，PBLの根幹を成すのは「課題」である。そのため，適切な課題を教員が準備しなければ，学習効果は期待できない。良い課題とはどのようなものかという点に関しては，「学生が興味をもち学習の動機づけになるもの，学生間で多様な意見が出る程度に複雑なもの，既知の学習内容を思い出しながら自分に不足する知識を特定できるもの」（中島 2015, 139頁）であるという指摘があるものの，これにフィットした課題が常に用意できるとは限らない。博報堂プロダクツと坂田ゼミの事例では課題そのものが学生の手によって発見された。しかし，多くの産学連携活動やコンテストの類においては，課題とは学習者に対して誰かから提供されるものになっている。従って，その課題が学習者にとってのマーケティング学習に適したものであるかどうかの確認が必要である。

医療系をはじめとする理科系のPBLに比べ，文系講義ではこの点が十分に確かめられずにPBLが進められていることは既に指摘されている（溝上 2014)。マーケティング教育におけるPBLにおいても学習前に学習の効果を明らかにしておくことは困難であり，PBLの問題点として注視しておく必要がありそうである[20]。

20　このことを端的に表したものとして，PBLを包括した概念であるアクティブラーニング↗

第三に，特に産学連携活動においては，企業（あるいは自治体やNPOなど）という教育者ではない主体が携わるため，ややもすると「学生の学びよりも結果を出すことが先」という態度に陥りかねない。酷い場合には「○○大学との産学連携によって生まれた商品」というPRをしたいがために大学・ゼミと連携する事例もあり，そこにはマーケティング教育など存在しようもない。本書では後述するように，このようなPBLを「PBL紛い」「見せかけのPBL」として批判的に取り扱っているが，PBLにおいて重要なのは商品化などの「成果」ではなく学生の「学び」であるという点は，いくら強調しても強調しすぎることがないだろう。

第四に，これもケースメソッドと共通する課題であるが，学習者の評価が困難であるという点が挙げられる。この問題はPBLを先駆的に扱っている医歯学領域でも十分に検討されておらず，ややもすると，自己申告の評価に陥りがちである（たとえば，小野・松下 2015）。しかし，商品化を達成すれば高評価になるのか，マーケティングという学問の学びの質・量によって評価するのか，そうであればその学びの質や量はどのように測るのか，課題は山積みであるにもかかわらず，それに関する議論の蓄積はあまりに乏しいままである。

V．小結：本書の今後の議論の構成

本章では座学，ケースメソッド，PBLという3つのマーケティング教育手法について，その実態と課題を俯瞰してきた。それぞれ十全な議論を行ったとは到底いえないものであり，本来であればより詳細に議論すべき点もあったが，本書全体の触りの部分を扱うことにより今後の議論をイメージ付けてもらう作業を行ったと理解されたい。ここでの議論により本書次章以降で議論して

↘に関して向けられた「学習内容よりも，学生に書く・話す・発表するなどの活動をさせるだけで十分であると，極端に理解し，満足している大学や学部，そして教員がいることは確か」（溝上 2014, 104頁）であり，「自分が教える学生の既存知識や理解のレヴェルを考慮して，また，ある専門分野でここまではいかなる大学の学生であっても教えなければならないという条件をにらんで，彼らに教えるべき内容を精選し，教え，学習内容とディスカッションやプレゼンテーションとが連動する学習となることを期待したい」（溝上 2014, 147頁）という指摘は傾聴に値する。

いく3つの講義のタイプを先に提示するならば，表1-4のようにまとめることができよう。

以下では，これら3つのマーケティング教育手法について本書でこれからどういう議論を行うのかについて説明しよう。続く第2章では，座学を行う時に多用されている大規模教室における講義について議論する。そこで議論することは，大規模教室におけるマーケティング講義は今後もこれまでと同様に行えるのかということである。ここでいうマーケティング講義とは，「マーケティング論」だろうが「マーケティング入門」だろうが「マーケティング概論」だろうが「マーケティング総論」だろうが何でも構わない。要するに，経営学部や商学部で実施されている大規模教室におけるマーケティングにまつわる科目である（それは時には製品開発論や広告論，流通論といった関連科目まで含まれることを想定している）。さしあたりここではそれらを総称してマーケティング講義と呼んでおこう。1947年に施行された学校教育法によって新規に設立された大学（新制大学）が始まって以来，3桁を超える学生を相手にした大規模教室における講義（座学）は，いわば大学における標準的な教育手法を成してきた。しかし，マーケティング講義においては，この標準的な方法に限界があることを指摘する。

そこで強調されることは，講義を受講する圧倒的多数の学生に実務経験がなく，それゆえ，学生は消費者の立場でしか講義を受けられないということである。しかもそれは日本の大学システムの特徴として，学生個々人が避けられるものではない。しかも，消費者としての学生は，自らの自由意思によって自由な消費活動を行っているわけではなく，構造的な制約下で消費活動を行って

表1-4　マーケティング論における主要講義タイプの区分

	座学	ケースメソッド	PBL
テキスト	あり	一部あり	なし
伝達情報	テキストの内容	ケース内で発生するイベント	達成課題
期待獲得知識	理論，概念，フレームワークなど	選択の理由（意思決定）	経験
知識の取得様式	読解，記憶	議論	体験
達成課題	知識定着度	意思決定モデルの取得	問題解決経験

出所：坂田他（2023），83頁を一部修正。

いる。このことがマーケティング教育に及ぼす影響を理論的に説明することによって，マーケティング教育が現在直面している，あるいは今後ますますその傾向が顕著になるであろう問題点について論じている。

第3章においては，大規模教室における講義を「知識の提供」，すなわち，知識をもった教員から知識をもたない学生への一方向の伝達という観点から捉えた際，単なる情報の伝達と知識の提供とがいかに異なるのかについて，認知科学の知見をもとに議論している。小学校の国語教師であれば四面楚歌という四字熟語を教え，児童は機械的にその言葉を記憶すれば学習成果だとみなすこともできよう。しかし，マーケティング講義においては，単なる情報の記憶を学生に求めてはならない。そこで，それは何故かということを論じている。

そこでのポイントは「マーケティング教育における知識とは何か」という点であり，マーケティング講義における知識とは単なる情報とは異なるということである。単なる情報を学生に教え，それを学生に記憶させるという教育スタイルを否定し，マーケティング問題の解決に役立つ知識（マーケティング知識）を学生に与え，それによって学生のマーケティング問題解決能力を高めるためにどのような講義を行う必要があるのかについて論じている。

第4章では3つのマーケティング教育手法のうち2つ目にあたるケースメソッドに関する議論を行っている。その際，議論をイメージしやすくするために，筆者が既に発表したショートケースを題材にケースメソッドの長所と短所について議論している。ここでは，ケースメソッドに慣れ親しんだ教員にとっては至極当たり前のことを行わねばケースメソッドを行う意味が半減されるという留意点について指摘している。

第5章で議論されることは，ケースメソッドにおいてはあまりに当然のことすぎてこれまでに看過されてきた感のあるケースメソッドの特徴について説明する。それはマーケティングを教育するうえで非常に大きな問題を含んだ欠点ともいえるものなのだが，マーケティングを教えているからこそ見逃されてきた特徴ともいえよう。このことを理解してもらうべく，少々長めのケースを掲載した。

ケースメソッドは大学・学部教育よりむしろビジネススクール（社会人向け大学院）や企業研修といった場面で定番といって良いほどの教育手法である

が，それを何のために行うのかという狙いを定めれば定めるほどに抜け漏れ落ちる「現実」があるというのがここでの議論のポイントである。すなわち，ケースメソッドのケースとは「切り取られた現実」に過ぎないということである。このことを十分に議論するために，ケース教材と，それと別に書かれたケース（教材ではなく，企業のマーケティング実践を紹介したもの）を対比させることにする。もちろん，現実を（時には字数制限もある中で）そのままそっくり文字にすることなどできないし，そのことをもってケースメソッドの価値が損なわれるわけではない。しかし，第2章においてマーケティングを学ぶ学生が実務経験（就業経験）のない消費者であることを指摘したのを踏まえ，切り取られた現実のみでマーケティングを学ぶことの限界について論じてみたい。

第6章では近年様々な大学で行われるようになってきたPBLについて議論している。PBLはマーケティング以外の領域（特に医療や看護といった領域）で既に導入が進んでおり，時にはアクティブラーニングの一環として議論されることもある。そこで，既存研究の知見をもとに，その特徴や長所，課題について検討していく。ただしマーケティングにおけるPBLに関する記述はそれだけで紙幅を割く必要があることから，第6章では筆者が実際に指導したPBLの事例を短めに紹介する。

ここでの議論のポイントは，「教育」よりも「成果」に目が向けられがちになってしまっている「PBL紛い」や「見せかけのPBL」が数多く存在しているという点である。教員は教育を，学生は学習を「やった気になる」ものをPBL紛いや見せかけのPBLと呼び，そうならないようにするために何が欠かせないのかという点について論じることとする。

第7章ではPBLの実例を多めの紙幅を割いて紹介する。わざわざこのようなことを行う理由は3つある。それは第一に，マーケティングを教育する大学教員の中にはPBLを実践したことがない者も存在するため，具体例を丁寧に紹介することが意味をなすと考えたからである。第二に，これまでのところ，PBLでは標準化された手法が確立されていないが故に，100の事例があれば100パターンの方法が存在しうるため，具体的な事例を紹介することが有益であると考えたからである。第三に，既に述べたように，時には学生の学びが劣後する「PBL 紛い」や「見せかけの PBL」が存在するのも事実であり，そうではなく学生の学びを優先にした PBL の存在を紹介することが今後のマーケティング教育における PBL 手法の構築に有益であると考えたからである。

ここでの主張は，学生たちが課題に直面し，その課題を解決するための努力をし，その努力の中から学びを得たというサイクルを次々とまわすことにこそ PBL の本質があるというものである。極言すれば，教員は学生に課題を与えることに徹すれば良く，何かを教えよう，成功するためのサポートをしてあげようなどとする必要などない（ましてや，商品化するための企業と交渉するなど言語道断ですらある)。ただただ学生が「苦労する場面」を作り出せば良いというのがここでの主張である。

第８章での議論のポイントは３つある。第一に，マーケティング教育３類型をまとめるとともに，それら３つの教育手法でマーケティング教育におけるリアリティの捉え方がどのように異なるのかについて議論する。第二に，リアルさが求められながらリアルな場にいない学生を対象にマーケティングを教えるのに求められる「マーケティングの身体化」について考察する。第三に，リアルな場にいない学生たちに対してマーケティング教育を行う際に最も困難な「問題発見」について議論する。

終章では本書で議論しきれなかった点や，本書が抱える課題，今後議論されるべき論点について議論している。「問題がないのが最大の問題だ」というのはトヨタ自動車でよく用いられている表現だと言われているが，まさに，これまで看過されてきた問題にスポットライトを浴びせることこそが本書の狙いであり，本書が解決できなかった課題こそが，今後のマーケティング教育（学）の発展につながるということを強調している。

第2章 大規模教室でマーケティングを教えられなくなる日

Ⅰ．とあるマーケティングの講義風景

オーソドックスな講義であれば，大規模教室[21]でマーケティングを教える際，初めに教えるのは，消費者志向・消費者起点のマーケティング発想にまつわる話である。すなわち，「マーケティングを重視する企業は消費者が本当は何がほしいのかという視点で消費者の理解に努めるものだ」という話を，時に

21　Maringe and Sing（2014）や Woollacott et al.（2014）が指摘している通り，大規模教室の特徴はより多様な学生が集まる傾向があるということにある。一方で，大規模教室といった時に何人の学生を想定するかについては，厳密な定義があるわけではない（Lund Dean and Wright 2017, Donovan and Hood 2021）。それは大学の性質によっても変わるし，講義における専門性にも影響されうる（Kofinas and Tsay 2021）。また，学生に求められる講義への参加度合いによっても異なる（Mantai and Huber 2021）。たとえば座学以外の場合だと50人程度で大規模とみなすこともあり得るし（Hayes 1997, Clancy et al. 2021），1,000人以上の教室を大規模とみなす議論も存在する（Exeter et al. 2010）。そこで本書では，Maringe and Sing（2014）や Donovan and Hood（2021），Kofinas and Tsay（2021），Page et al.（2021）の議論も踏まえたうえで，概ね300人以上に対する座学をもって大規模教室における講義とみなしている。

この300人という数値を想定するにあたり，文部科学省による令和4年度『学校基本調査』を参考にした。同調査によれば，商学部の学生の人数は，国立大学で1166人（4学年と想定するなら，1学年あたり291人），私立大学では1951人（同488人）である。経営学部であれば国立大学で815人（同204人），私立大学で1245人（同311人）である。マーケティング講義が必修科目であれば1学年の人数で概ねの履修者数が分かるが，そうでない場合，各講義の履修者数を割り出すことは不可能である。また，講義にチューターや講義補助員がつくかどうかでも，本書における議論の意味が変わってくる。そのため，概ね300人以上という数値を想定した。

は具体例を用いながら話していく。たとえば，運送業は荷物をA地点からB地点に移動させることを業務としている。しかし，そこで運ばれる荷物が引っ越しに伴うものであった場合，消費者が求めているものに着目すれば，消費者は単なる荷物の運送ではなく生活の移転を求めていることになるのだといえる。そう考えれば単なる荷物の運送だけでなく掃除や荷造り，荷解き，家具の移動といったものもサービスに含めていくことができ，ビジネスチャンスが広がることもある。こういう具合に説明すれば良い。

この説明と並行して行われるのはレビットのドリル穴の説明であろう。つまり，消費者がドリルを購入した時に消費者が求めたものはドリルそのものなのかという問いかけである。ドリルの外観を愛でる人はそうそういないだろうし，ドリルを重しに使ったり飾りに使うために購入する人も滅多にいない。ドリルを購入した人はドリルによって開けられる穴を求めていたのだという，あの説明である。アメリカの鉄道業界の衰退という古典的な例を用いても良いが，現代的な話題をするのなら，「複雑な計算をする時に皆さんはスマホの電卓機能を使いますよね。昔の人なら算盤を使っていました。ということは，消費者は算盤そのものを求めていたのではなく，計算機能（あるいは計算結果）を求めていたということができますね」とでも補足すれば十分であろう。

この説明をすることによって「マーケティング近視眼」という概念を解説できる（Levitt 1960）。すなわち，消費者が購入した商品そのものや手段ではなく，消費者が目的としていることやその商品が果たす機能に着目することが重要であるという話になるだろう。ここでアクティブラーニングを重視している講義であれば，「2人一組になって，○○という製品がもたらす機能や消費者が○○を購入する時の目的について話し合ってみましょう」といったThink Pair Shareを行うこともできる[22]。

さて，マーケティング発想の重要性を解説できたなら，STPという概念に

22　他者に教えることの効果を実証的に調査した研究としてFiorella and Mayer（2013）がある。なお，教育心理学の観点から見た時の他者に教えることによる学習の歴史や効果については小林（2020）が詳しい。そこでは他者に教えることによる学習の心理的過程が5つの仮説から考察されている。ただし，Lund Dean and Wright（2017）やMemar et al.（2021）も指摘している通り，教室内の受講者数が増えるほど一方向の講義になってしまうことは避けがたい。

まで議論を進めていこう。すなわち，消費者は一様ではないため，何らかの基準を用いて細分化してみようという話が初めにくるであろう。教室内でセグメンテーションの説明をするのであれば，「私が服屋だとすれば，ここにいる皆さんのことを消費者というくくりで一律に扱って良いでしょうか」と問いかければ「男子と女子とでは提供する商品が変わります」という答えが返ってくるであろう（と願いながら私は毎回講義をしている。実際の学生たちは指名されぬようただ俯いているだけである)。ターゲティングの説明をするなら，男子と女子のどちらに向けた商品を陳列するのかを定めることだと続ければ良い（ただし近年では，このことを強調しすぎるとジェンダー問題につながるおそれもある。十分な配慮が必要だ。さらにいうなら，性別でセグメンテーションすること自体が差別であるという考え方もできるかもしれない)。さらには，男子なら男子向けの商品を他店と差別化して陳列することがポジショニングだと重ねれば，STP の説明を終えることができる。

ついでに 4P（マーケティング・ミックス）の説明まで進めてみよう。すなわち，製品，価格，流通，プロモーションという 4 つの項目を統合的にマネジメントすることがマーケティングにおいては必要なのだと解説していく。大学設置基準に基づいた 90 分（あるいは 100 分）という標準的な講義時間であれば，4P の細部にまで入ることはできないだろう。あくまでアウトラインの説明ができたならマーケティング論初回講義としては十分ではないだろうか。もちろん，時には「マクド（ナルド）とモス（バーガー）ではターゲットは同じやと思う？」と学生に投げかけたり，「その両者のマーケティング・ミックスを比較してみよう」といった具体的な作業を講義中に用意したりすれば，講義時間の調整が都度求められるに違いない。

このように，オーソドックスなマーケティング講義の初回であれば，マーケティング発想，マーケティング近視眼，STP，4P といったあたりの説明をするだけで十分であろう。もちろん，近年の大学教育で求められているように，事前事後学習を重視した講義スタイルであれば，用意したテキストの第 1 章を事前に読ませておいて，概念の説明よりも学生へ発言を求めたり，何らかの作業を行わせたりすることに傾注するというスタイルをとっても構わない。いずれにせよ，よほど独特な教育内容を企図しない限り[23]，学部教育においてマーケティング講義を担当する教員にとっては，時には事例を絡めながらこれらの概念や理論，フレームワークを学生に理解させることが，講義の導入部分の達成課題になることであろう。

15回分の講義で考えた時には，この後に製品開発に関する講義，価格設定にまつわる講義，販路を理解してもらうための講義，プロモーション施策を説明する講義，営業や企業の社会的貢献，サプライチェーンやＥコマースにまつわる講義などが行われることになるのが通例である（もちろん，この順番も中身の濃淡も一律というわけではない)。本来であれば15回講義の一つひとつについても詳細に議論すべき点もあろうが，ここで紹介した初回講義の様子だけでも大規模教室におけるマーケティング講義に対する共通認識は得られるであろう[24]。

23　ここで，講義の独特さという問題について議論の余地があることは否めない。すなわち，高校までの教育には文科省による学習指導要領が存在し，どの科目で何を教えるのかということが明示されているのに対して，大学の教育では担当教員に教育内容の全てが委ねられていることの是非について議論する必要があるかもしれない。本章で紹介したような概念を一切説明しないマーケティング講義は認められないのかという話がそれである。

マーケティング講義において，たとえば流行りの商品やサービスにまつわる「雑談」だけを90分間行っていたとすれば，それはマーケティング教育といえるのか否か。この問題については，少なくとも近年のシラバス重視の講義設計においては「否」と答えることができるかもしれない。何故なら，シラバスに15回分の「雑談」と書くことを認める大学・学部があるとは思えないからである（もしそのような大学・学部があるとすれば，本書の問題意識そのものが否定されたことになるであろう)。一方では，シラバスに記載されていない「雑談」だけで講義を終えることが教育上否定されるべきだという論理的説明を筆者自身ができないことも白状しておこう。

実際，2010年8月19日日経新聞コラム「あすへの話題」には「サーヴィス産業としての大学」と題して東洋英和女学院大学学長（当時）村上陽一郎氏がシラバスとの関連で「講義というのは一回限りの真剣勝負と私は考えている。…（中略）…その日の題材，筋立てと，学生の反応のやり取りのなかで，話すこと，話さないことは変わり得る。因みに，45年を超える大学の教師稼業で，私が講義ノートを造ったのは最初の3年だけであった。だから，予め毎回の講義内容を学生の視点から事細かに書き，その通りに演じるなどという芸当は私にはできない」と書いていることなどは，13年以上前のコラムとはいえ，昨今のシラバス偏重の大学講義に対して一石を投じているものともいえる。

24　ここで本来であれば我々は学習論における行動主義における要素還元主義的な意味合いについても考えねばならない。Skinner（1974）以降の行動主義では複雑な行動を要素に分け，その一つひとつを学習すれば全体が学習できると考えてきた。たとえば，単語を勉強し，構文↗

Ⅱ．大規模教室におけるマーケティング講義の特徴

そもそもマーケティングとは元来「商学」である。2023年3月時点，国公立大学で商学部があるのは一橋大学，小樽商科大学，大阪市立大学，横浜市立大学（国際商学部）だけであり，私立でも30程度の大学しか商学部を有していない。しかし，マーケティングは経営学部でも経済学部でも教えられていることが多く（あるいは生活科学系の学部や観光関連学部，政策系学部，さらに，時には社会学部や国際学部などでも教えられていることもあり），関連科目まで含めると，多くの大学でマーケティングが教えられていることが分かる。また，日本最大のマーケティング系学会である日本マーケティング学会の学者会員が1,200人以上いることを考えても[25]，相当数のマーケティング講義が全国で行われていることが推察される。

大規模教室におけるマーケティング講義（座学）の特徴は，商品でも広告でも店舗でも良いが，具体的な（リアルな，触れられる，目に見える）モノが講義中に頻出してくるところにある。たとえば教員が手元にもっているペットボトル飲料を手を取りながら「この商品が開発された際には…」と語りだすこともできるし，講義中のパワーポイントのスライドに店舗風景や広告の画像・動画を映し出すこともできる。前節で登場した運送業を具体的にアート引越センターという固有名詞で呼んでも良いし，マーケティング近視眼の話をする際に（本当は電源を切って鞄にしまっておいてもらいたかったものの）学生の手元に置いているスマートフォンの現物を指さしても良い。服屋をユニクロの商品陳列の例で話しても良いし，マクドナルドやモスバーガーの事例を鉄板ネタにしている教員ならそれを話すのも良い。何故このような方法をとるのかという

↘を勉強し，発音を勉強すれば英語を話せるようになるといった次第にである。マーケティング教育においてもこのことが言えるのかを考えねばならない。何故なら，「要素分解して，個々のスキルや能力を鍛えていけば，最終的にはちゃんとした学習がなされているという話は成立しない」（鈴木 2022，191頁）からである。マーケティング講義においてＡとＢとＣと…を学べばマーケティングを学習したことになる（あるいは，マーケティング実践ができるようになる）という考え方を採用することの是非を問う必要がある。

25　日本マーケティング学会ホームページ（https://www.j-mac.or.jp/）2024年3月30日閲覧。

と，マーケティング講義においては経営の描写を起点とする活動を教育することから，論理だけでは受講生は納得しづらいからである（Henke et al. 1988；Finch et al. 2013）。

標準的な経済学のテキスト（Stiglitz and Walsh 2006；Mankiw 2018）で扱われている需要と供給，均衡（点）やパレート最適，機会費用や完全市場，限界効用といった抽象概念，あるいは代表的な経営学のテキスト（加護野・吉村 2012；伊丹・加護野 2022）で出てくる組織構造や職能，事業システムや戦略立案，リーダーシップといった概念に比べ，このように，マーケティング講義で出てくる概念は具体的なモノと結び付けてこそ説明・解説しやすいのである[26]。もちろん，本書が全国の全ての大学のマーケティング講義のシラバス全てを網羅しているわけでもないし，実際にどのような講義が行われているのかを調べきれるわけでもないが，マーケティングのテキストを紐解けば，具体的な商品や広告，店舗や企業の事例が豊富に描かれていることは容易に確認がとれる。また，より詳しい解説を行うために具体的なモノを扱ったケース（事例）を配布している教員も多くいるだろう。

一方で，マーケティング講義は現状，医学・歯学・看護学といった医学系分野や，「現場」を重視した心理学，教育学，社会学といった臨床科学，「実験」が行われる物理学，工学，化学，生物学，地学，情報学，あるいはスポーツ科学といった科目とはカリキュラム上，同一視されることはない。そのため具体的なモノを扱うといっても，それはあくまで教員の講義運営上の工夫の範疇を超えるものではなく，講義設計上，シラバスに記載できるレベルのものではないのが通例である。

ここまで述べてきたことはつまり，マーケティング講義（座学）には，具体的なモノを扱うにもかかわらず臨床や実験のようにそれを前提とした講義設計

26　もちろん，マーケティング講義において具体的なモノと結び付けて説明がしづらい概念や理論，フレームワークが多数存在することを否定するつもりもないし，具体的なモノを使わずに行う講義が劣位するというつもりも毛頭もない。ここで指摘しているのはあくまでマーケティング講義の特徴というだけの話である。なお，教育ではなく研究面においては，自然科学に比べて社会科学で現実とのズレが顕著になっているということが既に30年以上前から指摘されている（中村 1992）。

が行われないという矛盾が抱えられているということである。となればそれはすなわち，どのような問題になって現れるのだろうか。それを我々は，マーケティング講義担当者が今後ますます直面する課題だと認識している。そのことの説明に入る前に，まずは認知科学で考えられているスキーマという概念について，本書での理解を示しておこう。何故なら，このスキーマがあることにより，事態はより深刻になるからである（坂田 2023c)。節を改めよう。

Ⅲ．マーケティング・スキーマ

人は何かを学習する際，既に持っている知識を利活用している（Bartlett 1932=2010)。そのため，知識が皆無の状態では学習することはままならず，「知識の獲得においては背景となる知識を持っていない領域の学習は困難」（鈴木他 2016, 96頁）なのである（今井 1997, 2010, 2013, 2016, 2020；今井・針生 2000, 2007, 2014；今井他 2012)。一方，では，その既存知識が必ずしも正しいものかというと，そうとは限らない。「スキーマ[27]」とは認知科学の領域で用いられる概念であり，人が経験から一般化・抽象化した，無意識に働く知識の枠組みや暗黙の知識（今井他 2022)，より端的には「ある領域に関して人が持っているひとまとまりの知識」（今井他 2012, 99頁)，あるいは何かを知る際の「背景知識」（今井 2016, 22頁）のことをいう。我々の多くが目的地に到達しようとする時に厳密な定義ができずとも上下左右の区別がつくことも，スキーマを有しているからである。試しに上下左右の厳密な定義を考えてみると良い。「東を向いた時に北の方角」（岩波国語辞典）という定義を語れずとも，多くの人が左側とはどちらの方角なのかを理解しているものだ[28]。

27　心理学で「スキーマ」と呼ばれているものは，人工知能研究では「フレーム」，社会行動の研究では「スクリプト」など，異なる呼ばれ方をすることもあるが（道又他 2011)，ここでは煩雑さを避けるためにスキーマに統一している。

28　そもそも我々は自ら認識しているより無知であり，水洗トイレもファスナーも，その原理や仕組みすら知らずに使っているにすぎない。このことを「知識の錯覚」という（Sloman and Fernbach 2017)。

上下左右を認識することは実は非常に難しいものである（今井 2013，133-148頁)。何故なら，言葉は外から教えることが難しいからである（今井 2020)。同書では乳幼児～小学生の↗

このスキーマが全くなかったとすれば「入ってくる情報がほとんど理解できず，必然的に記憶できない」一方で，スキーマが誤っていると「せっかく授業で教えてもらった内容がまったく記憶されないか，誤った理解で記憶されてしまう可能性が高い」という（今井他 2022, 175 頁）。また，このスキーマは「『たいがいはこれでうまくいく』というような経験則のようなものであり，必ず正しいとは限らない」（今井 2016, 66 頁）ことがポイントである。マーケティングという学問は，社会科学の中でも特に多くの誤ったスキーマがもたれやすい学問だといえる。

たとえば経済学では前節も挙げように需要と供給，均衡（点）やパレート最適，機会費用や完全市場，限界効用といった抽象概念が教えられるが，これらの概念（言葉）を日常生活で目にする機会など皆無に等しいであろう。そのため経済学部の学生はこれらの概念やその背後にある理論を，無垢な状態から吸収できやすい（もちろん，その学習のためには最低限の公民や政治経済なり数学なりの知識が必要である）。あるいは法学の場合，憲法，民法，行政法，刑法，民事訴訟法，刑事訴訟法，道路交通法，税法，商法，労働法といった法律があることは日常生活で（たとえ大学生であったとしても）知っているだろうし，それらを無視した行動をとるわけにはいかないことも知ってはいる。しかし，最低限の法律（たとえば，信号無視をしてはならないとか，万引きは駄目だといった話）は義務教育までの教育課程で生活指導も含めて教わるものであるし，専門科目の内容が誤ったかたちでスキーマとして中高生や大学生に植えつけられることはあまりない。さらにいうなら，政治学の場合，（それが定着するかどうかは別として）中学公民や高校政治経済といった科目で正当な理論や概念定義を学ぶことができる。そのため，日本が議会制民主主義を採用して

↘子育て・教育の文脈の中で，「子どもが 14 人並んでいます。えいたさんの前には 6 人います。えいたさんのうしろには何人いますか？」という問いを小学校 2 年生に投げかけると，多くの子どもが答えられない一方，「アメが 14 個あります。えいたさんの友達が 6 人いて，ひとりずつアメをとりました。えいたさんも 1 個とりました。残りはいくつでしょう」という類似した問題であれば正答率は大きく変わるという例が挙げられている（86 頁）。これは「前」，「うしろ」という概念を十分に理解できないことに原因があり，このような抽象的な概念を指導／理解することの難しさを解説している。このことに関してより高度な議論としては鈴木（2020a）を参考にされたい。

いることや衆議院と参議院の違い，選挙制度の仕組みといった知識は義務教育レベルでも教えられている（繰り返しになるが，それが定着しているかどうかは別の話である）。

では，マーケティングという学問はどうだろうか。高校の授業科目「政治経済」の代表的なテキストである山川出版社『詳説　政治・経済〔改訂版〕』(2020）は256頁ある中で政治や経済，経営にまつわる用語を解説しているが，その中でマーケティングに関連しそうな用語は「再販売価格維持制度」と「サービス」だけである。そのため，たとえばブランドという言葉は普通科高校[29]の授業で教えられることはない。そうであるにもかかわらず，その言葉自体は中高生でも知っている。事実，マーケティング講義でブランドという言葉自体を厳密な意味かどうかを抜きにして知っているかどうかを確認すれば，全学生が知っていると答えるだろう。また，具体例を挙げさせればGucciにLouis Vuitton，Burberryなどなど，10や20の「ブランド」が出てくるに違いない。

しかし，Aaker（2014）が主張するように，ブランドとは商品やサービスの総体として位置づけられ，単なる商品名や商標に留まらず消費者が想起するイメージまで含み，マーケティング・ミックスの一部（すなわち，製品）ではなく全体に影響する概念であるということまで理解できているかと問われれば，学生たちの理解の表層さは明白であろう。それはそうである。マーケティング講義を受講する前にそのような理論的な学習などなされていないのであるから。そのため学生は，カルピスやキットカットといった商品名に付けられた固有名詞もブランド論ではブランドとみなされるのだということを知らず，ブランドとは高級品だという誤ったスキーマを有してしまっていることが多々ある。すると我々教員は，マーケティング講義におけるブランド概念について説明するためには，まずは学生の誤ったスキーマを正す必要が生じてしまう。

あるいは商品企画にまつわる議論をしたとしよう。周知の通り，商品企画で検討すべき商品コンセプトいう概念は，単に商品の概要を説明したものではな

29　商業高校や商業科にまつわる議論としては田中（2014）や吉田他（2021）のような議論もあるが，本書における議論に直接関係するわけではないため，ここでは捨象している。

い（坂田 2023a）。しかし，コンセプトという言葉自体が学生の中では「何となくの理解」で存在してしまうが故に（誤ったスキーマをもっているが故に），商品の概要を説明しただけで商品コンセプトを定めたと言い切ってしまう学生が多く存在するのもまた事実である[30]。

さらには系列という概念はどうであろうか。筆者の勤務校にも系列校がある。トヨタ自動車と豊田自動織機，デンソー，アイシンが系列企業だということは，愛知県下であれば高校生でも誰もが知っているだろう。系列とは岩波国語辞典では「組織だって並んでいる，一連の物事。また，そういう序列」と書かれており，系列校だろうが系列企業だろうが使い方としては間違っていない。しかし，マーケティング・チャネルにまつわる議論を行う際の系列（化）といった時には，全く違った意味をもつことをここで説明するまでもないだろう（石井 1983；石原・矢作 2004）。

他にも，広告という概念はどうだろう。テレビ，新聞，雑誌，ラジオという古典的な 4 大媒体はもとより，SNS をはじめとするネット広告に学生が触れる機会は多々あり，広告という存在を知らないという学生など存在しない。一方で，広告における到達範囲の広さやコスト，詳述性や反復性といった各媒体の属性について，学生は個々の経験に根付いた認識をもってしまう。そのため，学生たちは自身，あるいは自分の身の周りの人たち（その多くが学生）の広告接触こそが広告の真の姿だと感じがちである（そのため，学生が日常的に触れることが少ない新聞の広告効果については，無意識のうちの否定的なものになってしまうのだ）。

マーケティングという学問は他の社会科学に比べて，このようなスキーマに溢れている。ここでは，マーケティングにまつわるスキーマをマーケティング・スキーマと呼んでおこう。マーケティング・スキーマとは，マーケティング領域に関して人が事前に持っているひとまとまりの背景知識と定義できる。大規模教室で行われるマーケティング講義においては，このマーケティング・スキーマの修正作業が必要になる。何故なら，既述の通り，有用な知識をもつためにスキーマが重要な役割を果たす一方で，誤ったスキーマの存在があ

30　このような誤用の実例としては，坂田（2021b, 2021c, 2022a）を参照されたい。

ると，意味を深く考えず，何となく知っているという既知の用い方で新たに習った概念や理論，フレームワークを用いてしまいかねないからである（鈴木 2016）[31]。また，新たに何かを学習する際，スキーマを無意識に使い，スキーマに関連して理解しやすい情報は記憶されやすいが，そうでない情報は注意されることも記憶されることもなされにくいという取捨選択が無意識に行われるからである（今井 2016, 90–91 頁）。

もちろん，我々は正しく概念や理論，フレームワークを指導する役割を担っている。しかしドラマで（時には大きく現実離れした）営業員の姿を見ることによって「営業の仕事って，大変そうだな」とイメージしたり，日々商品を消費し，無数のブランドに囲まれ，買い物をするたびに流通業者に訪れたりネットにアクセスしたりして値段を目にすることにより，学生たちは我々教員の指導を受ける前に多くのマーケティング・スキーマを身につけてしまっていることが問題なのである。何故なら，スキーマが「人の自然な世界の認識のしかたを反映して自分でつくるものであるので，それをことばで直接教えることはできない」（今井 2016, 92 頁）以上，教員が指導しやすいようにスキーマを与えたり，既に学生が有しているスキーマを教員が修正する作業は困難を極めるからである。大規模教室で講義を行う際には，このことを念頭においておく必要があるだろう。そのうえ，Woollacott et al.（2014）が指摘するように，受講生が多いほど我々教員は彼（女）のことを理解することが困難にならざるを得ない。数名～十数名であれば理解できる学生のマーケティング・スキーマも，300 名を超えるとなると受講生全員のマーケティング・スキーマを理解するこ

31　今井他（2022）は以下の問題を小学生に解かせている。「なおきさんのテープの長さは，えりさんのテープの長さの 4 倍で 48cm です。えりさんのテープの長さは何 cm ですか」。答えは当然 12cm である。しかし，この問題に対して「44cm」と答える小学生がいるという。44 とはもちろん，問題文に出てきている 48 から 4 を引いた数である。

今井他（2022）はこのような誤答をする小学生に対して「文の意味を深く考えず，問題文にある数字を全部使って式を立て，計算をして何でもよいから答えを出そうという文章題解決対する考え方を子どもがもっている可能性が高い」（38 頁）と指摘している。このとき当該小学生の中には「引き算も割り算もどちらも『数を小さくする』という（誤った）スキーマを多くの子どもはもっている。そのスキーマのために，割り算と引き算を混同してしまう」（44 頁）というのである。

とは困難極まりないだろう。

さらにいえば近年では，マーケティング・スキーマという問題の事態はより深刻になっている。それは，学生が年々「マス」としてではなく「個」としてマーケティングで扱われる事象に触れているからである。たとえば広告にまつわる講義をする際，かつては「最近観たテレビ CM は？」という問いかけが一定の意味をなしていた。しかし近年では，そもそもテレビを観るよりも YouTube をはじめとしたウェブサイトや SNS を閲覧している学生の方が多数を占めている。そのため，受講生の数だけ「リアルなマーケティングの姿」が存在しており，その数だけ我々教員が気づきづらいマーケティング・スキーマが存在することになってしまっている。以下では，何故そのようなことが起こるのかについて理論的に確認しておくことにしよう。

Ⅳ. マーケティング・スキーマの分断

これまで議論してきたように，マーケティング講義には商品そのものや広告や店舗などの画像・動画など，具体的な（リアルな，触れられる，目に見える）モノを講義中に具体例として挙げることができるという特徴がある。しかし，それらはあくまでせいぜい概念や理論，フレームワークを説明するための題材でしかなく，講義全体の前提となるような（シラバスで中心的な位置づけとなるような）ものにはなりえない。商品解説や広告説明，店舗紹介だけで終わっていては概念や理論，フレームワークといった，本来講義で取り扱うべき題材を取り扱えなくなってしまうからである。すなわち，マーケティング講義では具体的なモノを扱うにもかかわらず，それを前提とした講義設計が行われないという矛盾が抱えられているということが想定される。では，それによって生じる問題として，どのようなことが考えられるだろうか。この点について議論する前に，そもそもマーケティング講義を受講する学生たちの特徴について触れておこう。

親・保護者の収入と学歴との関係にまつわる研究や調査（たとえば，苅谷 2001, 2009；大竹 2010；橘木 2010；中室 2017；国立大学法人お茶の水女子大学 2018；野崎他 2018；松岡 2019 など）で議論されていることは，親・保護者の収入が高くなるほど子どもの学力が高くなるという議論であるが，大学入学後の学生たちに関していうと，これらの教育論や調査とは違った論点が明白になる。

大学そのものではなく短大，専門学校，高等専門学校，大学の高等教育機関までも含めた「大学等」のデータではあるが，日本は初入学者平均年齢が18歳と，OECD32か国中最年少であるというデータがある[32]。東京財団政策研究所は高校卒業後すぐに大学等に入学するわけではない他国の事情について，徴兵制や高等教育機関の入学要件の厳しさや定員数の問題（優秀な学生しか入学できない状態になっている）と並べて「どの国でも，学費などを賄うため，高校卒業後に就職して働く」場合があることを指摘している。一方，日本はというと，平均年齢が18歳ということは，大学等に入学する者のほとんどが高校卒業後すぐであることを意味している。

日本には徴兵制があるわけではないし，「全入」と言われるほどに大学進学への（学力面での）ハードルは下がっている[33]。また，文部科学省『学校基本調査』（令和4年版）によると大学に入学した635,156人のうち514,687人が18歳（うち，50人は17歳以下）と，8割強の入学者が高卒後すぐに大学に進学していることが分かる[34]。この8割強の学生は常識的に考えて自身で入学金・授業料を貯めていたとは考えらない。また，国公立大学で200万円強，私立大だと4～500万円ともいわれる4年間の学費（いずれも文系学部，それぞれ，文部科学省『平成30年度学生納付金調査』『平成30年度入学者の初年度納付金の平均額の調査』から概算）を貯めるのに数年要すると考えれば，19

32　東京財団政策研究所（https://teachers-in-ai-era.jp/data/2022-09-05-0074.html）2023年3月30日閲覧。

33　今から30年以上前の北海道新聞（1991年9月11日付）で既に「大学全入の時代」という表現が教育学者新堀通也氏の言葉として用いられている。当時に比べて18歳人口が減っているにもかかわらず大学・学部の数は増えており，金銭的に余裕があり，学部や立地，偏差値といった条件を考慮しなければ高校卒業後すぐに大学に入学できるという状況が進んでいることは否定できない。なお，直近では，私立大学のうち，入学者数が定員に満たなかった大学が2022年には47.5%と過去最高を記録，しかも充足率が80%未満の大学が19.4%とこちらも過去最高を記録している（『東洋経済ONLINE』2023年3月14日付）。

34　日本経済新聞で2023年8月に連載された「教育岩盤」という特集では，「『18歳で入学』脱せない大学」というタイトルが付けられたこともある（8月10日付）。

歳で大学に入学した94,207人，20歳の14,599人も学費を貯めるためというよりも浪人して大学に入学したと考える方が妥当であり，これらを合わせると98.2％が保護者負担で（あるいは奨学金という名の借金を借りて）大学に入学したと考えられる。この推論を補強するデータとして，小林他（2013）は高校を卒業した子の保護者の73.9％が大学卒業までの学費・生活費は「保護者が負担するのが当然だ」と考えていることを明らかにしている。つまり，他国ではしばしばあるような「学費などを賄うため，高校卒業後に就職して働く」姿を日本で見ることは稀だと考えられる。

これらの調査から明らかになることは，大学に入ってマーケティングを学ぶ学生の圧倒的多数が「実務経験がない」ということである。もちろん，自営業者の家で育ち家業を手伝ったり，高校時代にアルバイトをしていたり，大学入学後にインターンシップに参加したりするといった「疑似労働体験」であればいくらでもあるだろう。しかし，いわゆる正規雇用という意味で働いた経験をもって大学に入学してきている者はかなり稀であり，実務（「リアルな現場」と言い換えても良いだろう）を知らない学生たちを相手に我々がマーケティングを講義しなければならないという点は，日本の大学におけるマーケティング教育の大きな特徴の1つとして看過できない（O'Brien and Kenneth 1995）[35]。

では，リアルな現場を知らない学生たち相手に我々が具体的なモノを扱って講義を行う際，学生たちはどの視点からそのモノを受け止めるのだろうか。ビジネススクールや企業研修に端的に示されるような実務家向けの教育であれば，具体的なモノがあろうとなかろうと，受講生は自らの経験・体験に照らし合わせて講義を受けることができる。講義で紹介された理論1つとっても，実務との整合性を（意識的・無意識問わず）考えることができるし，理論やフレームワークを紹介された際には自らの頭の中にあるスキーマが作動して，その意味をプラクティカルに理解することもできよう（中原他 2018, 2022）。しかし，実務経験がなくリアルな現場を知らない大学生たちには，そのような学習方法を採りようがない。すると，学生たちは，具体的なモノを最も経験のあ

35　この点が中原（2010, 2012, 2014），中原他（2018, 2022）による企業研修を扱った一連の研究成果をそのまま大学教育に援用できない理由ともいえる。

る消費者目線（生活者目線と言い換えても良い）で受け止め，講義内容の具体化に努めることとなる。

マーケティング講義で扱われる具体的なモノを消費者目線で受け止めるとはどういうことか。それは，商品の場合であれば購入者・利用者の立場から当該商品にまつわるスキーマをもっているということである。広告の場合であれば視聴者の立場で，店舗の場合であれば来店者・来客者の立場としてそれらのまつわるスキーマをもっているということである。ただし，ここに大きな問題が存在する。

高校までの授業であれば文部科学省が定めた学習指導要領によってどの科目で何を教えるのかということが明示されており，たとえば小学校の算数で変数を教えることはない。また，小学校1年生から高校3年生までの指導内容は段階的に進められ，新たな事項を教える時に必要となる予備知識はそれまでの学習内容に含まれているという前提に立つことができる（たとえば，因数分解を教える際に変数という概念を知っているかどうかを気にする必要などない）。理念的には，正しい知識をもった前提で次の知識を与えることができるのが高校までの学習である（これはあくまで「理念的」な話であり，実際には中学1年で変数を理解できないまま3年生で因数分解を学んでいるような生徒もいるだろう。そのような生徒への対応努力を否定するものではない）。では，大学での講義，特にマーケティング講義の場合はどうであろうか。

本章で既に説明したように，学生が正しいマーケティング・スキーマを持っているとすれば，その後の講義を進める際にはそのスキーマは有益に働くであろう。しかし，学生たちは何らかの（その中には教員が気づくこともできない）誤ったスキーマを持ったままで講義（座学）を受けるとどうであろうか。つまり，マーケティング講義において具体的なモノを扱うにもかかわらず，それを前提とした講義設計が行われず，受講生が消費者としての経験のみからマーケティング・スキーマを有しているならば，どういう問題を引き起こすだろうか。

第2章で紹介した「かつめい茶　リラックスブレンド」における調査を思い出してほしい（本書20頁図1-3）。この調査では伊藤園の「お～いお茶」の購入経験率は89.2%であった。それは，9割程度の大学生が実際に商品を購入した経験があり，広告や店舗で同商品を見たことがあるという学生も含めると100％に近い学生が「お～いお茶」を知っているということが推測できる。このような商品であれば，講義中に「お～いお茶のパッケージデザインはこれまでに何度も変更されてきて…」といった説明材料として用いることに，何の問題もなかろう。何故なら，学生にとって身近で，イメージがつきやすい商品であるからこそ，学生は既に伊藤園にまつわる概ね正しいスキーマを有しているばかりか，学生間のスキーマに大きな違いがあることも稀であり，比較的共有度の高い（学生ごとの差が小さい）マーケティング・スキーマがもたれていると想定できるからである。

一方，同じお茶だとしても，東海圏でしか発売されておらず，東海圏の学生ですら実際の購入経験が0.04％しかない中北薬品「活命茶」であれば，同じことがいえるだろうか（本書20頁図1-3）。活命茶のCMを知っている学生は93.3％であった。しかし，商品名は知っていても飲んだことがないというのであれば，購入経験のある学生とない学生の間で同商品に対して異なるマーケティング・スキーマを有してしまっていたり，そもそも各人の勝手な先入観で同商品を印象付けたりしてしまう（誤ったマーケティング・スキーマを有してしまう）可能性は否定できない。そうなれば，この商品を題材とした概念や理論，フレームワークにまつわる説明は，具体例から抽象的な理論・概念・フレームワークへの架橋の際に学生たちに誤解や混乱をもたらす可能性を否定できないだろう。

受講生が数十名程度であったなら，講義中に用いる具体例を挙げる際に，都度，その認知度や理解度を確認するという作業もできるだろう。しかし，3桁を超える人数の受講生を相手にした講義の場合，その作業の手間は限られた講義時間の中で大きなムダを生み出すことになりかねない。しかも，事態はより深刻であり，学生たちのマーケティング・スキーマをマスとして捉えることはできなくなっている（Firat 1992, 1997；Firat and Shultz 1997；Ulusoy and Firat 2012）。節を改めよう。

V．マーケティング講義が困難になる「構造」

マーケティング講義を受講している学生たちは消費者の立場から講義に参加している。これを前提にするならば，消費者（としての学生）の特徴を確認しておく必要があるだろう。ここでいう消費者とは，マーケティング論の領域における消費行動論で研究対象とされる消費者，すなわち購買者という意味ではない。消費者行動論は伝統的に消費者の購買行動に焦点を当ててきており（Firat 1985a），消費そのものに焦点を当てているわけではないからである（Sheth 1985；Firat 1987b；Belk and Dholakia 1996；坂田 2001）。

消費者としての学生の特徴について検討するために，消費に一定のパターンがあると指摘したFirat and Dholakia（1982, 1998）の主張を確認してみよう。この主張を確認することにより，学生個々人が自らの意思によって行っていると自身では思っている行動が「消費者が消費活動の間に巻き込まれる一連の関係」（Firat and Dholakia 1982, p. 7）の中での行動でしかないのだということが理解できる。Firat and Dholakia（1982, 1998）はこの関係のことを消費パターンと呼び，4つの概念要素が関係したものとして取り扱っている[36]。それを示したものが表3-1である。

利用可能性は，消費者が消費活動を行う際，当該製品やサービス，そして消費活動自体が誰にでも開放されているのか，消費できるのが自分一人なのか，

表2-1　消費パターンを構成する4つの概念要素

次元	定義	範囲
利用可能性	社会のメンバーに対する，ある製品の利用可能性	公的 ⇔ 私的
社会的関係	消費活動中における，ある消費者の他の消費者との関係	共同的 ⇔ 個人的
人の関与	消費活動中における消費者の肉体的・精神的活動のレベル	能動的 ⇔ 受動的
人の参加	消費者の，ある製品の開発や生産における参加の程度	相乗的 ⇔ 疎外

出所：Firat（1987a）及びFirat and Dholakia（1998）より筆者作成。

36　Firat（1977, 1978）では，これらの概念要素は前者の3つであり，人の参加という次元が人の関与という次元の中に含まれていたが，Firat and Dholakia（1982）においてこれらの2つが明確に区別され，それ以降の研究ではこの4つが用いられている。

すなわち，文字通り誰にとって利用可能なのかということを表したものである。消費物が他の人にでも利用可能である完全に公共の利用の状況から，「ある一人の消費者が，ある消費物を持ち，他の誰もが利用できない」（Firat and Dholakia 1998, p. 9）という完全に私的な利用までの範囲がある。図書館の本であれば誰もが利用できる一方で，個人が購入して自宅から持ち出すことがない本はその購入者しか利用できないと考えれば理解しやすいだろう。

社会的関係は，消費活動の間に消費者が他の消費者と関わる程度を表している。共同消費では複数あるいは多数の消費者が一緒に消費を行うのに対し，「消費活動中に他の消費単位（人，家族，あるいは世帯）と全く関係を持たない」（Firat and Dholakia 1998, p. 8）状態で消費を行うのが最も個人的状態である。たとえば同じパソコンでも，ZOOMのように複数で一緒に消費を行う場合には共同消費されているということができるのに対し，ワードで誰とも関わらずに自室にこもって原稿を書く際には個人消費されているということができる。

人の関与は，消費活動中に消費者に求められる肉体的・精神的活動量を示している。たとえば家事においては，ほうきと塵取りによる掃除と電気掃除機による掃除，洗濯板による洗濯と全自動洗濯機による洗濯，食材を切ることから始める調理とインスタント料理とで，能動的か受動的かという違いが理解できよう。

最後に，消費者の疎外がある。これは，「消費者によって消費される商品や活動の決定に，消費者が直接参加するほど，その消費は参加的」（Firat and Dholakia 1998, p. 10）なものになる。たとえ同じ製品であったとしても，その開発過程や消費過程において消費者が開発・消費に関わっていけばいくほど参加的な消費になるとされ，たとえば同じ旅行であっても，完全にパッケージ化されたツアーであれば疎外されたものであるのに対して，行き先を決めた後に交通手段も宿も立ち寄り先も全て自分（たち）で決めていく旅行であれば相乗的消費といえる。

Firat and Dholakia（1982）は先進資本主義国においては，これら4つの概念要素から成る消費パターンが私的－個人的－受動的－疎外への方向へ向かうということを指摘しており[37]，Firat（1987b）においてその実証分析がなされている。消費パターンが16通り（すなわち4つの次元でそれぞれ2方向，すなわち2の4乗）の組み合わせのうちの一方向に向かうか否かという議論はここでの本題ではない。また，Firat（1987b）が行った調査は19世紀後半以前，19世紀後半と20世紀の初めの100年，1950年代後半から1980年代後半という非常に長期にわたるものであり，数か月単位や数年単位，数十年単位のものではない。そのため，それをそのまま消費者としての学生の変化に当てはめるのも無理がある（我々教員は，最大でも数十年単位でしか大学で教えることができないからである）。ここで重要なのは，消費者は自由意思で消費行動を行えるわけではないということである（Belk et al. 1996）。それがどういうことか，Firat（1987a）が挙げている例で説明しよう。

交通の便の良いカナダのモントリオールから電車やバスもなく，タクシーをつかまえることさえできないテキサス州ダラスへと引っ越しした家族がいる。この家族が自動車を購入しなかったなら，ダラスで通勤・通学，買物などといった日常生活を送ることはできるのだろうか。もちろん，答えは否である。このような状況下で，この家族に自動車を購入するかどうかという選択肢は残されていないのだ。

Firatはこの，個々の消費者の選択を制約し，「ニーズを満たすために，特定の代替物だけを利用可能」（Firat 1988, p. 290）にしているものを「消費可能な代替財の構造（Structure of Available Alternatives for Consumption）」と呼び，「すでに存在している消費財や，コスト，補完性，魅力，（文化的）重要性，可視性などによってそれらの消費財が互いに持っている関係を定めるもの」（Firat and Dholakia 1998, p. 169）と定義している。この構造があるがゆえに，マクロレベルにおいては，多くの商品購買において消費者による選択が行われてなどおらず（Dholakia and Dholakia 1985），「我々が獲得するモノ

37　先進資本主義国で消費パターンが私的－個人的－受動的－疎外の方向に向かうのは「資本蓄積のロジック」（Firat and Dholakia 1982, p. 12）で説明できるとされている。すなわち，同じ商品であったとしても，私的・個人的に消費されることは市場規模の拡大につながる。また，市場の拡大・成長のためには，生活のあらゆる場面に商品を送り込む必要があり，これは労力を節約する装置の消費である受動的な消費の成長・拡大を意味する。さらに，低コスト・大量生産・機械志向の生産を行うことは疎外された消費へとつながる。これらの資本主義のロジックが消費パターンを長期的に私的－個人的－受動的－疎外に向けるのだという。

は，自らの選択や，起こりうることを（何度も）考えることなく，すでにそこにあるモノの間からの選択によって得られるモノであるという特徴を持って」（Firat and Dholakia 1998, p. 36）いるというのだ[38]。

すなわち，この消費可能な代替財の構造という概念を考えれば，消費者は自分が購入可能な選択肢の中でしか選択を行うことができないことになる。それ以外の選択肢を選ぶためには，その存在しない選択肢が何であるのかを視覚化，あるいは想像できなければならず，それには経済的・心理的・社会的コストがかかるため，結果として，そこに存在しない代替物があるかもしれないということは考えられず，今ある選択肢の中から自分が選んだモノをあたかも自らの意思で合理的に選び取ったかのように感じることになる。そのため，「消費単位のミクロな合理性の中で優先権を得るのはどのニーズなのかを決定するのは，その社会の体系である」（Firat 1988, p. 293）ことになり，我々が選択できる消費手段は社会的に決められているということが分かる。

ここまでの議論から，我々の講義を受講する学生（すなわち，実務家ではなく消費者としての存在）を考えた際，2つのことが言えそうである。それは第一に，たとえ数年・数十年単位であろうとも，学生たちの消費行動に変化が生まれるということである。それは一時的・一過性の微細な変化という訳ではなく[39]，消費パターンという概念で説明されたような大きな方向性という意味での変化である。ここであくまで一例としてではあるが，筆者の経験を語ることを許して頂きたい。

筆者が大学に入学した1993年，パソコンや携帯電話を個人的に所有している大学生は非常に珍しかった。筆者が勤務校に着任した2003年，携帯電話を

38　この構造内では消費における合理性ですら個人の意思を超えたレベルで存在する（Ritzer 1993, 1998, 2001）。このことを端的に表す例として，松村他（2023）はこの消費可能な代替財の構造の存在によって買い物難民がいかに生成されているのかについての理論的検討を行っており，そこではマクロレベルでの消費行動にまつわる我が国の現状を理解できる説明がなされている。また，坂田（2021a）の問題意識を受けて議論された金丸他（2022）においては，商品企画という提供側の思考ですら，組織構造（開発承認プロセスを成す構造）というマクロレベルの制約内で選択肢が狭められることが議論されている。

39　そういう意味では，たとえば三谷（2017）が第2章で論じているような「○○世代の学生」といったような特定の時代・時期を切り取った議論に対して本書は懐疑的な立場をとっている。

持っていない学生の方が珍しくなっていた。そして本書執筆中の2023年現在，パソコンやタブレット（板状のタッチ式デジタル機器）を必携化（BYOD：Bring Your Own Device）している大学もあるし，スマートフォンを持っていない学生を探す方が苦労するだろう。1993年から2023年という30年間での変化は，講義でも重要な意味をもつ情報収集作業ひとつを例に挙げたとしても，テレビやラジオ，新聞，雑誌といったマス媒体で収集する方法からスマートフォンなどによる個々人の情報収集方法へと，消費パターンが「私的・個人的」に変化したことを意味している。また，この変化は30年間だけの一時的・一過性のものであるとは到底思えない[40]。

第二に，そういった学生（繰り返しになるが，実務家ではなく消費者としての学生）の消費行動において，学生個々人の自由意思が及ぶ範囲は実は限られたものである（ニーズを満たすために，特定の代替物だけを利用可能にしている）ということである。学生たちは自分の意思でパソコンやタブレットの機種やスマートフォンを選んでいるだろう。パソコンを価格で選ぶ学生もいればスペックにこだわりをもって購入している学生もいる。また，パソコンの周辺機器に非常に興味をもつ学生もいれば，そうでない学生もいるに違いない。スマートフォンの場合でも，常に最新式のものを求める学生もいればなるべく格安で済ませようという学生もいるようだ。

しかし，そもそもパソコンなしで大学での講義を受講するというのは，現代の大学生には非常に困難である（時には，履修登録さえできないかもしれない)。何故なら，大学がパソコンやタブレット端末の携帯を前提に，講義の履修登録，レポートの提出，講義資料の配布と受け取り，成績閲覧，電子教科書の利用といった方法をとるようになっていっていることもあるからである[41]。かつては情報センターといった名称でパソコンを利用できる場が学内に設けら

40　デジタル社会における消費者による選択可能性については，本章の問題意識に近いものとして，Dholakia et al.（2021）を参照されたい。

41　大学ICT推進協議会調査によると，2016年時点で全国の約3分の1の大学でBYODが導入されている（https://axies.jp/_files/report/ict_survey/2016survey/byod_slides_2016.pdf, 2023年2月14日閲覧)。この導入率は新型コロナウイルス感染症（COVID-19）の流行によって増加したことが予想でき，パソコンやタブレットなしで講義を受講できなくなっている大学が増加していることは疑う余地もない。

れていたが，BYOD の進展は教員・事務・学生など関係者全員が「パソコンは学生自身が所有している」という前提をもつようにしていく。

同様のことはスマートフォンにも当てはまる。もちろん，スマートフォンなしで日常生活を送ることは可能かもしれないが，それすら，大学生活においては相当な苦労を覚悟せねばならないだろう。モバイルマーケティング研究所（https://moduleapps.com/mobile-marketing/）の調査によれば，2021 年 6 月時点で受験生，在校生，卒業生を対象にした公式アプリをもつ大学は 84 大学あり，スマートフォンがなければ，在学生は大学から与えられる情報（休講・補講情報や就職活動関連情報，事務手続き情報など）ですら得られることができないこともある。また，慶應義塾大学や立教大学の情報配信アプリを提供している（株）DearOne（NTT ドコモの子会社）は，大学だけでなく飲食店やスーパー，家電量販店，電鉄においても公式アプリを開発・導入しており，その相互利用の利便性を考えると，ますます大学生にとってスマートフォンが必須のものになっていることがうかがえる（Singh and Samah 2018）[42]。

このような傾向は大学生に限ったものではない。スタディサプリ株式会社 Studypuls トレンド研究所が 2023 年 4 月 7 日から同 12 日にかけて 2023 年 4 月に大学に入学した 840 人を対象にして調査を行った「大学受験期のトレンドに関する調査」によると，「受験期に一番我慢したこと」という質問項目に対してスマホゲームを含んだゲーム（22.4％），SNS（15.1％），YouTube（6.5％），Instagram（4.9％）といったスマートフォンありきの回答が多く寄せられており，その消費行動の特徴がうかがえる（https://www.trend-lab.studyplus.jp/，2023 年 10 月 19 日閲覧）。

こうした消費行動の変化とマーケティング講義の受講生である学生のマーケティング・スキーマとの間には関係がないとは思えない。何が問題で，それをどうすれば良いのか。節を改めて検討することとしよう。

42　なお，フィーチャーフォンが対応している 3G 規格は KDDI が 2022 年 3 月末でサービスを終了しており，ソフトバンク（2024 年 1 月下旬，予定）や NTT ドコモ（2026 年 3 月末，予定）も今後サービス終了を予定している（『日経 MJ』2022 年 5 月 30 日付）。また，PHS のサービスを提供していたソフトバンクは 2023 年 3 月 31 日に同商品のサービスを全て終了している（『朝日新聞』2023 年 3 月 31 日付）。

Ⅵ．何が問題か，どうすれば良いのか

2008年，日本ではソフトバンクによってiPhone 3Gが発売され，初めて日本向けのスマートフォンの販売が始まった（『東洋経済』2008年6月10日）。2010年には世帯保有率9.7%だったスマートフォンが2020年には86.8%となり，2017年には既に固定電話の保有率を超えている（総務省『通信利用動向調査』）。2020年には携帯電話・PHS及びスマートフォンを含めたモバイル端末の世帯保有率は96.8%であり，大学生に限っていうなら，ほぼ全員がモバイル端末を持っていると言っても良かろう。

かつての大学生は，テレビが家になければ，一家に一台しかないラジオを家族とともに聴いていた。家庭にテレビが届くと，一家に一台のテレビを家族とともに観るようになった。ラジオやテレビの普及率が高まり自室にそれらをもてるようになった大学生たちは，自分好みの番組を視聴するようになった。とはいえ，ラジオもテレビもチャンネル数には限りがあり，大学に行けば同じ番組の話題を学友と共有することができた。ビデオの普及前には，トイレ休憩などを除けば（たとえ集中していなかったにせよ）ラジオやテレビから流れる広告を自然と受け入れていたであろう。

それが今や，無数ともいえるインターネットサイトから情報を得ることが当たり前になっており，消費パターンでいう「私的・個人的」への変化は構造的に避けられないものになっている。それはまさにPariser（2011）が「フィルターバブル」と呼んだ姿である。フィルターバブルとは，インターネットの検索サイトのアルゴリズムにより，利用者が見たい情報だけを目にし，見たくない情報を遮断する機能（フィルター）のせいで，バブル（泡）の中に包まれたように自分の見たい情報しか目にしないようになることを意味する。これはすなわち，インターネットが普及する前までであればテレビや雑誌，新聞，屋外広告などで自然と目に入っていた情報（それはすなわちマーケティング・スキーマの元となる情報）が，インターネットの普及によって遮断され，目にしなくなることを意味している（Pagani et al. 2016）[43]。映画の字幕翻訳を1,000本以上行ってきた翻訳家の太田（2007）がいう（153頁）。

「教養」とか「常識」という言い方がある。それを知っていないと笑われてしまう，というような「共通認識」だ。しかし，そういう約束事は既に崩壊している。…（中略）…それなりの文明国で，ひと通りの義務教育を受け，日常ごく平均的に新聞・ラジオ・テレビなどに接していれば，たぶん「ご存じ」のはずの事柄であっても，もはや通用するとは限らない。

このことはデータからも明らかである。2019年にインターネット広告費がテレビ広告費を超えたばかりか（電通『日本の広告費』），2021年にはマスコミ4媒体（テレビ，ラジオ，新聞，雑誌）の総広告費を超えた（日経新聞2022年2月25日付）。2022年には日本の広告費の総額が2007年以降15年ぶりに総額7兆円を超えたものの，その内訳はインターネット広告費が8.6％から43.5％へと大きく延びたことによるものだと指摘されている（「電通報」2023年2月24日付）。このことは，大学生たちが聞く・見る広告もインターネットからのものになっていることを端的に示している[44]。大学生にとっての広告とは消費パターンにおける「公的・共同的」なものとは異なり，「私的・個人的」で，友人とすら共有できるかできないかが不明瞭なものになっていると判断せざるを得ない。

さらに，昨今の大学生の情報収集は動画配信サイトやSNSからが主である。周知の通り，SNS内では自分に似た嗜好・思考や意見をもった人々が集まることにより，自身の嗜好・嗜好や意見に肯定的な反応が得られ，それがあたかも世間の常識であるかのように誤解する。また，共感されることでその嗜

43　Pariser (2011) はフィルターバブルがそれを「我々が選んだわけではない」にもかかわらず，「目に見え」ない中で「ひとりずつ孤立し」ていると（19-20頁），Firat and Dholakia（1982, 1998）がいう私的・個人的・受動的・疎外へ向かう構造との整合性が非常に高い主張を行っている。

44　NTTドコモモバイル社会研究所が2021年2月に全国の15～79歳男女8,837人に行った調査では，10～20代では6割が「SNS」，30～40代では5割が「Web・アプリ」，50～70代では5割が「テレビ」と，年齢層別に生活情報を得ているメディアが異なることが明らかになっている（NTTドコモモバイル社会研究所（https://www.moba-ken.jp/）2022年3月23日公表）。これはすなわち，学生の年齢層である10～20代ではテレビやWebよりも「私的・個人的」に消費される傾向のあるSNSが最多だということを明らかにしている。

好・思考，意見が増幅される。このような現象をエコーチェンバー現象という(Sunstein 2001)[45]。

学生が個人的な信念や嗜好，あるいは気紛れといった理由ではなく「消費可能な代替財の構造」の中で「私的・個人的」な消費行動を行っているのだと考えれば，大規模教室で我々は何を前提に講義を行えば良いのだろうか。それは，受講生が300人いれば300人全員が共有した正しいマーケティング・スキーマをもっているとは限らないということである（Firat 1992, 1997；Firat and Shultz 1997；Ulusoy and Firat 2012）[46]。

たとえば筆者はかつて，花王のヘルシア緑茶を題材にテキストの1つの章を書いたことがある（坂田 2016)。この題材を用いる時のポイントは「花王が飲料水メーカーではないからこそヘルシア緑茶を販売できた」という点にある[47]。そのため毎年講義で同商品の知名度と理解度を確認してから講義を行っているが，ともに減少傾向に歯止めがきかない。もちろん，周知の通り，ヘルシア緑茶は大学生をターゲットにした消費ではない。とはいえ，テキストを初めて用いた時には「テレビで広告を見て中年男性向けの商品だということは知っている」という学生が一定数は存在していたのが，2022年度担当のマーケティング論（受講生161人）では知名度で1割強，理解度でいうとほぼ0%という状態になってしまった（なお，花王という会社そのものの知名度で3割程度で

45　総務省『情報通信白書』（令和元年版）では「第1部　特集　進化するデジタル経済とその先にあるSociety 5.0」の中でインターネット上での情報流通の特徴と言われているものとして，フィルターバブルとエコーチェンバー現象の2つが挙げられている。なお，フィルターバブルとエコーチェンバー現象に関する実証研究としては，それぞれKosinski et al.（2013），Flaxman et al.（2016），Rodes（2021），Sasahara et al.（2021）がある。

46　もちろん，教育にまつわるWeb化に対応した議論も進みつつある。たとえばInternational Conference On Web-Based Learningが2002年に香港で初めて開催され，毎年カンファレンスが開催されている。たとえばTang et al.（2002）以降の議論やKovachev et al.（2011），Robson and Mills（2022）のような議論も参考になろうが，教員がこのような状況に対応すること自体が学生のマーケティング・スキーマの多様性を加速することにつながりうることも補足しておきたい。

47　本書執筆中，花王がヘルシア事業をキリンビバレッジに売却するという報道がなされた（『日本経済新聞』2024年2月2日付）。本書が出版された後にはここでの記述の意味合いが変わっていることが想像できる。

あった)。もちろんこの状態は偶然あるいは一過性のものであるかもしれないが[48]，これではこの商品を知っていることを前提に講義を進めることなどできようもない。

あるいは，より恐れるべきは，この商品を製造・販売している花王が伊藤園やサントリー，コカ・コーラ，キリンビバレッジといった学生にとってなじみのある飲料会社だと同じく飲料を元々製造・販売していた会社なのだと誤解してしまっていたなら（誤ったマーケティング・スキーマを有してしまっていたなら），同事例を用いて坂田（2021a）で説明したかった理論を誤ったかたちで理解しかねない[49]。すると，具体的な（リアルな，触れられる，目に見える）モノである商品を題材に，具体例から抽象的な概念や理論を説明するというマーケティング講義の特徴は，教育上，ネガティブなものになってしまうこともあると言わざるを得ない。すると現在の経済学の標準的な講義で見られるように，抽象的な概念や理論をあくまで机上のものとしてのみ議論するのがマーケティング講義の行く末になることも否定しきれない[50]。

もちろん，前述の通り，講義で扱う具体的なモノ（商品，広告，店舗など）

48　たとえば東日本大震災の際にはテレビ広告において自粛ムードが高まり，どのチャンネルにおいても公益社団法人 AC ジャパンの公共広告ばかりが流されていて。2022年度に筆者がマーケティング論を行った際には，まだコロナ禍と呼ばれる状態であったため，いわゆる平時とは広告の中身が異なっていることも否定できない。なお，コロナ禍の前後におけるマーケティング教育の変化に関しては，Crittenden（2023）が詳しい。

49　ここでの議論をマーケティング・スキーマの問題ではなく学生の無知の問題であるという批判も想定できる。しかし，無知とは白紙の状態であり，誤った前提・想定を抱くことなく講義を受けられる状態を意味している。一方，ここで挙げた「お茶を製造・販売するのはお茶メーカーしかないはずだ」といった例のように，学生が誤ったマーケティング・スキーマを有してしまっている状態の場合，そのマーケティング・スキーマを一旦白紙に戻す，あるいは修正するという作業が必要になる。その作業は無知な学生に指導する以上の困難が生じることが起こりうることを指摘しておきたい。

50　事態は情報が遮断されるということだけに留まらない。すなわち，フィルターバブルによって「我々は知っている（かつ賛同している）アイデアに囲まれてしまい，…（中略）…学びたいと思うきっかけとなるものが環境から取りのぞかれてしまう」（Pariser 2011, p. 105）ことにも問題が潜んでいる。何故なら，学びというのは本来，「知らなかったこと，考えてもみなかったこと，想像すらできなかったこと，まったく理解していなかったこと，その可能性を考慮に入れていなかったこととの遭遇」（Vaidhyanathan 2011, p. 247）であるにもかかわらず，インターネットによってその遭遇が遮断されるからである。

はあくまで具体例であり，それを知らないからといって講義が進められないというわけではない。あるいは，そのモノに関する説明に講義の多くの時間を割くという方法もないわけではない。しかし，前者であれば，自分たちの身近にある存在が学問として説明できるものであるというマーケティングという学問の魅力が何割かは損なわれかねないし，後者の場合，そもそも講義本来の目的である概念や理論，フレームワークを丹念に説明する時間がなくなりかねない。

近年の大学・学部教育においては，受講生（講義履修生）に期待されることは，予習60分の準備をして講義90分にのぞみ，そして講義終了後，60分の復習を行うことである。そのため，講義の工夫次第では予習で事例に関する最低限の情報を得ておいてもらうこともできるだろう。しかし，「私的・個人的」な消費行動を構造的に行わざるを得ない受講生に対して情報収集ツール（テレビなのか雑誌や新聞なのかSNSなのか）を指定し，時にはURLまで特定し，さらには誤ったマーケティング・スキーマをもたせないようにするための補助的解説まで加えるといった作業まで手取り足取りしていては，これまた近年の大学・学部教育で求められる「主体的な学習[51]」など望むべくもない。

51　苅谷（2020b）は主体性という問題について「実はよくわからない曖昧な言葉である。どのような学びをすればどのような主体性が育つかという関係も確定的ではない。…（中略）…目標も抽象的なままで提示される。その結果，それを実現する具体的な手段は提供されない。見た目で学生の参加や発言を促す授業をすれば，それが『主体的な学び』＝アクティブ・ラーニングだという認定が行われる程度である」（78頁）と看破している。主体性という問題に関しては苅谷（2019）及び武藤（2023）も併せて参考にされたい。

とはいえ，文部科学省「新たな未来を築くための大学教育の質的転換に向けて～生涯学び続け，主体的に考える力を育成する大学へ～（答申）」（平成24年8月28日）では，初等中等教育から高等教育にかけて「答えのない問題に対して自ら解を見出していく主体的学修の方法や，想定外の困難に際して的確な判断力を発揮できるための教養，知識，経験を総合的に獲得することのできる教育方法を開発し，実践していくことが必要である」ことや，「国民一人一人が主体的な思考力や構想力を育み，想定外の困難に処する判断力の源泉となるよう教養，知識，経験を積むとともに，協調性と創造性を合わせ持つことのできるような大学教育への質的転換」が必要であることが指摘されている。一方，栗田・日本教育研究イノベーションセンター編（2017）や中園・谷川（2018）で解説されている通り，学生を動機づける工夫までも含めて教員の教育なのだというスタンスがあるのもまた事実である。本書ではこのような立場に対しては否定的な立場をとっているが，そのことを議論するの他日を期する。

Ⅶ. 小結：それでも大規模講義を続けるために

本章では，マーケティング・スキーマという概念を手掛かりに，実務経験のない消費者としての学生たちが大規模教室における講義（座学）を受講する際に正しい共通認識をもつことがいかに困難であるのかを消費パターンと消費可能な代替財の構造という2つの概念を用いて説明した。そこで得られた帰結は以下の通りである。

すなわち，マーケティングは他の社会科学に比べて誤ったスキーマを持たれやすく，マーケティング講義を受講する学生たちは講義を受ける前からブランドや商品コンセプト，系列という言葉を見聞きしている。広告に至っては，四六時中身の周りにあることだろう。かつての学生であれば，観ているテレビも使っているモノも比較的共通しているものがあった。そのため，学生たちが有しているマーケティング・スキーマがどのようなものかを比較的簡単に確認できたし，仮にそれが誤ったものだとしても，それを確かめながら講義を進めることもできていた。

しかし現在では，学生たちの多くがあまりに「私的・個人的」な消費パターンの中で暮らしており，マーケティング・スキーマが画一的なものではなくなってしまっている。しかもそれは大学や教員が（あるいは学生本人もが）努力しようが構造的に避けようがない。さらには，「私的・個人的」な消費行動は今後も不可逆的に進んでいくことが予想されるため，無数ともいえるマーケティング・スキーマを有した学生たちを相手に講義をせねばならないのは避けようがない。また，その中に誤ったスキーマがあったとしても，その誤用の一つひとつを確認していては「大規模」な教室における講義自体が成立しなくなってしまう。

では仮に，この問題を解決できるとしよう。それは事前学習・予習の時間を多めにとるという方法でも良いし，受講生全員のマーケティング・スキーマを確認しながら講義を進めても良い。学生が誤用しやすいマーケティング・スキーマについて事前に説明できるような講義上の工夫をするというのでも良い。あるいは，マーケティング講義の特徴として本章で述べた「具体的な（リアルな，触れる，目に見える）モノを講義中に扱える」という特徴を棄て去り，抽象的な議論に徹するという方法すらありえるだろ。

いずれにせよ我々が大規模教室における講義を今後も続けるというのであれば（そしてそれは大学経営上避けられないであろうことでもある），次に議論すべきなのは，その大規模講義をそもそも何のために行うのかということである。そこには，「何を教えるのか」という問題と，「どのように評価するのか」という2つの問題が潜んでいる。章をかえて検討していくことにしよう。

第3章 マーケティング講義はいかにあるべきか

Ⅰ．何が問題か

前章では実務経験のない，消費者という立場でしか講義を受けられない学生たちが大規模教室において講義（座学）を受ける際，いかなる問題が生じるのかということについて，マーケティング・スキーマという概念を用いて説明した。そこで行われた議論は，誤った事前知識をもった学生たちに正しい知識を伝えることの難しさと言い換えることもできる。また，このマーケティング・スキーマがかつてのそれとは異なり，学生の消費行動の変容によって数えきれないほどの多様性を有する可能性と，それが構造的に避けがたいものであるということを指摘した。

一方で，企業人相手の研修や講演であれば，多彩な事例を用いて最新トピックスを解説し，巷間に溢れる最新コンセプトや実務的なテクニックに触れることで一定の評価を得ることもできよう。たとえばほんの7～8年前であればSNS広告が最新トピックスとして話題に挙げられていた（日経BPムック『最新マーケティングの教科書2016』）。しかし，SNS広告の流行り廃りのスピードは数年単位で移ろうものであり，このようなビジネストレンドを追いかけるのは大学（学部）教育の本質ではない[52]。何故なら，そこには理論的な問い（「何故」を検討すべき問い）が存在しないからである（もしもマーケティング

52　本来であればビジネスの現場でもこのことに懐疑的になるべきである。すなわち，毎年のように新しく登場する思考ツールやフレームワークに対して盲目的にそれを用いることでビジネスがうまくいくという発想自体を避けなければならないはずである（高岡2022a, 75–79頁）。

が応用科学であるという側面からノウハウを教えることがあったとしても，そこには「何故」という論理を抜きに教えるわけにはいかない）。すなわち，マーケティングを学術として捉える以上，刹那的なトレンドをおいかけるのではなく，その本質的な問いかけ（すなわち，理論課題）を求め続ける必要がある。ましてや，これまでに前章で議論したように，実務経験のない，多様なマーケティング・スキーマをもった学部学生を相手にした時には，このような刹那的なトレンドというのは一層教育困難性を高めることが容易に想像できよう。

とはいえ，我々は個別指導塾のように一対一あるいは一対少人数での指導だけで大学を成り立たせることはできない。たとえば全ての講義が定員20人であるといった形式をとろうとしたならば，それは授業料（含・入学金や施設利用料などの諸費用）に即座に跳ね返ることにもなりうる。医学部の授業料が高額であるのは受験業界の常識ともいえることであるが，それは施設設備費に予算が必要であるという理由や併設病院の経営に予算が充てられるという理由だけでなく，少人数での手厚い指導が行われているからだというのも決定的な理由の1つでもある。

このようなわけで大規模講義を（幸いにも入学者が継続している限り）続けざるを得ない我々は，前章で議論したような問題を抱えつつ，マーケティングを指導し続けていくことになる。では，果たして我々は，そもそも大規模講義を何のために行うのであろうか。それは決して大学の財務を潤すためではない（と言っておこう）。また，その目的が明確になれば，大規模講義で何を教えるのかについても検討する必要がある。もちろん，マーケティングの教員である以上，教えるのはマーケティングである。では，マーケティングの何を教えるのか。この疑問に対してマーケティングにまつわる概念や理論，フレームワークだと答えるのは，短絡的な回答だということが本章での議論を通じて理解できるだろう。さらには，教えるという行為には評価するという行為が付随するものである。この評価という観点から考えた時に我々が教えているもの，教えるべきものの実態が浮き彫りになる。本章で議論するのはこれらの問題である。

Ⅱ．何のために講義するのか

そもそも何故，マーケティング論を講義するのか。このような問いかけに対して「そこに山があるからだ」方式の回答を行うことによって，この問いかけ自体を愚問だという批判もあるかもしれない（すなわち，「カリキュラムでそう定められているからだ」といった表層的な回答や「経営学部／商学部でマーケティング論があるのは当たり前だ」という主張がそれである）。しかし，社会学を中心に行われている日本の大学教育の存在意義にまつわる議論（苅谷 2002, 2008, 2012a, 2012b, 2013, 2020b；苅谷・吉見 2020；佐藤編 2018；吉見 2016, 2020, 2021 など）や，大学での教育と経営現場との架橋にまつわる議論（楠木 1995；佐藤 2011；本田 2009, 2014；豊永 2018；本田編著 2018；竹村 2021a）を見る限り，マーケティング論を講義する理由について触れておくことも有用であると考えられる。そこで本節では，3つの観点からマーケティングを講義する理由を確認しておくことにしよう。それは第一に，マーケティング（論）の普及・啓蒙をするためである。第二に，マーケティング（論）にまつわる知識を伝授するためである。第三に，マーケティング（論）における真理を探究するためである。順に説明してくことにしよう。

何故，大学・学部においてマーケティングを講義するのか。その理由の1つ目として考えられるのは，マーケティングへの興味・関心をもった学生（若者）を増やすためである。と述べた途端，この理由は本来ナンセンスなものといえるかもしれないことを告白しよう。何故なら，生徒・学生自らが経営学部や商学部を選んで入学してきており，マーケティング講義を履修しているからである。そのため，少なくとも論理的には，わざわざ興味・関心をもってもらおうとしなくとも，既に興味・関心をもっていると断じることができるはずである。しかし，現実は果たしてそうであるだろうか。

産業界からも既に指摘されている通り（永守 2022），学生は「何を学びたいか」を基準に学部を選ぶというよりも，偏差値という（実は高校生や保護者自身，あるいは高校の進路指導教員や大学教員ですら正確には説明できない）基準によって大学を選び，その中から入れそうな学部を選ぶというのが一般的な大学進学の現実である[53]。そのため，ややもすれば，学問自体には興味も関心もなかったにもかかわらず「入れる大学の中で一番偏差値が高い大学だったから」という理由で当該経営学部・商学部を選んでいるという可能性も高い[54]。

とはいえ，これらのことの功罪についてはここでの論点ではない。むしろこの現実を踏まえたなら，学生の学習意欲を高めるべく，マーケティングの面白さを伝える必要があるというのが問題なのである。マーケティングへの興味・関心を持たずに入学してきた学生は，ただ「必修科目であるから」といった理由や「曜日時限の都合上，履修しやすかった」という理由から，あるいは酷い場合には「単位をとりやすいという噂を聞いたから」という理由から当該科目を履修している可能性もある。そのような学生に対してマーケティングを学ぶ

53　このような傾向は決して現在に限った話ではない。たとえば原秀則原作の『冬物語』（1987年～1990年小学館『少年ビッグコミック』『ヤングサンデー』にて連載，第33回小学館漫画賞を受賞）では受験にまつわる姿が描かれており，当時から偏差値偏重の受験が存在していたことを窺い知ることができる。また三田紀房『ドラゴン桜』（2003年～2007年講談社『モーニング』にて連載）では合格のしやすさだけで学部選びをする様子が描かれているばかりか，その続編である『ドラゴン桜2』（2018年～2021年講談社『モーニング』連載）では「いいか！東大は入れればどこでもいいんだ。学部なんて関係ない！　四の五の言わずに黙って東大を受けろ！」と直截的な表現がなされている。一方，音部（2023）では一流マーケターである筆者の原点が大学におけるマーケティング講義だったのだというエピソードを読むことができる（150-155頁）。

54　好不況による親の所得の問題によって「国公立か私立か」といった選択が行われたり，関東圏以外の，特に大学の数が少ないエリアでは「立地」という基準も大きく影響する。また，入試制度変更に伴う浪人比率の変化によっても大学選びの基準が変わることがある。これらの問題を扱う教育社会学や教育経済学においては，学歴と所得にまつわる研究（たとえば，吉川2006；安井・佐野2009；平沢2014；中室2017；濱中・日下田2017；中村高康他2018）が積み上げられているが，こういった研究で指摘される「学歴」とは，往々にして高卒・大卒・大学院卒という区分が用いられ，そこでの「世代間の学歴再生産メカニズム」（松岡2019, 25頁）が分析・議論されている。本稿の射程とは異なるが，それは国際的な研究でも一般的な分析手法である（Pokropek et al. 2015）。

一方，竹内（1995）や濱中（2007），中原・溝上編著（2014），島（2018, 2021）のように偏差値を独立変数として就職活動や就職後のキャリアにまつわる分析を行う研究も存在しているには存在しているが，そこで議論される内容は予備校等のデータを活用した偏差値であり，学問上の専門性を加味した入学後の学習内容にまで踏み込もうとはしていない。さらに，教育社会学の領域においては進学率の高まりが生徒・学生の目的意識のなさにつながるという指摘もなされている（苅谷2005, 26-32頁）。なお，日本の教育制度と学力，企業の採用活動との関係についてはTakemura（2018）も併せて参考にされたい。

ことの面白さを伝えないまま概念や理論，フレームワークなどを教えてしまっては，学生はただ単位取得のためだけに講義に参加しかねない。

そこで，たとえば「マーケティングを重視する企業は消費者が本当は何がほしいのかという視点で消費者の理解に努めるものだ」という議論を行う際の小ネタとして，「就職活動をする時に採用担当者の目線に立って，どのような学生を求めているのかを想像するのもマーケティングの議論に近いかもね」などと，学生の興味・関心を惹きやすい話をすることが時には求められるのだ。あるいは佐藤（2011）や本田（2009, 2014），本田編著（2018），竹村（2021a）が行っているような社会に出てからの有用性にまつわる解説を加えることも，学生の関心を惹くことにつながるかもしれない。逆に，「マーケティング・ミックスは必ず試験に出すよ」といったかたちで学生に試験対策（だけ）をさせることの方がよほど罪深いと考えられる。何故ならそのような指導を受けた学生は単位取得のためだけに講義に参加し，マーケティング（論）を学ぶこと自体を目的にしなくなってしまうからである。

マーケティングを講義する理由として第二に，マーケティングの知的・学術的蓄積を後世に伝えるためという理由が挙げられる。学問が学問として存在するからには，世代を超えた知識の伝授・継承が重要であることはいうまでもない。我々にとってありがたいことにマーケティングに興味や関心をもってくれた学生が一定数存在するならば，学問としてのマーケティングにまつわる概念・理論・フレームワークといった「知識」を学生たちに教授する講義が設置され，それを効率的に伝達することができるなら，マーケティングを講義するもっともな理由になるだろう（Rossiter 2001）。

かつての伝統的な社会においては，子どもは親の働く姿を見て仕事の有様を知ることができた。たとえば商人の子どもであれば，接客態度や商品の値付け，仕入れや陳列といったことも目で見て学ぶことができたかもしれない。日常的な学びにおいては，学び手自身が常にその必要性を感じ，学ぶことが目的達成と切り離せない状態であっただろう。このような「生活即学習」（広田 2022, 88 頁）の社会では求められなかった知識の伝授・継承の場として「講義（座学）」という場が有用だといえる。

第三に，マーケティングにまつわる真理を探究する場として講義という場が有用（あるいは必要）であるからだという議論もありうるだろう。教育基本法（平成18年12月22日法律第120号）第2章「教育の実施に関する基本」の第7条において，「大学は，学術の中心として，高い教養と専門的能力を培うとともに，深く真理を探究して新たな知見を創造し，これらの成果を広く社会に提供することにより，社会の発展に寄与するものとする」と定められている。この条文にのっとるならば，大学におけるマーケティング講義とは，マーケティングにまつわる真理を探究した結果「新たに創造された知見」を提供する場ということになる。

ここで，新たな知見を創造するのはマーケティング「研究」であってマーケティング「教育／講義」ではないという反論もあろう。特に学部教育においては，大学院でのそれとは違い，基礎的・基本的な知識の提供に留まる（べきだ）という意見もあるかもしれない。しかし，本書で既に随所で触れたように，学習指導要領によって授業範囲が定められている高校までの授業とは異なり，大学における講義の範囲を決めるのは教員自身であることから，講義を通して真理を探究することを否定する材料など見当たらない（ここでは，可否を問うているわけではないからである）。もちろん，そこには教員・受講生ともに高度な場づくりが求められるであろう。しかし，特に近年における大学教育の現場で求められているアクティブラーニングを念頭におけば，受講生からの創造的発言が飛び交うことによって新たな知見が創造されることも非現実的な話ではない。あるいは，工学や心理学などを筆頭に講義中に行われる実験や調査をもとに研究が積み重ねられることも否定できない。心理学の場合でいえば，受講生を対象とした講義中の調査が研究成果になることもあるからである（たとえば，今井 2010）。

ここまで議論してきたようにマーケティングを講義するのは何故なのかという理由を①マーケティング（論）の普及・啓蒙，②マーケティング（論）にまつわる知識の伝授，③マーケティング（論）における真理の探究という3つだと考えるならば，この中で最も中核的に位置づけられるのは2つめの「知識の伝授」であろう。何故ならば，普及・啓蒙ができた暁には（あるいは，そもそも学生たちがマーケティングに興味をもっていたならば）知識の伝授が求められるようになるであろうし，知識なしに真理の探究が成立することは考えられないからである。そこで次節では，「マーケティングにおける知識の伝授」という点に焦点を絞って議論を進めていくことにしよう。ポイントとなることはマーケティングにおいて知識を伝えることは可能なのか。これである。

Ⅲ．知識を伝えることはできるのか

マーケティング論においては，大規模教室における講義（座学）は「整理された正しい知識を持っている人から，まだ持っていない人に情報を一方通行で注入する」（髙木・竹内 2010, 5 頁）ことによる教育スタイルであると定義されている。ここでは知識あるいは情報という言葉が並列に近いかたちで用いられているのに対し，認知科学の領域ではこれらは明確に区分されている。

本節のタイトルでもある「知識を伝えることはできるのか」という問題設定に対して日本認知科学会元会長は知識は伝わらないと断じており（鈴木 2022, 46-50 頁），教員が伝えられるのは「単なる情報」であるという。さらに，学生が「単なる情報」を覚えたところで単に「記憶[55]」しただけであり「知識を身につけた」とはいえないのだそうだ。どういうことか。鈴木（2022）が用いている例を引用することにしよう。

> たとえば幼児に「12 の二乗は 144 だよ」と教えて，「12 の二乗はいくつ」と質問し，その子が「144」と答えられればできるようになったというだろうか。そうではないだろう。これは単におうむ返し，「記憶」に過ぎない。12 の二乗がなぜ 144 なのか，またそれに関係する様々な状況でそれを利用できなければ，「できるようになった」とはいわないだろう（鈴木 2022, 184-185 頁，一部省略）。

55　なお，記憶の問題をめぐっては，20 世紀における心理学の主要研究テーマの 1 つに位置付けられている（内村他 2016）。たとえば今井（2016）は記憶を 4 類型に分けて議論しているが，ここではそのような踏み込んだ議論は行わない。記憶にまつわる既存研究に関しては，山鳥（2002），太田・厳島編（2011），鈴木（2016）を，記憶に関連する包括的なレビューに関しては箱田他（2010）を参照されたい。

ここでいう「できるようになる」ことこそが「知識[56]」を伝えられたというのである（認知心理学では「知識の転移」あるいは「学習の転移」という）。単なる記憶で良いというのであれば，チンパンジーですら100や200の記号を覚えることができるという（鈴木 2013）。しかし，それをもって知識を得たとはいえないであろう。チンパンジーは記憶した記号を使って何か（たとえば，「バナナを要求する」といった行為）をすることができないからである。

芳沢（2020）は数学者の立場から説明の分かりやすさには記憶しやすさと理解しやすさの2種類があり，記憶しやすい説明を受けたからといってその内容を理解できたわけにはならないことを指摘している。さらにいうなら，ビジネスの現場で取り組まれているものの中には言語化できないものもあり（Spear and Bowen 1999），言語化できないものを講義というスタイルで教えようがないという指摘すら考えられる。

本節での議論に当てはめて議論するなら，大規模教室において「マーケティングを重視する企業は消費者が本当は何がほしいのかという視点で消費者の理解に努めるものだ」と伝えたところで，それは単に情報の伝達を行ったに過ぎないというわけである。マーケティング近視眼の定義や，STPとは何の頭文字なのか，4Pの4つのPとは何なのかという説明など，いわずもがなだといえるだろう。知識（ここでいう情報）としての概念や理論，フレームワークを教授（学生の立場でいうなら学習）したとしても，それはあくまで概念や理論，フレームワークという情報を教え（学び），学生がそれを記憶したというだけのことだといえるのだ（Hampton 1993）[57]。

56　ここで，本来であれば，知識とは一体いかなるものなのかという議論をより深く行う必要があることを認めねばならない。しかしながら，それらの議論は古代ギリシャの時代から哲学的議論や認識論的議論，脳や神経にまつわる議論でも行われており（今井 2016），そのあまりに膨大な研究蓄積をフォローすることは現実的でないばかりか本書の問題意識から大きく外れ，議論を発散させることになる。そこで知識にまつわる議論として本書が参照としている議論として，たとえば戸田山（2002），Pritchard（2018）を挙げておくにとどめることとする。

　また，学習とは何なのかという問題についても本来であれば議論を深める必要があるだろう（たとえば，今井 2016や今井他 2012）。たとえば心理学で学習の問題を扱った古典的な議論である行動主義では，Watson（1962），Skinner（1974）以降，行動の変容こそが学習だと定義されてきた。このような学習そのものにまつわる議論についても本書の議論の範疇を大きく超えるため捨象している。

事実，それらが実際にどのように用いられるのかという点について単に事例を紹介するだけならばともかく，講義中に深く掘り下げて教授／学習されることは稀である（というよりも，90分という限られた時間でそこまで話を進められる余裕などない)。すなわち，たとえばSTPを学んだとしても，どのような基準でセグメンテーションすれば良いのか，どのターゲットを狙えば良いのか，どうポジショニングすれば良いのかといったことを考える思考を養うための場はテキストの中には存在していないし，学生が実際にそれを思考・熟考する場は座学による講義には用意しがたいのが一般的である。

そこで，知識を認知科学に倣って「役に立つ情報」(鈴木 2016）と定義し，情報には役に立つという意味での「生きた知識」と役に立たないという意味での「死んだ知識」があるという理解をしたうえで（今井 2016)，マーケティング講義の在り方を掘り下げて考えてみよう。役に立つということは，その情報を用いれば，行うことの質が高まるということである（ここでは一旦「質」の操作定義は行わないことにしておく)。つまり，「知識があるかないかで経験の質は違う」(広田 2022, 104頁）し，「目の前の問題を解決するのに使うことができる」(今井 2016, 153頁）ようになるというのである[58]。

57　この不足を補うのが演習やゼミと呼ばれる少人数講義におけるケースメソッドやPBLといった手法であるという指摘もあろう。この点については本書を読み進めていただきたい。

なお，この「伝達」という活動は教える側が答えを持っており，それを教えられる側に伝えるという側面をもつ。このことに対して酒井（2019）は「学校の先生が完全に把握しているカリキュラムを教わる高校までとは違い，大学は過去にない新しい価値を生み出す場。まだ誰も知らない問題の答えを模索するのが，『研究』という活動にほかなりません。その答えは，指導している教員さえ知らないのです」(226-227頁）と指摘しており，教育において「伝達」が有する価値の低さを批判している。

58　ここで「大学の講義において役に立つかどうかという議論など必要ない」という主張をする方もいるだろう。そういう方々が佐藤編（2018)，苅谷（2020b)，苅谷・吉見（2020)，吉見（2016, 2020, 2021）といった一連の議論に対してどのように応えるのかは，別の問題に譲るとしておこう。ただし，吉見（2020）が大学論との関係で役に立つという問題を目的遂行型と価値創造型に分けている議論は無視できない（60-66頁)。マーケティングにおける「役に立つ」とは，両者を包含するものであると考えるからである。それは三谷（2017）が哲学教育の文脈で述べているように「わたしたちが立ち止まって考えてみるべき最大の問題は，『大学での学びに期待される有用性を，すぐに使える道具の有用性と同一視』しようとする傾向のなかにこそ見出されるのではないか」(140頁）という主張に首肯するのと軌を一にする。

しかし，この前提に立つと，マーケティングを教える際には問題が出てきてしまう。それは，学生にとっては「テストを受ける（あるいは単位を取得する）」というタイミング以外で「情報が役に立つ」場面など存在しがたいことになるからである。もちろん，アルバイト先の居酒屋で常連客に対峙した際，「あ〜，マーケティング論でお客さんを理解することが大事だって習ったなぁ」と思い出してくれれば，それだけでもマーケティング論にまつわる知識（すなわち，役立つ情報）を講義できた（学生の立場でいうなら，情報の記憶が活かされた）と捉えるべきかもしれない。しかしながら，これだと本書第2章第1節で紹介した講義風景でいえば，初回講義の10分程度しかマーケティング論の価値がないということになりかねない。ましてや，4Pという知識が学生に役立つことなどそうそうないことだろう[59]。すると，欧米のように社会に出てから大学に帰ってくる学生を教える場合やビジネススクールのように社会人を対象とした講義でもない限り，マーケティング論の有用性という問題はクリアできそうにない。そして前者は日本において非常に限られた存在であることは既に確認した通りであり，後者については本書の問題意識外の存在だということはいうまでもない。

もちろん，テスト以外でも少なくとも3つの場面で情報（の記憶）が役に立つことが考えられる。それは第一に，講義を通して論理性や思考力といったマーケティング以外の能力が身に付くという場合である[60]。しかし，これらの

59　もちろんここで，前章で典型的な様子として挙げた講義風景があまりに初歩的なものであり，その発展版を教えることこそが有益性につながるという意見もあろう。たとえば海外ジャーナルでの議論をマーケティング論で解説すれば異なる議論もできるだろうという主張がそれである。本書執筆中に出版された恩藏・坂下編（2023）など，その最たる例であろう。ここではそのような異論に対する反論のすべをもたない。だが，それには，全国に800程度ある大学のうちそこまで高水準の講義についてこられる学生がどれだけいるのかの検証が必要になるであろう。その際，「旧帝大等の例外的な大学院大学を別にして，『専門研究者の養成に主眼を置いた教育システム』は崩壊ないし破綻してしまっているのであり，従来型の教育モデルに対してなんらかの軌道修正ないし再編成を加えることはもはや不可避である」（三谷 2017, 88頁）といった指摘にも耳を傾ける必要がある。

60　ただし，記憶のみで論理を組み立てる思考が身につくわけでないのは当然のことである。記憶は科学的思考を行うための単なる要素であり，それ単体では科学的思考ができるわけではない。また，そもそも「思考力などのきわめて曖昧な能力を検討しているきちんとした研究は↗

能力を涵養するというのであれば，マーケティング講義である必要などないという話にもなりかねない。第二に，佐藤（2011）が既に経営学講義の有用性を議論しているように，役に立つのは卒業後だという話である。星野リゾートの星野佳路社長が経営学の教科書を忠実に実践しているという話を随所でしているのなどはこの象徴的な事例だろう（中沢 2010）。一方，この議論をそのまま受け入れるならば，多くの中高生が学校での勉強に受験以上の意味を見出せないのに対して教師が「いずれ役に立つことがある」と熱弁を奮っているのと同じ理屈になるであろう（正確には，「いずれ役に立つことを願っている」というべきであるが）。第三に，既に触れているように「できるようになる」という意味での情報（の記憶）が役に立つということが挙げられる。

では，できるようになるとはどういうことか。講義で獲得した知識（単なる情報）を別の場所で用いられるようになるということが肝である（今井 2016；鈴木 2020, 2022）。たとえば先の12の二乗という話でいえば，12の二乗が何故144になるのかということを十分に理解したならば，13の二乗だろうが330の二乗だろうが計算できるようになるはずである。チンパンジーが記憶した情報を用いてバナナを要求するようになれば，それは単なる情報ではなく「知識を得た」といえそうである。

この時，単なる情報ではない「知識」には色々な場面で使えるという「一般性」，情報どうしの「関係性」[61]，それが必要とされる場面において発動，

↘現代では存在しない。そうしたものは中身が不明であるため，直接に研究を行うことはできないからだ」（鈴木 2022, 26頁）という指摘や「計測できる能力と，『能力が高いから素晴らしい成績を残した』という時の能力は別物だ。後者の意味での能力は客観的に測れない。この能力は成績から逆算して『能力が高い』といっているだけである。実際に生ずる差を能力という不可視の定規で説明する。これは循環論」（小坂井 2023, 157頁）だという指摘は傾聴に値する。この点に関しては本田（2005a），広田（2015），新井（2018, 2019），今井他（2012, 2022）も併せて参考されたい。一方，心理学や教育経済学といった領域では非認知能力にまつわる議論が進められており，この点に関しては中室（2017）第3章のレビューが分かりやすい。

61　この関係性という問題は子どもの言葉の発達という問題においても特に触れられることが多い捉えかたである。詳しくは今井（2010, 2013），今井・針生（2000, 2007, 2014），内村他（2016）を参照されたい。また，子どもの言語学習に関する実証分析は今井・針生（2007, 2014）が詳しい。

そこでは「世界に存在しない境界線を，言語が引く」（今井 2010, 121頁）ということに↗

起動されるという「場面応答性」という3つの性質が備わることになる（鈴木 2016, 2022）[62]。また今井（2020）は，知識を使って問題の意味を考え，最善の解決策を考えて結論を引き出す能力である「問題解決能力」を支えるのは「実行機能」（必要な知識とそうでない知識を分け，不必要な情報を無視できる力）と「情報処理能力」（脳に記憶されている必要な知識に素早くアクセスできる能力）の2つであることを指摘している（59-60頁）。鈴木（2016, 2022）との異同もあるものの，単なる情報と知識（役に立つ情報）とは異なるのだという点で概ね共通した考え方だとみなせるであろう。マーケティング教育という文脈において「生きた知識」を教えることができれば，単なる情報の伝達（と，その後に続く学生の記憶）に留まらず，マーケティング問題を解決する力を育成・涵養できる教育が可能になるというわけだ。

すると我々は，マーケティングの知識（正確には「情報」）の教授という，これまで一般的に考えられてきた大規模教室における講義（座学）の在り方を考えてみる必要があるかもしれない。マーケティングに関する概念を教える（学生にその概念を記憶させる）。理論を教える（学生にその理論を記憶させる）。フレームワークを教える（学生に…以下略）。マーケティング事例を教える（以下略）。我々が伝統的に行ってきた講義スタイルが果たして正しいものだったのか。ここで立ち返って考えることが求められることを主張したい。

↘まつわる議論の蓄積が行われている。マーケティング教育の文脈でいうなら，そこで学習した言葉（用語や概念）によって学習者が見る世界を変えるということもあるわけだ（Deutscher 2010）。

ただし，「知識は新しいことの学習を導き，可能にするというポジティブな働きのみを持っているのではない。逆に，既有の知識があらたな学習にマイナスにも働く場合があ」（今井他 2012, 99頁）り，「専門知識への意識が強すぎると…（中略）…常にある特定の着眼と解釈のセットで世の中を見てしまう」（諏訪 2018, 56-57頁）ことから，知識を強く有すれば有するほど，創造的な活動がしにくくなるという議論も存在する（諏訪 2016, 2018；Tversky 2019）。そのため，創造性が求められるマーケティング活動（マーケティング講義ではない）にまで議論を進めるのなら（たとえば，廣田 2022），知識の関係性が堅固になればなるほど逆に創造性が損なわれるという可能性があるということも意識しておく必要があるであろう。

62　また，その方法を意識せずとも使えるようになる（知識が体の一部となる）ことができれば，より生きた知識が身についたといえる（野村 1999；生田 2007；生田・北村編著 2011；今井 2016；阿部 2019）。この点については本書第8章でさらに詳述する。

Ⅳ．マーケティング修得の二次元評価

情報と知識は異なるものであり，我々教員が講義を通して与えるべきは単なる情報（他で役に立たない「死んだ知識」）ではなく知識（「生きた知識」）であるということが明らかになった。また，知識を与えられる教育とは，マーケティング教育においては，単なる知識の量ではなくマーケティングに関する問題解決能力を育む教育であるということも指摘した。では，その教育の達成度合いはいかに測定できるだろうか。

教員がテキストの内容を伝達し，それを受講生が記憶するという大規模教室における講義スタイルで最も標準的な測定方法は筆記試験であろう。4P の 4 つの項目を記述させ，STP が何の頭文字なのかを答えさせ，広告の 4 大媒体の 4 つを挙げられれば合格するといった具合にである。これは，記憶した情報の多さによって評価できる（図 3-1）。すなわち，提供された情報を記憶している量が多ければ多いほど高く評価され，それが少なければ評価が下がるという，一次元で示される。

もちろん，時には特定の商品を挙げさせ，その STP や 4P について記述させるような論述問題を出すこともできよう。この場合でも，講義中に紹介した概念や理論，フレームワークを（理解したうえで）記憶しているかどうかで論述の良否が左右されることになり，全てというわけではないが概ねは記憶量が成績を左右することになる[63]。

図 3-1　座学知の評価軸

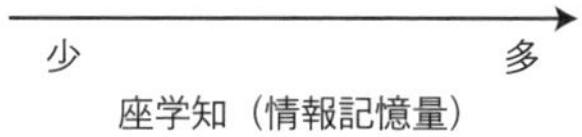

少　→　多

座学知（情報記憶量）

出所：筆者作成。

63　もちろん本来であればこのような単純な評価軸で知識量や理解度を測定できるわけではない。それは知識学習にはそれを阻害する制約やバイアスといった問題もあるからである（今井 1997）。なお，テスト・試験によって測定されるものが何なのかということについては，たとえば光永（2017）及び光永・西田（2022）などを参考にされたい。

では，講義で提供された情報を暗記・記憶すればマーケティングという学問を修得したことになるのだろうか。答えは否であろう。何故なら，既に指摘したように，それでは単なる情報の記憶であり，知識を身につけたことにならないからである。単なる情報の記憶とは「死んだ知識」を得ただけであり，それを「生きた知識」にするためには，単なる情報を「役に立つ情報」にする必要があるのだ。

生きた知識としての役に立つ情報とはいかなる情報か。繰り返しになるが，それは，「目の前の問題を解決するのに使うことができる」（今井 2016，153頁）かどうかで評価される。すなわち，記憶して知っているけれど必要な時に使えない知識や他の知識と組み合わせることができない知識をいくら持っていても仕方なく，問題解決に使える知識を持つことが大切なのだ（今井他 2016）[64]。我々の領域でいうならば，マーケティングにおける諸問題を解決できる度合いが高まったならば，死んだ知識ではなく生きた知識だとみなせる[65]，つまり，獲得された情報が問題解決に有益か否かという指標で測定することができるというのだ[66]。すると，図 3-1 で示された一次元の評価軸を二次

64　教育学の分野では膨大な研究蓄積の中で学力という概念に対する統一的見解が定まっておらず（石井 2010），この概念を知識量という捉え方と問題解決能力という捉え方をする議論がある（苫野 2014）。なお，心理学・教育心理学の領域では，この問題解決という問題を行動だけでなく認知処理という観点からも説明している（Mayer and Wittrock 1996）。すなわち，ある問題状況（望まれない状況）を外的行為だけでなく内的行為によっても目標状況へと変換することが問題解決行動とみなされる（鈴木 2013）。

65　ここで「死んだ知識」と「生きた知識」はそれが用いられる状況に直面するまで判断がつかないという指摘も考えられる。戸山田（2020）が教養にまつわる知識という文脈に関して，知識の有用性が状況依存的であることを指摘しているように，得られた知識が死んだ知識か生きた知識なのかは判断できないうえに，問題に直面してから知識を得るわけにもいかない。

66　ただし，問題解決能力のような「能力」については慎重に議論する必要がある。何故なら，能力があるから問題解決ができたという場合は分かりやすい。一方で，問題解決ができたから能力があったとみなすことがあるのもまた事実であり，この場合，単なる循環論で終わっている可能性があるからである（たとえば，苅谷 2020b；小坂井 2023）。

また，実務の場面においても，問題解決能力を有して実際に問題解決ができるからといって，必ずしも部門・企業の成果が上がるわけではないということには注意が必要である。学習と重要な仕事上の行動の間に「広くて深い溝」があるだけでなく，その行動と結果・成果の間にもまた溝が存在するからである（中原他 2023，89-90 頁）。

また，「〜ができた」と「〜ができるようになった」には大きな違いがある。音部（2023）↗

図3-2　マーケティング（論）修得の評価次元

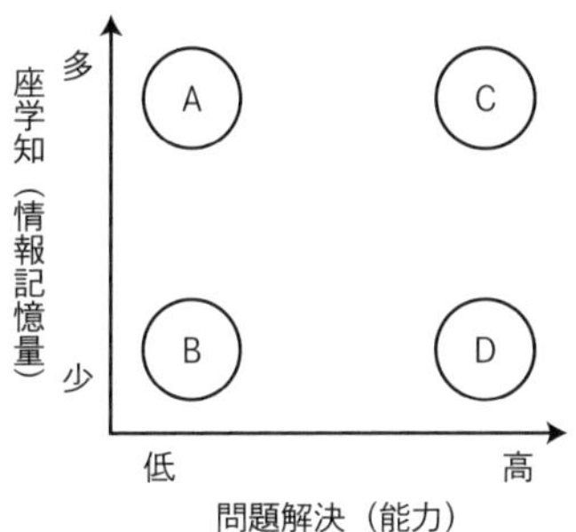

出所：筆者作成。

元で示すことができるであろう（図3-2）。

ここでいう問題解決（能力）とは，もちろん，マーケティングにまつわる諸問題を解決すること（あるいはその能力）を意味していることはいうまでもない[67]。ただし，ここで3つ，注意すべき点がある。それは第一に，マーケティングにおける問題解決とは，たとえば数学におけるそれとは異なり，唯一の解が得られるわけではないということである[68]。そのため，数学のように明確な解が得られる場合に比べて前節で述べた知識の転移や学習の転移にまつわる議論はより複雑なものにならざるを得ない。そのため，ここではその詳細に踏み込むことは避け，マーケティングにまつわる課題が解決されるということを広

↘の例を借りるなら，売上1億円を達成したというのが前者であり，売上1億円を達成する方法を身につけたというのが後者であり，後者こそが再現性の高い力なのである（110–112頁）。

67　ビジネス書や実務書において問題解決にまつわるものは多数存在する（たとえば，内田 2006, 2010, 2018）。そこで行われている議論は主に具体例を用いながらフレームワークとその使い方を説明したものである。しかし，それらのほとんどが汎用性の高い（それが故に具体例といっても一般論に近い）ものであったり，問題解決そのものに関する議論をしているわけではない。

68　実は数学の世界でも厳密には唯一の正解が得られるとは限らないらしい。たとえば1+1という素朴な数式ですら2という唯一の解が得られるとは限らない。2進法であれば10が解になるし，数理論理学の世界では無数の解が得られるという。ただし筆者には数理論理学の教養はなく，本書の本題からは関係ないため，興味がある方はご自身で勉強して頂きたい。また，唯一の解を導ける設問だったとしても，その解への到達プロセスには複雑さが伴う。詳しくは寺尾・楠見（1998）を参照されたい。

い意味で留めておくことにする。

第二に，マーケティングにまつわる諸問題を解決するといった時の対象がどこにあるのかという点である。もちろんそれはマーケティング教育以前の議論の範疇であるが，(1) マーケティングを組織問題として議論する事例（森岡 2018）のように研究領域にまつわる議論や，(2) 実務家対象ではなく学部学生を対象とした議論を行う以上，特に日本においては就業経験がない者に対して議論できる範囲は限られざるを得ないという指摘も検討せねばならない。

第三に，本来であれば問題解決（能力）に対して問題発見（能力）が先行するのはいうまでもない。発見できない問題は解決しようがないからである。認知科学の領域でも問題を解くためには問題を解決可能な形で理解することの重要性が指摘されており（鈴木 2016），問題解決の前段階としての問題発見は心理学でも長らく議論されてきたことである（安西 1985）。また，いわゆるビジネスシーンでは，問題を解決するよりも発見することの方が重要であるし，問題発見能力こそがそこで求められる能力であるという意見も多数聞くことができる（たとえば，高岡 2022a）。この問題発見の問題については，第8章で改めて議論している。

図3-2を見ると，情報を単に記憶するだけの活動（B→Aへの動き）は講義内容を暗記したという点では（筆記試験などで）高評価を得ることもあろうが，生きた知識を身につけているとは限らず，マーケティング（論）を修得したとは必ずしもいえないことが分かる。このような講義が必ずしも否定されるわけではないが，テストを受けて単位を取得して数か月後には忘れられるような講義を行っていたのでは，学生たちに使える知識（生きた知識）を与えることができたとはいえない[69]。

一方，学生が図3-2のDに位置付けられる，すなわち，マーケティング問題を座学知なしに解決できることもあるのだろうか。一部にはそれもありうるだろう。たとえば，幼少期から「人に優しくしましょう」と諭されてきた者であれば，サービス業に従事した際，顧客対応でその能力（この場合は資質と

69　古くは福澤諭吉ですら「学問で重要なのは，それを実際に生かすことだ。実際に生かせない学問は，学問でないのに等しい」（福澤諭吉著，斉藤孝訳『現代語訳　学問のすすめ』ちくま新書）と述べており，図3-2でいうところのAの位置の不毛さを語っている。

いった方が適切かもしれない）を発揮できることもあるだろう。座学によってマーケティングを学んだことが皆無の高校生だろうが，アルバイト先で適切なサービスで接客できることを否定するすべなどない（事実，サービス業のアルバイトで経営学部や商学部に限った採用を行っている企業・店舗を筆者は見たことがない。また，歯学部の例でありマーケティングにおける問題解決とは異なる議論ではあるものの，小野他（2023）の調査においても，アルバイトでの経験から問題解決プロセスを身につけることがあるという）。

ではＤに位置付けられるような存在を肯定した場合，マーケティングを教える必要などないのだろうか。筆者はそのようには考えない。理由は３つある。第一に，前章で議論したマーケティング・スキーマの存在により，Ｄの位置では誤った問題解決能力を有している可能性があり，単発的に（あるいは偶然にも）マーケティング問題を解決できたとしても，中長期的にマーケティング問題を解決していくためには，正しいマーケティング知識が必要になると考えられるからである。

第二に，Ｄに位置付けられる者の多くは，何故問題を解決できているのかを論理的に説明できないことが多いと考えられる。それは，基本的な概念や理論，フレームワークを含めたマーケティング知識を有していないため，説明能力をもっていないからである。もちろん，説明などできなくとも問題解決できればそれで良いという考え方もできるだろう。しかし，そうすると，前述の通り単発あるいは短期的に問題を解決できたとしても，中長期に繰り返し問題を解決し続けることは困難になる可能性が残されたままになってしまうかもしれない。

第三に，我々が行っているのは大学（学部）教育であり，実務（家）教育ではない。そのため，問題が解決できたとしても何故そうなっているのかについて学生自身が説明できる能力を育成・涵養する責任は我々に課されているからである。極論をいうならば，実務家であれば「たまたま巧くいった」ということに何の問題もない（査定があがってラッキーですらある）。しかし，我々は学生に対峙している以上，問題解決の背景にある理論的説明なしには真の意味での問題解決とはいえないと考えるべきではないだろう。

では，Ｂに位置する学生をＡでもＤでもなくＣへと移行させる，あるいは，たまたまDの位置にいる学生をCへと移行させるためにはどうすれば良いのだろうか。節を改めて議論することにしよう。

V．マーケティング教育における生きた知識

図3-2において座学知をもたずマーケティング問題を解決できない学生（Bの位置の学生）を高い座学知をもちながら問題解決能力の高い学生（Cの位置の学生）へと導くマーケティング教育について議論する前に，座学知を有さないままマーケティング問題を解決できてしまっている学生（Dの位置の学生）をCの位置へと導くことについて触れておこう。すなわち，先述のように，幼少期からの親の教育によってホスピタリティをもった学生が接客を行ったり，あるいは，趣味でSNSをはじめとした動画編集を行うことによりその能力を取得した学生が広告企画・制作に秀でているといった事例が，ここでいうDの位置の学生に該当する。

このような学生はマーケティングを学習する前の経験（あるいは時には先天的資質[70]）からマーケティングにまつわる問題解決能力を有しており，図3-3における実直線矢印部分の途中までであれば既に有しているともいえるかもしれない。このような学生は図3の☆印にあるように，一切座学知をもたずに高い問題解決能力を有することも可能性としては否定できない。一方，問題解決能力を高めていく中で何らかのかたちで座学知に触れている学生（曲線での成長軌道）もいるだろう。いずれにせよ，座学知ありきでの問題解決能力開発ではなく，経験先行型の問題解決能力発展といえる。

大学（学部）教育に関する議論に限らずに話を進めるならば，☆印にいるような存在の典型例は（優秀・有能な）実務家であろう[71]。テキストや講義と

70　先天的資質という問題に関しては，幼少期の環境や遺伝の問題も議論の射程内に入ることもあろう。特に後者に関しては行動に及ぼす遺伝の影響を明らかにする行動遺伝学という学問の研究蓄積が昨今進んでいる。しかし，これらの議論では，本書の射程である経験との対比での教育について考えようとした際，経験も教育も可変的要因という捉え方をしているという点であまり参考にはできない。詳しくはAsbury and Plomin（2013），Conley and Fletcher（2017）を参考にされたい。

71　このような実務家はPolanyi（1966）が「暗黙知」と呼ぶもの，すなわち，経験や勘にも↗

図 3-3　問題解決能力を有した学生の成長プロセス

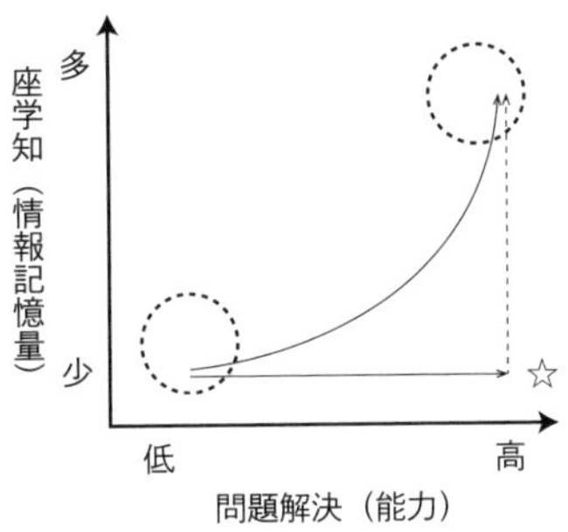

出所：筆者作成。

は一切無縁なまま，ただひたすら現場でマーケティングにまつわる諸問題を解決してきた（時には解決できずにきた）結果，経験的に問題解決能力だけが高まったという存在がいることは否定できない。仮にそのような存在が独学でマーケティングのテキストを読んだり，セミナーなどでマーケティング論を学んだりすると，驚くほどの理解を示すことがある（図 3–3 の点線矢印に該当する）。それは既に有している知識に座学知が加わる「知識の豊富化」と，それまでに持っていた知識を根幹から見直し，別の枠組みの知識へと作り替える「知識の再構造化」（あるいは「概念変化」ともいう）という 2 つが行われるからである（今井他 2012）[72]。

とはいえ，我々が問題としている大学・学部学生でそこまでの問題解決に

↘とづいており，言語化できない知識を有しているということもできる。暗黙知の問題に関しては楠見（2003），福島（2009）も併せて参照されたい。

72　自身の経験を言語化することなく体感として行ってきた実務家が座学によって得られた概念や理論，フレームワークといった生きた知識が加わることによって見えている世界が変わることがあるという（今井 1997, 2010, 2013；今井・針生 2007, 2014；内村他 2016）。このことを「世界に存在しない境界線を，言語が引く」（今井 2010，121 頁）という。それまでに有してなかった言語を座学を通して獲得するようになることによって，世界が変わって見えるようになるのだ（Deutscher 2010）。このような経験に基づく飛躍的な理解の仕方は，既に認知科学の分野から説明がなされているし（鈴木 2016, 2022），哲学の領域でも思考と言語の関係は定説でもある（たとえば戸田山 2020）。ただし言語学の世界では「言語が先で考え方が後か，それとも考え方が先で言語が後か」（黒田 2004, 77–78 頁）という問題に対する解を出してはいない。

直面する者など滅多にいないだろう。もちろん，大学生起業家も増えつつある昨今であれば皆無とまでいかないが，多くの大学生がマーケティングにまつわる問題に触れるのはアルバイトやインターンシップ程度の経験である。そのため，講義外での経験を踏まえたとすれば，OJTによる指導（Rothwell and Kazanas 2004），あるいは実際の現場経験（もちろん，その経験内容は非常に限られたものである）を通じて，図3-3の直線ではなく曲線の軌道を辿ることも想定できる（ただし，それが右上の先端まで到達することは極々僅かな可能性しかないであろう）[73]。

では，我々は実務経験のない学生を対象とした大学・学部教育において，このような成長プロセスを想定した指導ができるだろうか。もちろん，答えは否である。このように問題解決能力を有しない学生を対象とした，座学を起点としたマーケティング教育を図にすると，図3-4のように描くことができるだろう。図中にあるαは，座学を通して多くの情報を得ているにもかかわらず，それを一切問題解決に使えない状態を意味している。すなわち，講義で提供された情報を十全に暗記・記憶はしている（テストで満点をとれる）ものの，それが単なる記憶で終わっており，問題解決に活かせる生きた知識になっていない状態を意味している[74]。

意味も分からず4Pの4項目を挙げるだけ，STPの頭文字を暗記しているだけ，PLCが何の略かを知ってはいる，一次データと二次データの違いを説明できるなどなど，このような例には枚挙に暇がないだろう（Rossiter 2001）。そこでは座学知を問題解決能力に変換する「知識の転移」あるいは「学習の転移」が行われていないままで終わってしまっている[75]。もちろん，知識があ

73　このような議論を行う際には，本田（2020，特に第2章）が行っているような，評価されるのは能力か努力か教育かという議論は無視できない。同書では1999年に行われた調査をもとに，日本では特異的に教育が過小評価されていることを論じており，本書の問題意識からは無視できない議論が行われている。同様の問題意識をもったものとして，本田編（2018）も併せて参照されたい。

74　これが工学のように現場に立脚した分野になると話は異なる。実証し，そこで得られたデータをもとに自分なりに考え，その後になってから理論を学ぶということもできるからである。そのため，「教科書を読むな。教科書は自分でデータをとって自分で考えてから読め」（酒井2019，148頁）という指導の仕方が可能になるのも，現場に立脚した教育だからである。

図 3-4　座学を起点とした学生の成長プロセス

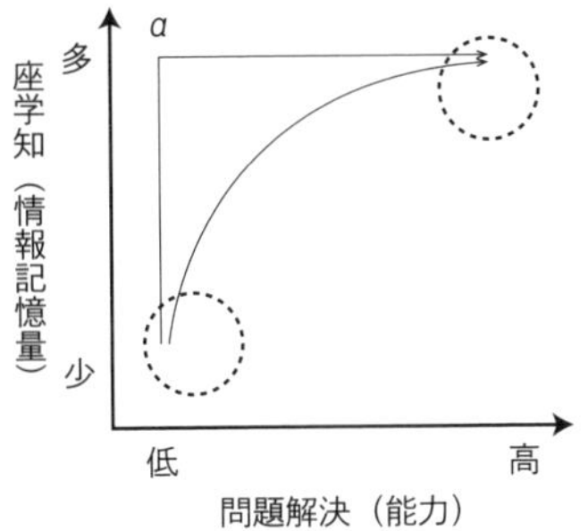

出所：筆者作成。

るかないかで経験の質は違うといえるだろうが，αの状態のままで終わってしまっていては，そもそも経験が伴わないまま死んだ知識で終わってしまっていると言わざるをえない。特に，既に前節で指摘したように，問題解決に先行する問題発見を踏まえたなら，リアルなマーケティングに触れる「現場」にいない以上，問題解決能力が育成・涵養されることなど期待できない[76]。

そこで我々マーケティング教育者に問われるのは，次の問いである。すなわち，図 3-1 に示された一次元での評価軸によって記憶の多寡で学生を評価する教育スタイルを貫くのか，はたまた，図 3-2 以降で示された二次元での評価基準を用いた教育スタイルを求めるのかという点である（Hampton 1993）。もちろんこの問題設定は，300 人規模の学生を相手にした大規模教室での講義と，少人数を対象としたゼミのような場では答えが異なることもあるだろう。事実，後者の場合，次章以降で議論するように，ケースメソッドや PBL といっ

75　この知識の転移というのは「学校教育のもっとも重要なテーマの一つ」（小野他 2023, 29 頁）であり，1 世紀以上にわたって研究が蓄積されてきたという。

76　この点が後の章でも議論している臨床分野における議論とは大きく異なるものである。小野他（2023）は PBL を軸としたカリキュラムを通じて口腔保健・福祉分野の学習を行っている学生を対象に，専門教育で身につけた問題解決スキルの日常場面における適用について議論し，専門教育で問題解決プロセスの理解度・習得度（修得度）が高まるとそこで獲得した問題解決スキルは専門教育から離れた日常の場面へも転移しうることが示唆されている。しかし，マーケティングのように現場から切り離された状況で行われる学習においては，このような議論がそのまま適用されるとは限らない。

た「実務の疑似体験」をマーケティングの教育手法に取り入れることによって二次元での評価を企図して図3-4の曲線を目指した教育を行おうとしている例もある（Smart et al. 1999）。

大規模教室での講義であれば「死んだ知識」を提供するのにとどめることもやむを得ない。そう割り切ることもできるだろうし，それが大学における講義として否定されたという話も寡聞にして聞かない。では，我々は2つの評価基準を使い分けながらマーケティングを教えていけば良いのだろうか。節をかえて論じていくことにしよう。

Ⅵ．大規模教室で問題解決能力を育むために

ここまでに議論されてきたのは，マーケティングを教育するにあたり，講義内容の記憶・暗記のみを評価基準とした座学知による一次元評価と，マーケティングにまつわる諸問題を解決できる能力を取り入れた二次元評価をいかに扱うかという問題であった。300人以上の学生が受講する大規模教室であれば学生が有するマーケティング・スキーマの存在を解消して単なる情報を提供するだけでも90分という限られた時間を使いきってしまうだろう。あるいは予習の量を膨大にするか，講義で取り扱う概念や理論などを限定するか，詳細を別途テキストや配布資料で補足するという工夫をとって行うなど，教員の講義スキルに依存することにもなりかねない。

では我々は，ここまで議論してきたように，一次元評価と二次元評価とを使い分けて講義を行えば良いのだろうか。あるいは図3-4において曲線で示されたような教育手法（すなわち，座学知の蓄積を起点としながらも問題解決能力の育成・涵養を目指せるような講義スタイル）を確立させていく必要があるのだろうか。ゼミをはじめとした少人数講義で行うケースメソッドやPBLにまつわる議論は後の章に譲るとして，ここでは，座学知を提供し，その育成・涵養を起点としながらも問題解決能力を高められる大規模教室における講義（図3-4の曲線矢印に相当する講義）を提案しておきたい。

本章で繰り返し議論してきたように，単なる情報と「生きた知識」とは異なっている。何が異なるのかという議論を繰り返すことは避けるが，ポイント

になるのは役立たせられるかどうかという点である。鈴木（2016, 2022）の説明を借りるならば，特定の場面だけでなく多くの場面で使えて，情報同士の関係性を理解できており，それが必要とされる場面において発動・起動される知識こそが役立つ知識であった。もちろん，「さっぱり経験のない段階で何かのことを教わっても，ほとんどそれは意味がない」（52頁）という鈴木（2022）の指摘を重視するならば，経験が全くない状態（すなわち，実務経験のない学生がマーケティングのリアルな現場を全く知らない状態で，かつ，問題解決の場面に直面しない状態）での知識は知識として定着しないことを念頭に置く必要がある。そこで我々が行うべきことは，座学の中でいかに学生たちに「問題」（それはレポートや試験の問題という意味ではないということは当然理解できるだろう）に直面させるか，すなわち，いかに問いかけを行うかということである[77]。ここで2つの例を挙げよう。

1つ目はマーケティング・チャネルにまつわる例である。マーケティング・チャネルについて講義をする際，小売業（者）とは消費者に販売する流通業（者）のことであり，卸売業（者）とは消費者以外に販売する流通業（者）のことであるという定義を説明し，流通多段階構造について説明するという一般的な説明スタイルがある（石原他 2018）。この時，小売業（者）や卸売業（者）の定義という情報を与え，流通業の段階という情報を与えることになる。これ自体では，単なる情報を与えたに過ぎない（そのため，学生たちはそれらの情報を記憶することはあっても問題解決に活かすことなどないままで終わる）。しかしここで，次頁図3-5の状態で「メーカーが何らかの理由で流通構造を2段階から3段階に変えようとした場合，どの流通業者が加わるか？」という問いを投げかけてみてはどうだろうか。これは現実に企業がチャネルマネジメントに直面した際に考慮するような問題であり，現実に即した実際の問

77　ただしここでいう問題とは解が1つに定まるのか複数存在するのかということを教員側が理解しておかないと指導時の効果が落ちかねない。ここで挙げた2つの例は，前者は解が1つに定まるもので後者は解が複数出やすいものを想定しておいた。問題と解の関係については Finke et al.（1992）や鈴木（2004）を参照されたい。なお，次章で取り上げるケースメソッドにおいても教員の発問能力の重要性及び有用な発問の類型化の必要性は既に指摘されている（Christensen et al. 1992, p. 159）。

図 3-5　流通多段階構造

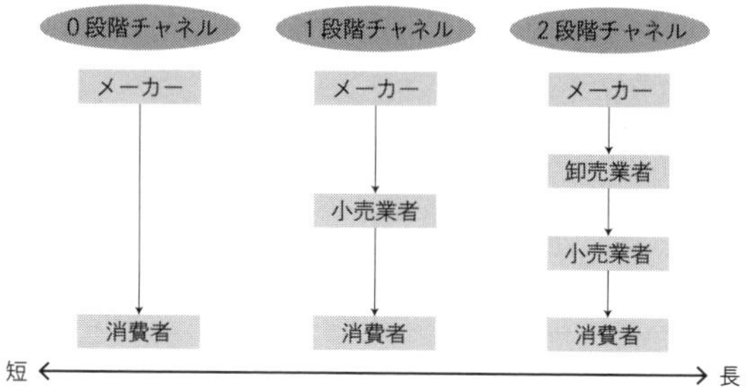

0段階チャネル
メーカー
消費者

1段階チャネル
メーカー
小売業者
消費者

2段階チャネル
メーカー
卸売業者
小売業者
消費者

短 ←→ 長

出所：筆者作成。

題を学生に投げかけているといえる[78]。

教わった情報（小売業者と卸売業者の定義）を関係づけ，流通多段階という別の場面でも使えるようになり，それが求められた場面で発動・起動していれば，「卸売業者を1段階増やすことになる」という正しい答えを導き出せるだろう。しかもその際，「それは何故ですか？」という問いに対して教わった情報から自ら考えたかたちで答えられるようになるはずである（すなわち，小売業者は定義上2段階になることはありえないという説明ができるようになっているはずである）。

2つ目はマーケティングリサーチにまつわる例である。マーケティングリサーチを説明しようとしたならば，調査目的にあわせて新たに収集されたデータを1次データ，各種白書類など既に収集済みのデータを2次データと呼ぶこと，言語をはじめとした質的な情報を使った調査を定性調査，数値を使った調査を定量調査と呼ぶこと，対象となる現象に関する情報を幅広く得るための調査を探索的調査，企画立案の妥当性を測るために何らかの仮説の妥当性について確認するための調査を検証的調査と呼ぶこと，集めたデータが調査の目的に

78　もちろん，現実的なマーケティング場面では，流通段階を「増やす」ことよりも「減らす」ことの方が一般的であることはいうまでもない。しかし，3段階チャネルと2段階チャネルへと減らすという設問にしてしまうと，1段階チャネルを参照にして「卸売業を1段階減らす」という回答が得られやすくなることが想定されるため，ここでは「増やす」方の設問を想定した。

このように，リアルな現場と座学（すなわち，机上の教育場面）とでは議論の性質が異なることを念頭に設問を検討せねばならないのは，ここでの議論の限界であろう。

即したものかどうかをデータの妥当性，誰がやっても同じ答えが得られるかどうかをデータの信頼性と呼ぶこと，調査対象の集団に属する全てのデータのことを母集団，その中から抽出された一部の調査対象者のことをサンプル（標本）と呼ぶことなどが教えられる（坂田 2012；恩蔵・冨田 2022）。これらを教えただけであれば単なる情報の伝達である。ではここで，「企業が全く新しいビジネスを始めようとした際，どのような調査が行われるか？」，「既存商品のマイナーチェンジを行おうとした場合ならどうか？」と問いかけてみてはどうだろうか。

教わった情報（様々な定義や区分）を理解し，実際の調査の現場で使おうと思考できたなら，全く新しいビジネスを行う際に母集団全体に対していきなり検証的調査を行って１次データを集めようなどとは言いださないだろう（もちろん，そのビジネスの特性にもよる）。あるいは既存商品のマイナーチェンジを行う場合であれば，既に顧客層が分かっており，その購買行動についても分かっているため，新規ビジネスとは調査方法が異なるということも理解できるはずである。もちろんそこで「それは何故ですか？」という問いを重ねることを忘れてはならない。それに対して教わった知識をもとに回答できて初めて生きた知識になったといえるからである。

この時に重要なのは，テキストに掲載されている概念や理論，フレームワークといった個々の情報を一つひとつの要素として教えて終わるのか，それらの背景にある論理や考え方にまで言及した教育を行うのかという教育スタイルの違いである。それは単なる情報の記憶を行わせるのではなく，教員が学生に対して絶えず「マーケティングにまつわる問題」を投げかけ，繰り返し「何故」を問う（あるいは学生自らが「何故」を問い続けることができる）ことから身につくものである[79]。先に挙げた２つの例のように概念や理論，フレームワー

79　この時，社会心理学者の小坂井敏晶氏の講義スタイルが参考になる。小坂井（2023）は学生に対して「テレビの前に座れば，何の努力もしなくても情報が流れて来る。同じように，授業に出席すれば知識が増えると思うな。講義の目的は知識の提供ではない。君たちの世界観を揺さぶり，破壊するのが私の役割だ。答えは君たち自身が見つけよ。…（中略）…私は答えを教えない。問いだけを突き付ける。常識を破壊するための授業だ。役に立つノウハウが目的なら，職業訓練学校に行け」（265-267 頁）と伝えているという。

クを理解・活用できているかどうかを確認するための問いを講義中に投げかけ（もちろん，事後課題というかたちでも良い），4P は何故4つなのか。5つでは駄目なのか。それは何故か。STP は何故Sが最初にくるのかといった「何故」を繰り返し投げかけ続ける。我々が座学において学生の問題解決能力を育成・涵養する際にこだわるべきは，情報量の多さではなく，「マーケティング問題」を提供し，「何故」と問いかける（あるいは，その問いかけに対する学術的解にまでこだわる）姿勢なのかもしれない[80]。

Ⅶ. 小結：学生がマーケティング問題を解決できるようになるために

本章では大規模教室でマーケティングを講義する際，それを何のために行うのかという問いかけから始め，その答えとしてマーケティングに関する知識の提供のためという結論を出した。そして認知科学の知見から，知識とは単なる情報とは異なり，特にマーケティングという学問においては単なる情報の暗記を促すものではなく，問題解決能力を高めるためのものでなくてはならないという点を強調した。その帰結として，情報の記憶量とマーケティング問題を解決できる能力という2軸で学生を評価しようとしたとき，これまでに何度も繰り返し強調してきているように，学生が「実務経験のない学生」である限り，学生の成長プロセスにも制約がかかってしまうことを指摘した。そして，その制約を乗り越えるようにするためには，300 人規模の学生を対象とした大規模教室においても，常にマーケティング問題を意識した「問いかけ」を行い続け，それに対する「何故」を投げかけ続ける必要があるということをここでの結論とした。

とはいえ，ここで3つ問題がある。それは第一に，何をもってマーケティング問題とみなすのかという問題である。本章Ⅳ節でも触れたように，マーケティングを組織問題として議論する事例もある（森岡 2018）。すると，何が

80　ただし，繰り返しになるが，これによって養われるのは発見された（与えられた）問題を解決できるようになるという意味のみにおいての問題解決能力であることには注意が必要である。本来的な意味での問題解決能力とは，問題を発見することから始まる。このことについて第8章で改めて論じている。

マーケティング問題の射程内に入り，何が入らないのという境界線を引く必要があるのかどうかということも検討せねばならない。仮にそれがなければ，2つ目の問題に影響が出てくる。

すなわち第二の問題として，「マーケティング問題にまつわる問い」を標準化できるのかという問題がある。本書9頁表1-3で示した通り，マーケティング教育においては標準テキストすら確たるものが存在するわけではなく，講義によって，教員によって多様なテキストが使われているのが現状である。このような状況下でマーケティング問題の射程を定めておかねば，マーケティング講義でマーケティングとして取り扱いえない問いが投げかけられる恐れもある。たとえば，広告の講義において景表法に深く入り過ぎるとすれば，それはマーケティングの問いなのか法学の問いなのかという問題が生じてしまう。あるいはチャネルの話をする時に環境問題に傾注した議論をしてしまっては，それはマーケティング問題といえるのだろうか。これらの問題は今後の研究蓄積に譲ることにしよう。

そして第三の問題として，二軸評価を用いた時の「問題解決（能力）」の操作定義を行う必要がある。実務であれば営業成績でも開発実績でも良いが様々な指標を用いて問題が解決できた・できなかったという客観的な数値を挙げることもできるであろう。一方，特に大規模教室を想定した座学において，記憶量という座学知を測定する指標に対して問題解決（能力）を測る指標は存在しない。この課題は先の標準的な問題設定と切り離して考えるわけにはいかず，その議論は緒にも就いていない状態である。

ところで，ここで議論した教育手法は，一般的にはアクティブラーニングと呼ばれるものである。文部科学省は「新たな未来を築くための大学教育の質的転換に向けて～生涯学び続け，主体的に考える力を育成する大学へ～（答申）」（平成24年8月28日）において「教員による一方向的な講義形式の教育とは異なり，学修者の能動的な学修への参加を取り入れた教授・学習法の総称」をアクティブラーニングと呼び，「学修者が能動的に学修することによって，認知的，倫理的，社会的能力，教養，知識，経験を含めた汎用的能力の育成を図る」ことを目的とした大学教育法を示した。本章での議論はこのアクティブラーニングにまつわる考え方と合致している[81]。特に，Bonwell（1991）が指摘しているように，アクティブラーニングにおいては情報の伝達より学生の問題解決能力の育成に重きが置かれている点も，本章での議論と何ら齟齬がない。ただし，松下・京都大学高等教育研究開発推進センター編著（2015）がアクティブラーニングとは学生にある物事を行わせ，行っている物事について考えさせることだと比較的狭い定義をしているのに対し，本章での議論は問いを投げかけ，それに応じさせるという行為も学生の問題解決能力を育成・涵養するのに資する限りはアクティブラーニングと呼んで問題ないと考えている。

さて，大規模教室におけるマーケティング講義ですら行えるアクティブラーニングではあるが，マーケティング教育の分野では，古くからまさにアクティブラーニングそのものであるといって差し障りない教育手法が行われてきている。それはケースメソッドである。詳しくは次章に譲るが，大規模教室に限らずマーケティング教育にまつわる議論を行うならば，ケースメソッドに関する議論は避けて通れない。そこで次章では，ここまでに議論してきた問題解決（能力）育成・涵養という視点からケースメソッドについて議論してみることにしよう。

81　ただし，アクティブラーニングにおいて比較的先端をいく医学・薬学領域においても，大規模教室においては長らく「一方向性で受け身の講義が主体であった」（泉・小林 2019, 1頁）という。そもそも，アクティブラーニングにおいては文部科学省中央教育審議会の答申を受け，何を知っているかという知識偏重教育から知っている知識をどのように課題解決に結びつけるかという教育の変換が求められており（小川 2017），たとえば経済学部における大規模教室におけるアクティブラーニング導入事例に関する研究も存在する（佐藤他 2019）。このことを踏まえると，ここでの議論が教育業界ではことさら新しいものではないことは重々承知している。ここで強調したいのは，前述した通り，マーケティング論におけるこのような標準的な問いを設定・収集する作業の重要性である。なお，大学におけるアクティブラーニングに対する認識や実態については牧野他（2019）が詳しい。

第4章 ケースメソッドの有効性

I．ケースメソッドの特徴

本書第1章で概観したように，具体的なビジネスの事例（ケース）を題材にして，そこに書かれている内容（あるいは設定された設問）に関して議論するケースメソッドと呼ばれる学習法がある。「経験の幅を広げる方法の一つは，シミュレーションだ」（Leonard and Swap 2005, p. 56）という意見に従うならば，疑似的にマーケティング課題を経験するケースメソッドは，ビジネスの現場にいない学生にとって，たとえ疑似的であろうとも経験値を高める効果をもたらすことになる。そこでは，(1) 事前に与えられている課題を自分の頭で考えるために（あるいは，そもそも何が課題なのかを考えるために）個人でケースを読みこむ，(2) 数人程度のグループで討議する，(3) 教員の指導のもと，教室全体で討議を行うという流れのもと，マーケティングを学習する。

このケースメソッドは座学（大規模教室における講義受講）とは少なくとも以下の3点で異なる。それは第一に，概念・理論・フレームワークといった教育内容ではなく，具体的な事例が出発点となるという点である。初めに行われるのは教育内容の伝授ではなく，事例の検討であり，時にはマーケティングに関する座学知をもたない状態ですらマーケティング問題に（疑似的・仮想的に）取り組むことにその特徴がある。前章で用いた図3-2（次頁で図4-1として再掲）にのっとって考えるなら，Bの位置にいる学生がDの位置を経てCを目指す学習方法であるといえる。もちろんその際，事前に座学知を有している場合と有していない場合では学習効果が異なることは容易に想像がつく。と

図 4-1　マーケティング（論）修得の評価次元（再掲）

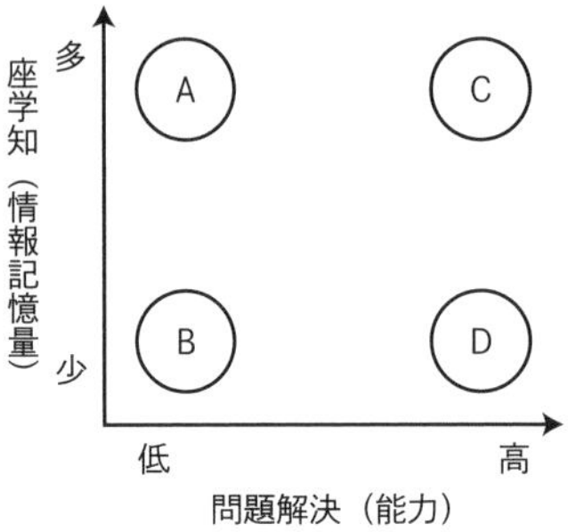

出所：図 3-2 を再掲。

はいえ，一切マーケティング知識をもたない学生が取り組めるようなケースも存在しており，リアルな現場を経験したことのない（すなわち，実務経験のない）学部学生であったとしても疑似的にリアルな現場感覚をもって講義に参加できる点にケースメソッドの特徴がある。

第二に，個人研究にせよグループでの議論にせよ，教員の指導を「受ける」のではなく，「ケースに登場する人になったつもりで，その人と同じ立場で同じ条件で，直面する問題を見てみる」（石井 2005, 5 頁），すなわち自分の頭で考えるという点が挙げられる。その際に求められるのは知識の量ではなく，「自分で考える」という姿勢をもって自分で考える経験を積むことである（池尾 2015, 2021）。大規模教室で座学という形態で講義を受ける場合であれば，極論をいえば，ただ黙って座っているだけで講義を受け終わることも起こりうる。一方，ケースメソッドの場合，議論することが前提になっているため，自分の頭で考えて発言するという能動的参加が欠かせない。

第三に，唯一無二の答えが存在しないという点が挙げられる。大規模教室での講義であれば，教員が教える内容，あるいはテキストに掲載されている内容が（少なくとも当該講義においては）答えであるという前提がもたれる。そのため，その答え（与えられた情報）を記憶した量によって成績の優劣が決まる。一方，ケースメソッドの場合，何が答えなのかは学生自身あるいは学生が参加するグループによって異なる。

マーケティング教育にまつわる議論の中でもケースメソッドにまつわる議論

はこれまでに最も多くの蓄積がなされてきており（McNair 1954；Barnes et al. 1994；鈴木 2003；Ellet 2007；髙木・竹内 2006, 2010；竹内 2013, 2015；池尾 2015, 2021；佐藤監修 2015；小樽商科大学ビジネススクール編 2020；余田他 2020；水野・黒岩 2022），屋上屋を架すのを避けるべく，具体的な事例を用いた議論で終えておくことにしよう。

次節で紹介するのは筆者自身が大学生向けに記したショートケースである。このショートケースを紹介し，そこで筆者が直面してきた経験を語ることにより，読者はケースメソッドの有効性と問題点を具体的にイメージしやすくなるだろう。マーケティング教育において（特に少人数のゼミなどでは）定番ともいえる方法であるケースメソッドも，必ずしも理想的な進め方ができるとは限らないことを理解して頂きたい[82]。

Ⅱ．ケース「井村屋」

次頁のショートケース（坂田 2015）はマーケティングに関心をもっていない初学者に対して興味・関心をもってもらうことを目的として書かれたものである。井村屋の羊羹という大学生にとって馴染みのある企業・商品であることもさることながら，この議題について議論する際に特別に必要となる知識はそれほど多く存在しないことから，たとえば大学1年生であったとしても（あるいは高校生であろうとも）スムーズに議論に入ることができるようにしている[83]。

82　もちろんここで，ケースメソッドが成功していないのは教員のスキル不足であるという批判も起こりうる。そのような批判を甘んじて受け入れるとしても，本書ではマーケティング教育の巧拙を教員の能力・資質・努力量で説明するというスタンスをとっていないことを改めて思い起して頂きたい。

83　実際，筆者はこのケースを用いる際には，①マーケティングに関する講義をそれまでに受講した経験のない学生，②マーケティング講義を受講したことがあるものの，そこで学んだ知識が定着していない学生，という学生を対象に（あるいは高校生向けの模擬講義など，そもそもマーケティングを学ぶ機会のない生徒を対象に）することが多い。

井村屋株式会社は1896年，羊羹を取扱商品とした菓子舗として創業しており，戦中の砂糖統制が解かれた1951年以降もいち早く羊羹の製造を再開するなど，羊羹製造に傾注してきた。また同社は現在でも，ゆであずきや水ようかん，あずきバーなど，小豆を使った商品も多彩に取り揃えている。

同社は2008年から防災用として販売していた「えいようかん」を2011年にリニューアルした。このリニューアルポイントの1つ目は，製造技術の革新により賞味期間を5年半に延長したことだ。2つ目は，化粧箱表面に点字をつけるなど，パッケージに様々な工夫を凝らしたことだ。これらにより，東日本大震災を教訓とした防災意識の高まりもあり，各所から引き合いを受けるとともに，売上げも順調に伸ばしている。

そもそも，羊羹とは日本の代表的な和菓子であるが，同社は羊羹を新しい切り口で捉えることにより新市場・新顧客を創造できると考え，オリンピックイヤーであることや高まりつつあるスポーツブームに着目し，2012年3月，スポーツやアウトドアシーンを意識した「スポーツようかん」を企画発売した。「スポーツようかん」は様々なメディアで取り上げられるとともに，これまで羊羹が並ぶことのなかったスポーツ用品店などの新しい売り場や新しい食シーンを生み出している。

「えいようかん」と「スポーツようかん」の売上げの伸びにより，同社の羊羹全体の売上げは順調に伸びており，同社はその売上げをさらに伸ばすべく，2014年3月，食欲のない朝でも食べやすい朝食向け羊羹として「おはようかん」を発売した。

下表は2013年の1世帯当たり（二人以上の世帯・全国）月別の羊羹への支出金額（単位：円）である（総務省家計調査報告より作成）。この表を見ても分かる通り，羊羹の支出は夏場に集中しており，新たな市場の開拓が求められる。

1月	2月	3月	4月	5月	6月	7月	8月	9月	10月	11月	12月
39	33	36	45	53	73	126	126	56	44	50	82

このような状況下で，あなたが井村屋の開発担当者であったならば，どのような食シーンで食べられるどのような羊羹を提案するか。また，それをどのような販路でどのようにプロモーションして販売するかを考えなさい。

Ⅲ．ケースメソッドの誤謬

このケースをもとに学生が議論を行うと，掲載されたデータをもとに「冬場でも売れるように羊羹を温めて食べるには？」という視点から議論を行う者もいれば，「お歳暮のような贈答品にすれば年末年始に売れる」という意見を出す者，あるいは「そもそも何故，羊羹の売れ行きに季節性があるのだろうか？」という問題提起をする者もいる。仮にマーケティングの理論を全く知らなかったとしても，「温めて食べられる羊羹と贈答品の羊羹では値段は同じになるか？」という視点をもてば，このケースから「製品と流通とプロモーションを考えた時には価格についても考えなければならない」という，マーケティング・ミックスというセオリーを自ら生み出すという「セオリーづくりの経験」（石井 2009）ができる。

一方で，歳暮用の羊羹を企画・販売するという意思決定を行ったとしても，どのチャネルを用いるのかが自動的に決まるわけではない。一般的には「お歳暮は百貨店で売られる」という意見が出やすいが，「では，何故，百貨店が正解なのか」と問いかければ，学生たちは途端に答えに窮することになる。せいぜい「それが普通なので」と，答えにならない答えを返してくるくらいであろう。すると，流通システム論や小売業態論で学んだ（あるいは今後学ぶであろう）百貨店の定義や特徴，歴史を援用する必要性を感じるはずである。そこからたとえば石原他（2018）のような既存テキストを読むことの必要性を感じてもらえればしめたものである。このように，現実を説明するのに唯一無二のセオリーが存在するわけではなく，セオリーで説明できない範囲があるということが理解でき，「セオリーを相対化」（石井 2009, 164 頁）できるようになる。

セオリーの相対化ということでいうなら，既にマーケティングを学んでいる学生であれば，マーケティングとはセグメンテーション，ターゲティング，ポジショニングという STP の順で検討を進めるべきだと習っていたはずなのに，羊羹市場を菓子市場と捉えるか贈答市場を捉えるかによってセグメンテーションが異なることを考えれば，STP の P が最初に来るのではないかと疑問をもつ学生も出てくるかもしれない。すると，羊羹に関する議論をするよりも自らのマーケティングにまつわる知識に関する議論を優先する学生が出てくるかもしれない。

さらには，贈答品用の羊羹について議論しようと思ったなら，歳暮市場や中元市場の規模について興味をもつかもしれない。すると，二次データを活用することの大切さを身をもって感じて，ケース討議後に市場調査手法について自主的に勉強しようとするかもしれない。あるいは，バレンタインやクリスマスといった贈答市場との比較まで議論の範疇に入ってきたならば，贈答文化の歴史まで後に学ぼうとするかもしれない。その学ぶべき範囲は文化人類学にまで及び，Lévi-Strauss（1949）にまで辿ることができたなら，千字にも満たないケースが学習者の無限ともいえる学びにまで発展する可能性を秘めているとさえいえる。

とはいえ，これらは理想的なケースメソッドの姿であり，その実態はというと，「○○味の羊羹を販売しよう」，「芸能人の Y さんに SNS で井村屋の商品をとりあげてもらっては？」，「△▽社とコラボして新商品を開発しよう」などなどと，ケースに書かれている記述を全く活かさず，単なる思い付きレベルでの議論が起こることの方が圧倒的に多いようにも思われる。すなわち，マーケティングという範疇には含まれるものの，そこに理論もフレームワークもなく，座学知（マーケティング講義で与えられる情報）が全く伴わない単なる「思い付き」のぶつけ合いで終わることの方が多いのである。

それが図 4-1（図 3-2 再掲）の D の位置にあるとしたらどうだろう。すなわち，ケースの状況下で「あなたが井村屋の開発担当者であったならば，どのような食シーンで食べられるどのような羊羹を提案するか。また，それをどのような販路でどのようにプロモーションして販売するかを考えなさい」という設問に対する問題解決をもたらす回答ができているとする。そうであればおそらく救いもある。しかし，学生がマーケティングを学ぶという目的を忘れて思い思いの発言を繰り広げることもある。

これは極端な例だとしても，ケースメソッドには，教員の立場から見れば「実際の授業や研修が始まってみなければ，どのような発言が出るのか，議論がどの方向に進んでいくのか想定できないこと」（水野・黒岩 2021, 3 頁）も多い。そのため，「参加者の自由気ままな発言に引きずられ，教育目的を途中で維持できなくく」（髙木・竹内 2010, 232 頁）なるリスクや，「完成品としていつでも同じものができるわけではない」（髙木・竹内 2010, 102 頁）という問題点もある。さらにいえば，それとは逆に，学生が主体的・能動的・積極的に参加せず，講義自体が成立しなくなってしまうことすら起こりうる[84]。

では，ケースメソッドを効果的に行うにはどうすれば良いのか。それを考えるには，問題を解決するには問題解決に要する知識が必要なのであるという視点（前提）をもつことである。節を変えて説明しよう。

Ⅳ．効果的なケースメソッドを行うために

先の井村屋のケースでは，筆者は高校生までをも含め，マーケティング知識をもっていない受講生を対象に当該事例を用いることがあると書いた。彼（女）らはマーケティングに関する予備知識がない以上，自らが有するマーケティング以外の知識（時にはそれは誤ったマーケティング・スキーマでもある）をもとに議論するよりほかなかろう[85]。これが問題なのである。マーケティング講義とケースメソッドを別々のものと捉え，それらの融合がない状態でケースメソッドを行ったとて，マーケティング問題を解決できる有効な議論などできようもない（仮にそれができたとしても，それは偶然に頼ったものであり，再現性が著しく欠けたものである）。

84　ケースメソッドよりも広いアクティブラーニングという観点でいうなら，学習自体が無機能化している例は枚挙に暇がない（亀倉 2016）。ただし，その原因を教員の能力・資質に帰する考え方（たとえば英語教育に関する牧野（2015）の説明や中園・谷川（2018）で指摘されているアクティブラーニングに対する批判など）に対して筆者は否定的な立場をとっている。何故なら，ケースメソッドには各ケース・マテリアルに対応するティーチング・ノートがあり，教員はそれを参考にケースをリードすることができるからである。そしてケース・リードについても標準化は可能であるとも考えられるからだ（坂田他 2023）。

85　本文中でも触れたように，筆者がマーケティング知識を有さない受講生を相手に井村屋のケースを用いる際には，マーケティングを教える意図をもって行っておらず，マーケティングに興味・関心をもってもらうためや，理論の重要性を教えるための導入としてのみ用いている。特に後者に関しては，ケースメソッドには「ビジネス実践にさらされたときに感じる，学生時代の不勉強さを事前に先取りすることで，理論学習に対する積極的な姿勢を引き出す」（竹村 2002, 218 頁）効果があることから有効であろう。

そのうえ，本書第2章で議論したように，受講生は（それが高校生だろうが大学生だろうが）消費者としての経験しかもたない状態でケースに参加している。ここがビジネススクールなど実務経験を有した受講生との大きな差である。すなわち，マーケティングにまつわる知識をもっていたとしても，それが誤ったマーケティング・スキーマである可能性が高い以上，正しい問題解決に辿り着くことなどできようもない（繰り返しになるが，少なくとも再現性が担保されたものではない）。すると，ケースメソッドを行う際には，それを単体のものとして行うのではなく，マーケティングに関する知識を得られる場（座学あるいはテキストを用いた独学）と相補的なかたちで行われる必要があるといえる。もちろんこの場合の座学あるいは独学とは，マーケティング問題を解決できる「知識」であることが望ましい。しかし，仮にそうでなはなく，単なる情報が与えられただけのものであったとしても，学生が座学や独学から得た情報を適用・応用しつつケースメソッドに参加できたなら，ケースメソッドを行う際の議論が有効なものになることが予想される（図4-2）。

この場合，図4-2は2つの側面から考察が必要である。それは第一に，鶏が先か卵が先かという話である。すなわち，事前に座学によってマーケティング知識（たとえそれが「死んだ知識」ともいえる単なる情報であろうとも）を得た学生がケースメソッドに参加する（図4-2の「適用・応用」）場合と，ケースメソッドに参加した学生が座学で知識を得る（図4-2の「一般化」）場合とはどちらが有効な学習なのかという問題が，それである。ケースメソッドにまつわるこれまでの議論では，概ね，適用・応用する場合を想定してきた。それらの議論では，本書での問題意識と異なり，学部学生を対象とした議論を前提としていないため，既にマーケティングを学んでいるか，あるいは実務経験を有したビジネススクールでの議論を行っているからである。

では，学部学生がケースメソッドに取り組むには，マーケティング知識は必須と捉えるべきであろうか。それはケースメソッドを行う目的に依存するといえる。先の井村屋のケースであれば，極論をいうなら，「マーケティングって，なんだか面白そう」と思ってもらえればそれで良いというスタンスで用いている。特に高校生相手の模擬講義の場合でいえば，そもそも商学部・経営学部に興味・関心をもっていない生徒も多く，そのような生徒に対してマーケ

図 4-2　マーケティング講義とケースメソッドの相補関係

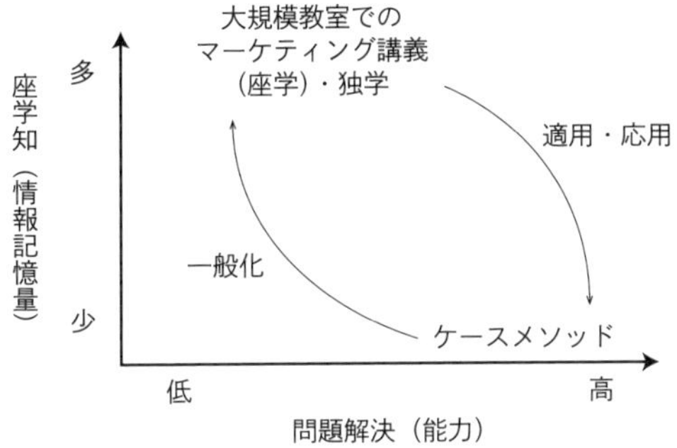

出所：坂田他（2023）を修正。

ティングとは身近な題材を扱った学問なのだということを感じてもらったり，自分のアイデア１つでいかようにも意見を出せるという経験を味わってもらったりすることを目的にして井村屋のケースを使うことがある。そこにマーケティング論としての厳密さなど求められはしない（ただしそれが正当なマーケティング講義のあり方だと言えないことはいうまでもない）。

これは極端な事例だとして，「セオリーづくりを経験する」（石井 2009, 161-162 頁）ことを目的にケースを用いる場合であれば，事前にマーケティング知識が万全に備わってしまっていては，自らセオリーづくりを行うよりも既存の概念や理論，フレームワークにひきずられてしまうことが増えてしまう。すると，マーケティング講義で事前に知識を獲得することがない方が，セオリーづくりの醍醐味を味わうこともできるといえよう。一方，「セオリーを相対化する」（石井 2009, 164 頁）のが目的であれば，事前にマーケティング知識を有しておかねば相対化などできようはずもない。ここでの議論から，効果的なケースメソッドとは，つまるところ，その目的によるのだということが分かる。

第二に，ケースメソッドを単発的に行うのか繰り返し行うのかを検討する必要がある。座学知を適用・応用してケースメソッドを行った場合でも，ケースメソッドにおける考察を一般化することで座学知を得るにせよ，ケースメソッド一回あるいは数回程度で「マーケティング知を伴った問題解決能力を有する」状態になることなど，土台無理な話である。何故なら，次章で詳しく扱うように，ケースはあくまで（ケース執筆者の視点から）現実を切り取ったものであり，そこに執筆者のレンズ（問題解決させようと想定する課題）[86]が伴うことは避けられないからである。

ケース執筆者は学習者（ケース参加者）が何らかの概念を学んだり，理論やフレームワークを修得することを内面化する（すなわち，学習者にとって現実を見る時に実感のあるものにする）ことを目的にケースを作成する。むしろ，それがなければ，学習材料としてのケース（事例）はマーケティング学習にそぐわないものになりかねず，ケースが単なるノンフィクション作品としての価値しかないことになってしまう（もちろん，ケースの中には仮想的なものもあるが，ここでの論点は現実か想像かという点にはない）。

すると，座学知を伴った問題解決ができるようになるためには，マーケティングにまつわる概念や理論，フレームワークを修得するための座学とケースを繰り返し反復させることが求められる（図4-3）[87]。何故ならば，単発でケースメソッドを用いた学習を行ったとしても，そこに描かれている現実は非常に限られたものだからである。

このことを確認するために，具体的なケースを1つ取り上げ，そこに書かれていないこととしてどのようなものがあるのかについて確認してみることにしよう。取り上げるのは坂田（2005）で記述されたオタフクソースのケースであ

86　ここでいう「レンズ」とは言語学や認知科学で議論されるような意味（たとえば，Deutscher 2010；今井 1997, 2010；今井・針生 2007, 2014）ではなく，Hanson（1958, 1969）が述べているところの「理論負荷性」と同じものだと考えて良い。理論負荷性とは周知の通り，「何を現象として観察できるかということは，前提となる理論が決定する」（山口 2019, 37頁）という考え方である。ただし，ケース記述においては前提となる理論が明確でない場合もあることからも，ここではより緩やかな表現として「レンズ」と呼んでいる。

87　子どもの言語学習プロセスを解明しようとしている今井・秋田（2023）は「当初は感覚に頼って創った小さな知識が新たな知識を生み，雪だるま式に自律的に知識を成長させていく仕組み」（225頁）としてブートストラッピング・サイクルという学習モデルを提唱している。この学習モデルにおいて言語とは，教えてもらったことの暗記によって学習されるのではなく，既存知識に対する「推論によって知識を増やしながら，同時に『学習の仕方』自体も学習」（204頁）する循環プロセスを通して学習されるとされている。ケースメソッドにおける反復においても，今井・秋田（2023）が提唱するサイクルが起こるのが理想的だと言えるかもしれないが，当該学習モデルはその駆動要因に関する考察が未だ行われておらず，今後の研究蓄積を待たねばならない状態である。

図 4-3　座学知獲得と問題解決能力育成の反復

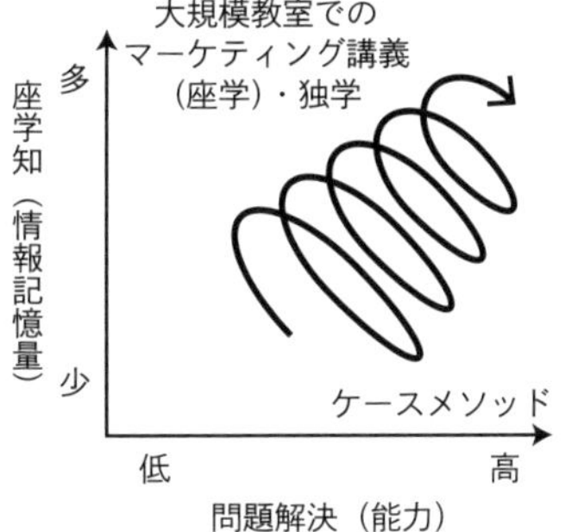

出所：筆者作成。

る。次章ではこのケースを掲載するとともに同ケースをケースメソッドとして用いる意図を説明する。そのうえで，ケースメソッドの教材ではなく企業調査として書いた坂田（2003）を用いて，坂田（2005）で書かれていない（ケースであえて捨象した）事柄について解説する。これらの作業によって，ケースメソッドがいかに「現実を切り取っているか」ということが深く理解できよう。

第5章 切り取られた現実

Ⅰ．本章の目的

本章では，次節にて実際にケースメソッドで用いるケースを掲載し，第3節において同ケースを用いてどのようなケースメソッドを行えるのかについて説明する。そのうえで，第4節において，同ケースで描かれていない現実について説明することで，ケースメソッドで用いられるケースにおいていかに現実が切り取られているのかということについて確認する。なお，本章での目的は，ケースメソッドの教育手法にまつわる議論で既に語られていることだけでなく，あまり語られることなくやり過ごされてきた点について論じることにある。ただしそれはケースメソッドという教育手法を否定する意図はない。このことについては留意頂きたい。

Ⅱ．ケース「ソースを売らないソース会社」（坂田 2005）

【余剰効果を見込んだ工夫】

製造業者各社にとって，自社商品がどれだけ売れるのか，あるいは自社商品をどのように販売するかということは，企業にとっての死活問題につながる問題である。それだけに，マーケティングや営業，あるいは流通販路などの問題は，製造業者にとって事業全体の生命線ともなりうる問題である。たとえば，他社より好印象をもたれやすいブランドを自社商品に付与する，消費者に他社の商品ではなく自社の商品を認知してもらうために積極的に広告を投入する，競合他社に比べて優位な場所に商品を陳列してもらうように流通業者に頼み込む，消費者に値ごろ感を与える価格設定を行う，などといった活動は，製造業者にとって当然過ぎるほど当然である「いかに自社商品を販売するか」という問題を解決する具体的な活動である。

しかしながら，近年急成長を遂げている企業の中には，闇雲に自社商品の販売に専念するのではなく，ほんのちょっとした工夫によって，直接自社商品を売り込むこと以上に効果のある方法を行っている企業も存在する。自社商品を販売しなくとも自社商品が売れるような試みを行った古典的な事例として「ミシュランの三ツ星」の話がある。フランスのタイヤメーカーのミシュラン社が自社の商品に特別なブランドを付けたり，自社商品についての広告活動を積極的に行ったり，自動車ディーラーに自社商品を売り込んだり，値引きを行ったりといった方法ではなく，タイヤとは全く異なるフランス料理店の紹介によって自社商品の売上高を伸ばした話はあまりにも有名である。すなわち，自社商品を多く売るためには「タイヤをより多く利用してもらうためにはどうすればよいか？」という問題に答えればよいのだと考え，自社の主力商品であるタイヤに対するマーケティングや営業などを行うのではなく，有名フランス料理店の紹介本を発行することによって消費者のタイヤ消費量を伸ばしたのである。

このマーケティングのテキストに載っているようなミシュランのレストランガイドの事例に匹敵するような工夫を凝らした方策を採っている企業がある。それがここで取り上げるオタフクソース株式会社（以下，「オタフクソース」）である。では，同社は自社商品を多く売るためにどうすればよいと考えたのであろうか。

【オタフクソースの概要】

オタフクソースの沿革を簡潔に述べると，同社は 1922 年に酒と醤油の卸小売業として創始され，1938 年に醸造酢の製造を開始，1950 年にそれまで主力商品であった醸造酢を主原料とするソースの製造を開始している。ソース業界ではイカリソースが 1896 年に国産 1 号となる本格的ソースの製造を開始したのを契機に，カゴメが 1903 年にトマトソース（現在のトマトピューレー）と 1908 年にウスターソースの製造を，ブルドックソースが 1905 年にソースの製造販売を開始している。これられの企業に比べて1950年にソースの製造を開始したオタフクソースは，ソース業界ではかなり後発の部類に入る企業であるといえる。しかしながら，同社は，主力商品であるソース市場では1990年頃までは4番手企業であったのが，現在ではソース業界のトップ企業へと成長した（図5-1）。

では，この時期にソース業界全体が成長したのかというと，そういうわけではない。ソース業界の市場規模はこの期間，700億円程度の規模から拡張できない状態にあった。それはなぜかというと，主に2つの理由が挙げられる。第1に，ソースが他の調味料に代替されてしまっているということが挙げられる。たとえば，かつてはキャベツの千切りやサラダにもソースをかける人が多くいたのが，現在ではサラダには専用のドレッシングを用いるという人が増加していることなどは，この顕著な例であろう。

第2に，ソースは他の調味料に比べて塩分が高いと思われていることから，社会的な健康志向に合致せず，利用が控えられているという理由が挙げられる。実際には調味料の中でソースの塩分が格段に高いというわけではないのだが，とくに，ソース独特の色や味の濃さからも「ソースの掛け過ぎは不健康」といったイメージが持たれてしまっていることも，ソースの利用が減っている

図5-1　オタフクソースの成長

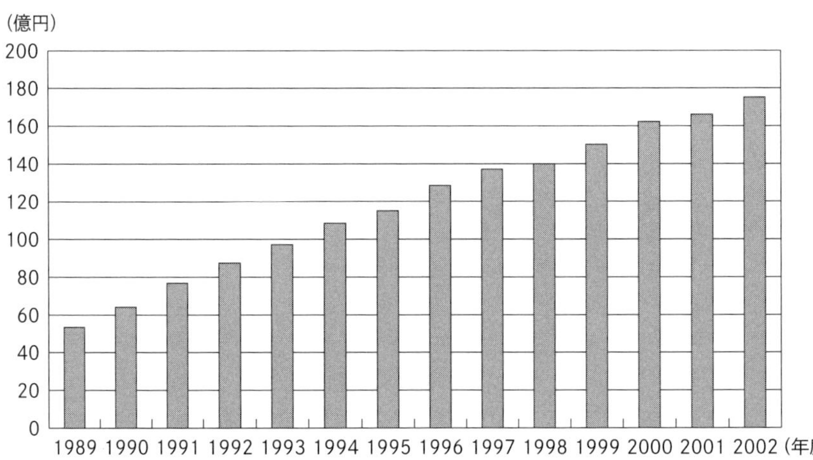

出所：坂田（2003），126頁。

一因となっているであろう。

このような状況の中でオタフクソースは図 5-2 を見ても分かるように，業界内で唯一といって良いほどに成長を続けてきた。ソース業界の中でオタフクソースだけがシェアを伸ばしていることを理解するためには，オタフクソースの主力商品であるソースについて眺める必要がある。そこで同社のソースについて，他社とは異なった特徴を探ってみると，以下の 3 点が同社のソースの特徴であることがいえる。

第一に，専用ソースの開発である。同社で取り扱っているソースは，ウスターソースや中濃ソース，濃厚ソースといった汎用タイプのソースよりもむしろ，お好み焼用ソースである「お好みソース」，焼そば用ソースである「焼そばソース」，たこ焼用ソースである「たこ焼ソース」といった，それぞれの料理向けである専用タイプのソースを提供している点が特徴的であるといえる。

オタフクソースがこのように専用タイプのソースに力を入れているのには理由がある。そもそもオタフクソースは，先述のようにソース業界では最後発の部類に入り，ソースを製造し始めたときには小売業に入り込む余地があまり残されていなかった。そこで卸や小売りを経ることなく屋台や料理店といった直

図 5-2　ソース業界上位企業売上高推移

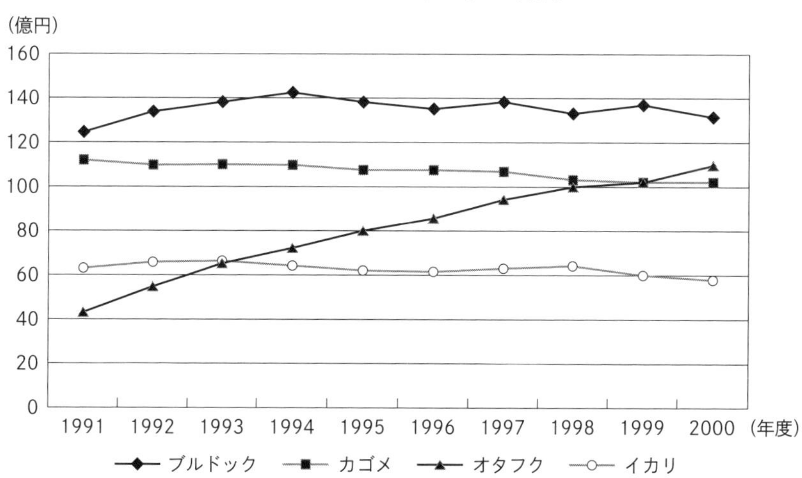

出所：坂田（2005），35 頁を一部改変。

接ソースが使われる場に売り込みに行くことによってソースの販売を行わざるを得なかった。そのため，汎用タイプではなく，それぞれの現場で用いられるソースを製造・販売するに至ったのである。

もちろん，同社も現在では汎用タイプのソースを取り扱っていないわけではないが，売上高全体のうち，お好み焼用ソースが44%，焼きそば用ソースが18%，たこ焼用ソースが6%を占めており，圧倒的に専用タイプのソースの売上高の方が多い。これは図5-2で挙がっているソース業界の上位企業でも特異的な割合である。

第二に，オタフクソースが扱っている商品の知名度がこれら専用タイプのソースによって築かれている点が挙げられる。たとえば，ブルドックソース（株）が扱っているソースというと，おそらくウスターソースなどの汎用タイプのソースを思い浮かべる人が多いであろう。しかし，オタフクソースの場合，「オタフクソースといえばお好み焼用や焼そば用，たこ焼用のソース」と瞬時に思い浮かべられるほど，専用タイプの商品に対する認知度が高い。

このことは，消費者がお好みソースを購入しようとした時にオタフクソースの商品を想起するというメリットもあるが，逆にオタフクソースが他の商品を取り扱っていることをなかなか認知してもらえないというデメリットもある。実際，オタフクソースが先に挙げた専用タイプのソースだけでなく，汎用タイプのソースも手掛け，さらにカレーソースやステーキソースといった専用タイプのソース，あるいは酢，醤油，ケチャップ，焼肉やすき焼のタレ，チヂミのたれといった調味料を製造・販売していることを知っている人はごく稀である。

第三に，オタフクソースが取り扱っている商品は，居酒屋やレストランといったソースを実際に利用する外食産業や食品メーカーから毎年2,000件程度の開発依頼を受け，それに対して4,000件にも及ぶ試作品を開発し，その結果業務用に提供されるようになった商品を家庭用に提供するようになった商品があるという点が特徴的である。すなわち，同社では業務用のオーダーメイド商品を積極的に開発し，その評価を受けることによって一般消費者市場でも通用する商品であるかどうかを見極めるという方法を採っているのである。

このことは，以下の2点でオタフクソースを特徴付けている。それは第一に，オタフクソースのソースはどこかの飲食店で味わったことのある味だと消費者に理解されるという点である。第二に，オタフクソースはこれら開発商品をもとに，地域特性を活かした地域限定の商品づくりを行えるという点である。この地域限定商品は，広島における広島流のお好み焼にベストマッチした味のソースや，大阪における酸味とスパイシーさを効かしたソースなど，地域の特性に応じた味の違いを出している。

【「地域の壁」を越えるお好み焼の普及活動】

先に，オタフクソースが取り扱っている商品の特徴として，専用タイプの商品の割合が高いことと，その専用タイプの商品によって同社の知名度が高まっていることを記した。そこでオタフクソースでは，「お好み焼や焼そば，たこ焼といった自社商品が調味料として用いられる料理が広まれば，自社の売上高も高まる」という認識のもと，これらの料理の普及活動を積極的に行っている。

自社の商品を販売するためにマーケティング活動を行うのではなく，自社商品を調味料として用いる料理の普及を行っているのには理由がある。それは，同社が調味料によっては地域性や嗜好性が強いため，「地域の壁」を越えることは困難であるが，料理であれば「地域の壁」を越えることが比較的可能だと考えるからである。つまり，調味料であるお好みソースやたこ焼ソースといったソースを販売しようとすれば，地域・地方によってそれらのソースを受け入れるかどうかの差が大きく開いてしまうが，調味料そのものではなくその調味料を用いる料理であれば，比較的容易に受け入れられやすいと考えているのである。

何故このように考えるに至ったのかというと，それは味噌や醤油，あるいは汎用タイプのソースについて調べてみた結果に由来する。味噌の場合，信州であれば信州味噌，名古屋地方では赤味噌，京都では白味噌，九州では九州味噌と，地域ごとに用いられる味噌の種類が異なっているというように，地域性が色濃く出ていることが判明した。あるいは汎用タイプのソースについて調べてみた際にも，イカリソースやオリバーソースは関西，ブルドックソースやポパイ食品は関東というように，地域ごとに「地域のソース屋」というものが存在することが分かった。

実際，小売店頭でどれだけ棚に並んでいるのかを表わす配荷率をみると，汎用タイプのソースでは高いものでも50％強でしかない。塩や砂糖，酢，ケチャップ，あるいはマヨネーズであれば同じ調味料でも地域性というものが比較的出にくいのに対して，味噌や醤油，あるいは汎用タイプのソースでは地域性が色濃く出ていることが理解された。そこでオタフクソースは，お好みソースや焼きそばソース，たこ焼ソースをソースとして売り込もうとしても，これらの「地域の壁」を容易に越えることができないと考えたのである。

そこで同社はソースではなくソースを使う料理を普及させることによって，自社商品の売上を伸ばそうと考えた。具体的には，以下の6つの方法によって，お好み焼の普及活動を行ったのである。それらは，①お好み焼の焼き方や美味しい食べ方を教えるための料理教室のような存在である「お好み焼研修センター」の設置，②お好み焼を普及するために全国各地に飛びまわる「お好み焼課」の設置，③小売店頭をはじめとした「試食販売の徹底」，④お好み焼に関する「イベントや展示会への積極的参加」，⑤お好み焼を試食してもらえる調理器具を揃えた「お好み焼キャラバンカー」の巡回活動，そして，⑥お好み焼についての研究本である『OCOLOGY』をはじめとした「研究本の出版」，という6つである。これらの活動は，オタフクソースが自社商品を販売することを目的として行っているのではなく，お好み焼そのものを普及させることが最大の目的となっている。

同社が行っている，調味料ではなくそれを用いる料理を通した全国展開には先例が存在する。それは焼肉のタレのメーカーであるエバラ食品や酢のメーカーであるミツカンである。エバラの場合，かつて「土曜日は焼肉の日」というテレビCMを流し，焼肉のタレという調味料ではなく焼肉という料理の提案を行っていたし，ミツカンの場合，「金曜日は手巻き寿司の日」ということで，調味料である酢ではなくその調味料を用いた料理の提案を行っていた。オタフクソースも，お好みソースや焼きそばソースといった調味料ではなく，それら調味料を用いる料理であるお好み焼や焼そば，たこ焼を積極的に広めようとしているのである。そこには，お好み焼や焼そば，たこ焼という料理で用いられる調味料としては，自社商品が最も知名度が高く，また，最も高質な商品を提供できるという自信が隠れている。

【お好み焼の売場提案とメニュー提案】

消費者に対してお好み焼の普及活動を行うことによって，オタフクソースが自社商品の販売量を伸ばそうとしていることが分かった。しかしながら，これだけであれば，本章の冒頭で挙げたミシュランの三ツ星の事例やエバラ，ミツカンといった企業が行っている活動と何ら変わりはないかもしれない。実際，オタフクソースでもエバラやミツカンの事例を参考にしながら，「メニュー提案において，（「地域の壁」を越えた）全国展開が可能なのではないかという仮説を考えて」（オタフクソース株式会社佐々木茂喜専務取締役（当時））いたという。

では，オタフクソースが行っている活動が消費者に対するものだけなのかというと，そういうわけではない。消費者が実際に商品を購入する小売業者に対しても，工夫を凝らした活動を行っている。それが売場提案やメニュー提案である。

あまり知られていないことであるが，オタフクソースはお好みソースだけでなく，お好み焼の材料である小麦粉やお好み焼粉，薄力粉，あるいは天かすや桜えび，トッピングである青のりや粉かつお，そして調味料であるマヨネーズといった商品も手掛けている。これらの食材は，売上高の１割を占め，同社が現在でも力を入れている分野である。オタフクソースがソースだけでなく食材も扱っているため，ほとんどの小売店で既に売場が設けられている生鮮品やサラダ油，あるいはビールをはじめとした飲料などと組みさえすれば，いつでも小売店頭で「お好み焼コーナー」として売場を展開することが可能なのである。

お好み焼きコーナーで消費者が直面するものはサラダ油や小麦粉，お好み焼粉，マヨネーズ，粉かつお，青海苔，あるいはソースといった，お好み焼を作る時に必要となる乾物や調味料である。これらの乾物や調味料は，基本的にはオタフクソースが一手に販売することができる。ここに玉子やキャベツ，肉，イカや海老といった，どこのスーパーでも売っているような食材を加えれば，それでお好み焼は完成する。そのため，オタフクソースがお好み焼コーナーで消費者に対して「今日の夕食にお好み焼はいかがですか？」と提案することによって，小売側にとってみれば，オタフクソースが手掛けている商品以上の商品を消費者に購入してもらえる確率がかなり高くなる。つまり，「お好み焼コーナー」というかたちで売場が作られていたとしても，それはそのコーナーを越えた小売店内における消費者の買物点数の増加に貢献できるものなのである。具体的には，オタフクソースによれば，お好み焼コーナーを設置することによって，図5-3で示されているだけの商品が関連購買される可能性があるという。

図5-3で示されている商品のうち，オタフクソースでは「材料」「トッピング」「調味料」を販売することができる。しかし，それだけでなく，図中で示されているように，お好み焼という料理には様々な食品が関連している。オタフクソースによれば，季節の食材を除いたとしても，お好み焼周辺商品として160アイテムが存在するという。それは何を意味するのかというと，オタフクソースは他のメーカーと共同でマーチャンダイジングを行えるということである。先にオタフクソースが自社商品ではなく「お好み焼」のメニュー提案を小売店頭で行うことによって，小売店に対しては消費者の買い物点数の増加に貢

図5-3　お好み焼周辺マップ

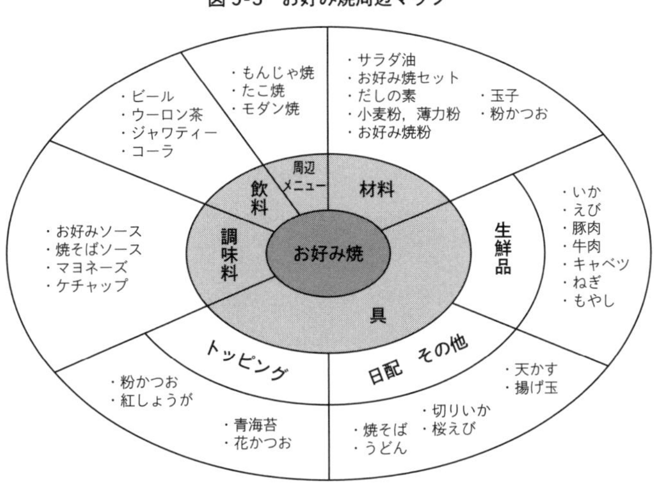

出所：坂田（2005），43頁。

献できるということを指摘した。そしてこのことは，オタフクソースにとっても自社単独の営業努力を小売店頭で行わなくてもよいということを意味している。

では，オタフクソースによる売場提案に対して，これまで小売店側から問題提起されたことがないのかというと，そういうわけでもない。第一に，地域によってはお好み焼を主食と考えず，「お好み焼コーナー」として売場展開を行ったとしても受容されないのではないかという声がある。特に全国展開を図っているスーパーなどは，地域ごとの食文化というものを実感しており，このような疑問を投げかけられることが多いという。実際，オタフクソースでも，たとえば関東地方では「少々年配の男性の方が帰宅された時に晩御飯がお好み焼だと分かると，なんだか手を抜いた料理のような気をされていたようです」（佐々木氏）という。

このような食文化によるお好み焼に対する感じ方の違いに対しては，経済面・栄養面・調理面におけるお好み焼の優れた点を広めるべく，先に述べた 6 つの普及活動に全力を注いでいる。しかしながら 2005 年現在でも，オタフクソースの売上の 70％程度は大阪以西で占められており，現在でもこの「壁」が十分に乗り越えられたとはいえない状態にある。

オタフクソースによる売場提案を疑問視した小売店側から生じる声として，第二に，「お好み焼だけで一年中売場展開ができるわけがないではないか」という指摘がある。実際，お好み焼というと熱い鉄板やホットプレートを用いて料理されるため，お好み焼専門の飲食店でも夏場になれば売上は冬に比べ下がってしまう傾向にある。では，このような問題提起に対してオタフクソースはどのような答えを出しているのであろうか。それが 2000 年代に入って完成した，年間を通した「祭事・行事スケジュール表」や，そのスケジュール表を各時期ごとに 12 か月分用意した「販促カレンダー」である。これらはお好み焼を 1 年間販売し続けるために，先に述べた 160 アイテムの周辺商品と季節の食材を用いてそれぞれの時期のお好み焼のパターンを提供したものである。これによって，季節ごとに祭事や行事，あるいは季節の食材にあわせた「お好み焼コーナー」の設置が可能になる。また，販促カレンダーは，小売店に対して売場展開をサポートする役割も担っている。

オタフクソースによれば，他のメーカーと共同で行うマーチャンダイジングは「既存のウスターソースなどでやろうとすると，万能ソースであるがためにチーム・マーチャンダイジングをやりにくい側面がある」(佐々木氏) という。専用ソースを自社商品に据え，自社の認知度をその専用ソースによって形成しているオタフクソースだからこそ，このようなマーチャンダイジングが行えるというのである。他のソースが50%強の配荷率しか達成していないのに対し，「オタフクブランドの製品を商品棚に並べる小売店は全国で見ても全体の96%に達してた」(『日本経済新聞』2002年4月5日付)。というのは，オタフクソースが消費者にとって人気のある商品だというだけでなく，小売業者にとっても魅力ある商品だということを示唆している。

Ⅲ. ケースメソッドで学ばせたいこと

前節で掲載したケース「オタフクソース (2005)」で用いる設問は3つある。ここではそれら3つを紹介し，ケースメソッドで何をどう教育するのかについて論じておきたい。

1. なぜ，オタフクソースはソース業界の中でも高い成長率を達成しているのでしょうか。オタフクソースと他のソース企業の自社のビジネスに対する考え方に対する違いを中心に考えましょう。

この設問は，企業のマーケティングが消費者ニーズと適合していることが重要であることを理解してもらうための設問である。オタフクソースが商品を調味料として用いる「料理」を普及させるためのマーケティングに力を注いでいるのに対し，他のソース企業は「商品そのもの」を販売させるためのマーケティングを行っている (本文中には書かれていないが，対比という意味でこのことを想起してもらいたい)。この違いは，消費者が自社商品を使用する場面を想定しているか否かの違いであるといえよう。消費者はソースをそのまま飲んだり食べたりするわけではないので，オタフクソースのマーケティング活動の方が，より消費者ニーズを考慮しているといえよう。

単に「お好み焼の普及活動」や「小売業者との協業」を挙げるのではなく，それらが消費者がお好み焼やたこ焼を食べるという，自社商品を使う場面に即したかたちで行われることを受講生に理解してもらうことが重要である。この設問を通して「マーケティング近視眼」という概念を（この概念自体を知らずとも）直に感じ取ってもらうことができたなら，セオリーづくりを経験できたことになる。あるいはマーケティング近視眼という概念自体を事前に知っていたとするならば，「何故，ブルドックソースやカゴメはそもそもオタフクソースのような売り方をしていなかったのか」とセオリーを相対化することができるかもしれない。

2．オタフクソースが用いられているものと同様の戦略が有効であると思われる企業，あるいは商品を考えましょう。

同様の戦略が有効である企業や商品は膨大に存在すると思われる。学生にマーケティングの視点をもって自分の身の周りの企業・商品について興味・関心をもってもらうための設問である。本書第２章で議論したように，近年の学生は異なるマーケティング・スキーマを有している。そのため，設問１にもとづいて自身の身の周りのマーケティング事象を観察することができたなら，この設問の回答は非常に多彩なものになるであろう。

筆者がこれまでに経験した例だけでも，

・JRをはじめとした鉄道会社による旅行の紹介。

・スポーツ用品企業による冠を付した大会。

・自動車メーカーによるドライブやアウトドアなどのCM。

・製菓業界におけるバレンタインの普及活動。

・紳士・婦人服販売店による就職活動指南。

など，学生の身近な事例が数多く挙がってきた。これらの回答をもった学生同士が議論を交わすことにより，自身のマーケティング・スキーマを共有・相対化できたならば，この設問を実施した意義があったということになる。

3．あなたがブルドックソース（あるいはカゴメ）のマーケティング担当者であったならば，オタフクソースの追い上げを振り切るためにどのような戦略が有効だと考えられますか。

マーケティング論よりむしろ競争戦略論に近い議論にはなってしまうが，市場においてリーダー企業が採用する定石戦略である①フルライン戦略，②同質化戦略，③販路の確保といった手法を事前に理解していたならば，本文中にある配荷率の記述や「調味料における地域の壁」から③を採用するのは難しいことが議論できるだろう。すると，定石戦略としてテキストに書かれているセオリーを相対化する作業ができるかもしれない。

一方，②，すなわちブルドックソースやカゴメがオタフクソースのように専用ソースの販売に力を入れようとしたならば，同社の強みである汎用ソースとカニバリゼーションを起こしてしまうことが考えられる。学生の多くはカニバリゼーションという概念を知っておらず，専用ソースの販売を提案することがある。そこで「そんなことをしたら汎用ソースの売上が落ちるんじゃないかな？」と投げかけることにより，カニバリゼーションというセオリーづくりを経験してもらいたいと願っている。

では，①のフルライン戦略ならどうだろうか。汎用ソースという「何にでも使えるソース」がある以上，これ以上のフルラインとは何を意味するのだろう。もちろん，先に書いたように，専用ソースを取り揃えるということではない。あるいは，そもそも，ソース業界のリーダー企業とお好みソースのリーダーとを同列に扱って良いのだろうか。ここでもまた，セオリーの相対化が求められることになるだろう。

もちろんこれらの議論は理想的なケースメソッドが進められた場合にできるものであり，前章で議論したケースメソッドが抱える課題を克服せねばならない。とはいえ，これらの議論が無事に成立したとすれば，それでケースメソッドによる教育が十全たるものになったといえるのだろうか。前章図 4-3 にあるように，マーケティング教育においてケースメソッドを用いるには，座学との反復が欠かせない。それはケースメソッドで用いられるケースがあくまで「切り取られた現実」だからである。ケース執筆者である筆者自身の「切り取り」を例に，このことを説明していくことにしよう。

Ⅳ．ケースで切り取られた現実

前節で概説したように，ケース「オタフクソース」ではマーケティング近視眼やカニバリゼーションという概念を学んでもらい，競争戦略論にまつわる議論もできるように記されている。教材としてのこのケースの良否に対する判断は読者に委ねることとして，ここでは，本ケースで意図的に描いていない事項について説明していくこととする。

本ケースはマーケティング知識が比較的乏しい学習者を対象に書かれている。一方，マーケティング知識を十分に有している方を対象に書かれたケースが坂田（2003）である。本章第2節で記載した下記部分（100頁）に注目してもらいたい。

> 第三に，オタフクソースが取り扱っている商品は，居酒屋やレストランといったソースを実際に利用する外食産業や食品メーカーから毎年2,000件程度の開発依頼を受け，それに対して4,000件にも及ぶ試作品を開発し，その結果業務用に提供されるようになった商品を家庭用に提供するようになった商品があるという点が特徴的である。すなわち，同社では業務用のオーダーメイド商品を積極的に開発し，その評価を受けることによって一般消費者市場でも通用する商品であるかどうかを見極めるという方法を採っているのである。

ケース中ではこの記載をしているものの，これはあくまで「一般消費者向けソース（BtoCとしてのソース）をつくるために」という議論に徹している。何故なら，そうしておかないと，一般消費者であるマーケティング初学者には議論が複雑になりすぎる恐れがあるからだ（本書2章で議論した学生の特徴を思い出してもらいたい）。では，この部分はマーケティング知識を十分に有した読者を想定するとどのように描かれるか。

図 5-4　オタフクソースのビジネスモデル

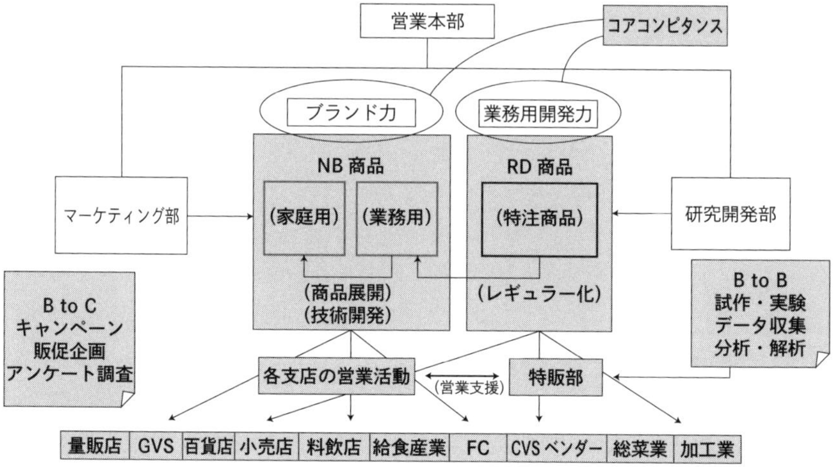

出所：坂田（2003），128 頁より。

坂田（2003）では，図 5-4 の図を用いて，BtoC 商品であるソース（図中では家庭用 NB 商品）と BtoB 商品としての特注商品（RD：研究開発商品）とが組み合わされたビジネスモデルについて説明している。すなわち，調理のプロであるお好み焼屋からの「毎年 2,000 件程度の開発依頼を受け」た後に彼（女）らとのやりとりを重ねながら「4,000 件にも及ぶ試作品を開発」することでソースに対する意見を聴取することによって研究開発（RD）の力を高め，その中でも比較的汎用性が高そうなものをより幅広い業務用のソースとして製造する。そしてその業務用ソースの中でも一般消費者向けにできる商品を家庭用ソースとして製造・販売するというサイクルがオタフクソースのビジネスモデルの骨子を成すことが議論されている。

詳細は坂田（2003）を確認されたいが，前節のオタフクソースのケースと比較すると，坂田（2003）ではビジネスモデルの全体像なり，「バック・フォーマット」（田村 2016, 9 頁），すなわち顧客への価値を創造する仕組みについての深い議論を行っている。つまり，前節での議論はオタフクソースのビジネスについて「切り取った現実」のみを紹介しているのである。その理由は 3 つある。

それは第一に，多くのマーケティング初学者はBtoBにまつわる知識や研究開発に関する知識，企業の組織構造に関する知識などを有していないからである。マーケティング初学者にとって分かりやすいかたちでケースをまとめることにより，議論のしやすさを優先しているのである。第二に，オタフクソースのケースで議論する際に行ってもらいたい「セオリーづくり」や「セオリーの相対化」を念頭に置くと，坂田（2003）の議論はあまりに複雑になってしまうことが予想されるからである。第三に，坂田（2003）ではオタフクソースが抱える課題として同社のビジネスモデルについて言及しているが，オタフクソース社内ですら解決の糸口が見えていなかった課題をケース教材内に含めることはあまりに難易度が高まってしまうと考慮したからである。

そこで，ケースメソッド用教材としては，オタフクソースの成長サイクル（図5-5）のうち，BtoCにあたるNB商品にまつわる議論（図中右下部分）しか行わず，オタフクソースの成長の肝になっている研究開発や業務用商品の販売にまつわる議論を捨象し，簡略化したかたちで描くことにしたのである。

前節におけるオタフクソースのケースが坂田（2003）で描かれたものに比べて現実を一層切り取ったものであるように，世の中に存在する多くのケース教材が執筆者の意図（教育上の狙い）によって現実を切り取ってしまっている。それは，経営の世界が時間・地理空間の中で多様に広大に広がっており，その全体像を語り尽くすことができないという理由もあろうが（田村 2016, 2-11頁），それ以上に，ケースメソッドを行う目的によって切り取らねば，教育効果が落ちてしまうからである。そのため，本書95頁図4-3で描いたようなサイクルを繰り返し繰り返し行わねば，マーケティングの全体像に辿り着くため

図5-5　オタフクソースの成長サイクル

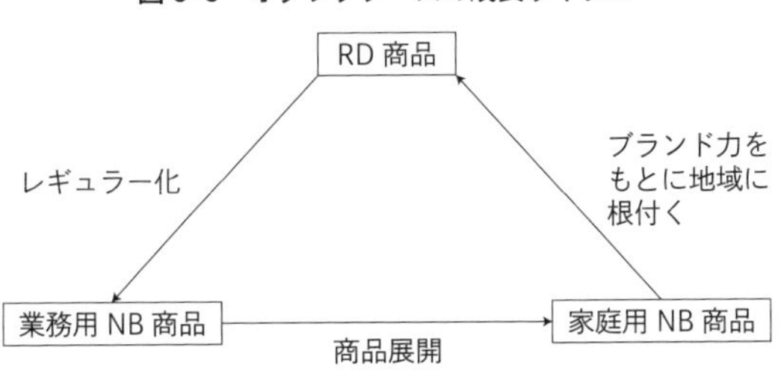

出所：坂田（2003），133頁。

の学びを得ることができないのである。

V．小結：ケースメソッドが抱える課題

本書第4章3節で議論したように，既存研究においては既にケースメソッドにまつわる様々な課題が検討されてきた。その中には受講する学生の態度・姿勢にまつわるものや教員のケース・リードにまつわるものが比較的多くみられるが，本章で議論したように，実はケースメソッドで用いるケース教材そのものにも現実を（ある意味では恣意的に）切り取ったものであるという問題があるのだ。

それはそうであろう。現実をそのままのかたちで文章化することなど誰にもできるはずがない。すると，ケース執筆者の何らかの思惑で（もちろん，それは教育目標や教育効果といったポジティブな意味である）現実を切り取り，その切り取られた現実を受講生は1つの現実としてみることになる。さらにいうなら，ケースメソッドでは「ケースに書かれていないことは検討材料にしない」という前提がもたれるのが通常であり，そうであるがゆえに受講生はケースを現実そのものとして受け止めることになる。

本書93頁図4-2で記したマーケティング講義とケースメソッドの相補関係を念頭におくならば，執筆者が学ばせようとしている概念・理論・フレームワークに都合の良いケースを現実のマーケティング事象として読み込む学生たちは，ケースというかたちで切り取られた現実に合致しない現実に直面した際，途端に学習したマーケティング知識と問題解決の間の分断を味わうことになりかねない。学生がケースメソッドによって内面化した知識が通用しない場面が，単にその知識を適用・応用する現実とは異なるものであったという理由だったかもしれないとしても，本書第2章で説明したような学生，すなわちマーケティングの現実を知らない学生にとっては，その違いなど理解できようもない。

ケースメソッドは無機質な知識の習得に比べて現実の姿からマーケティングを学べる手法であったにもかかわらず，そこで描かれる現実とはあくまで執筆者（あるいはケースを用いて指導しようとしている教員）にとって都合の良い

現実であり，それが本当の意味での現実とどのように異なるのかを説明されることなど稀である。試しに本章で取り上げたオタフクソースのケース（2005）を読ませた後に坂田（2003）を読ませてみると良い。前者で嬉々として議論できていた学生たちが現実のあまりの複雑さに頭を抱えることもあるだろう。

それもまたマーケティングでの学びだというべきか，はたまたケースで切り取られた現実の背景にまで踏み込んだ教育を行うべきかについては，事前に準備されるティーチング・ノート次第ということになる（だからこそケースメソッドにおいては，標準化されたティーチング・ノート開発がさらに進められなければならないことは言うまでもない）。生きた知識というのは現実場面で役立つ知識であるというこれまでの議論にのっとるなら，切り取られた現実の中だけでしか使えない知識で終わってしまっては，ケースメソッドの教育的有効性にも限界があるということになる。もちろん，ケースメソッドによって育成・涵養された問題解決能力がリアルな意味での現実で応用できるという前提にのっとるなら，その限りではない。しかし，マーケティングの現実を知らない消費者としての学生がその応用力をもっているかどうかを検証した調査の存在については，筆者は寡聞にして知らない。

第 6 章 見せかけの PBL にならないために

Ⅰ. PBL とは

PBL（Problem Based Learning：課題解決型学習）とは「学習を進めるために問題を使用する」（Woods 1994, xi 頁）教育法であり，課題を解決することを念頭に，そのプロセスを通して学生に学びを与えるという教育手法である。特に医学・看護分野で広く取り入れられており（小野・松下 2015），大学教育だけでなく小学校～高等学校教育においても文部科学省の旗振りのもと，その導入が進められている（文部科学省「実社会との接点を重視した課題解決型学習プログラムに係る実践研究」）。

マーケティングの分野では商品企画やプロモーション企画，イベント企画など，実際のマーケティング課題を学生に解決させる経験を通して PBL を進める事例が多い（たとえば岡本 2011；髙橋 2014；後藤・河合 2016；小山 2016；羽藤他 2016；若林 2016；小澤 2017；後藤監修 2017；武市他 2017；佐野 2018；柴田他 2018）。実践教育や実学という名のもと，多くの大学・学部でこの PBL が行われており，その活動領域は年々広がっている（Barrows 1986；Alumulla 2020）[88]。

88　なお，Alumulla（2020）では PBL を Project-Based Learning の略語としているが，その中で論じられている内容は Problem Based Learning と異同はない。そのため，本書では一貫して PBL を Problem Based Learning の意味で用いている。なお，米国に目を転じると 1991 年に医療分野における PBL に関する報告でアクティブラーニングという言葉が使われるようになり（中村丈洋他 2018），PBL をアクティブラーニングの一部とみなす風潮が強まっている。↗

PBL 自体の歴史は古く，1900 年代初頭に教育現場に取り入れられ（山田監修 2012），1960 年代頃から医学系臨床分野を中心に活発に採用されるようになった（小野・松下 2015）。近年では，初等～中等教育において PBL の導入・活用が積極的に進められ，文部科学省が 2015 年度より「実社会との接点を重視した課題解決型学習プログラムに係る実践研究」と題して，地域の具体的な課題の解決に取り組んだり，社会を構成する自立した主体となるために必要な知識について理解を深め，社会的な課題について探究したりするなど，実社会との接点を重視した課題解決型プログラムに係る実践研究を行う小・中・高等学校を紹介しているほどである。

PBL の学習ステップは以下の通りである（図 6-1：図 1-1 再掲）。

1．問題や課題に出合う

PBL においては，教員が学生に対して何らかの課題を設定する場合もあれば，学生自身が課題を発見する場合もある。ここで設定された課題がその後の活動の成否を左右することが多く，本来であれば課題の検討に相当の時間を割

図 6-1　PBL のプロセス（再掲）

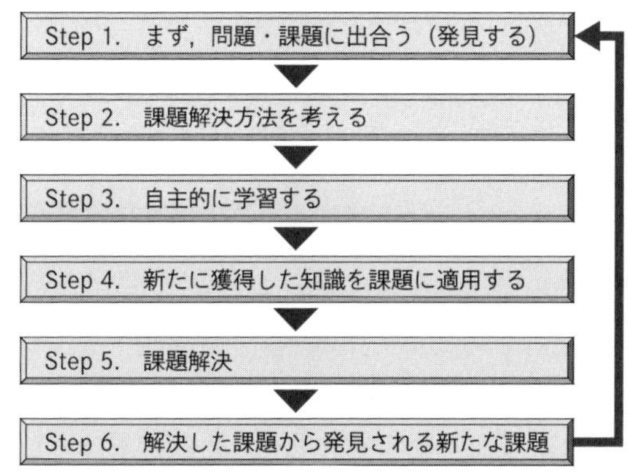

出所：本書 16 頁図 1-1 を再掲。

↘本書では大規模教室における講義（座学）と PBL とを明確に区別するために，アクティブラーニングという用語は用いず，PBL に焦点を絞った議論を行っている。

くべきだといえる。一方，企業との産学連携活動や巷間に溢れるビジネスプランコンテストなどでは，大まかな課題を与えられ，それに基づいて活動を進める事例の方が多いように思われる（その場合，当然ながら，学生は問題を「解決」できることがあったとしても「発見」する契機は減ってしまうことになる）。

この「課題」が存在しない，あるいは存在していたとしてもすぐに解決できる程度のものである場合，そこで行われている内容が産学連携活動やビジネスプランコンテストの類であったとしても，それはPBL紛いでしかない。大切なのは解決に労力を要し，解決できた暁には多くの学びが得られるような課題がしっかりと設定されていることである。

2．課題解決方法を考える

与えられた課題を個人あるいはチーム単位で解決する方策を考えるのが次のステップである。ここで，設定された課題の難易度が高いものであればあるほど，当然その解決へのハードルも高いものになる。すなわち，学生自身が既に有している知識や技能をもって課題を解決できる場合もあれば，それだけでは解決困難な課題が設定されている場合もあり，後者の場合は課題解決のための学習が求められる。しかしながら，実際には，カリキュラム（講義時間や学年歴など）の都合上，すぐに解決できてしまう事例も多く存在する。本書では学習者が既に有している知識をもってすぐに解決できる課題に取り組むPBLのことを「見せかけのPBL」と呼ぶことにする[89]。

3．自主的に学習する

2番目のステップで自らの知識・技能で課題を解決できないと判断した学生は，自身の能力を高めるための学習を自ら行うようになる（というのが理想である）。実際には，ここで教員が手を差し伸べ，課題解決のためのヒントを与えすぎたり，設けられた課題のハードルを下げることも多いのが実状かもしれ

89　なお，ケースメソッドにおいても「ケースメソッドもどき」（水野・黒岩 2022, 222頁）があることが指摘されているが，「見せかけのPBL」にせよ「ケースメソッドもどき」であろうとも，教育においてそのようなものがあってはならないということは言うまでもない。

ない。学生が自身の能力を高めるための学習を行わないのは，ステップ２で「見せかけの PBL」と名付けたものと同じだと言える。

４．新たに獲得した知識を課題に適用する

３番目のステップで得られた知識を課題にどのように結び付けられるかを検討し，再度課題解決に取り掛かる。もちろん，獲得した知識が課題に適合するかどうかは事前に分かるわけもなく，必要とあらば３番目のステップに戻る必要があるのは言うまでもない。その必要があるのに新たに獲得した知識を無理やり課題に適合させたり，課題そのものを知識に結びつけたりしてしまっては，これも「見せかけの PBL」になってしまう。

５．課題を解決する

２→３→４のステップを繰り返すことにより，課題を解決する。PBL での学びの深さは，この２→３→４の絶えざる繰り返しにある。この点については次節で具体例を紹介した後に議論したい。

６．解決した課題から新たな課題を発見する

本来であれば，課題を解決した途端，新たな課題が見つかるものである。これは研究プロセスと同じで，論文を書き終えた途端に当該論文の課題が見つかり次の論文に取り掛かるというのと同じプロセスが PBL でも求められる。一方，現実には，ステップ２と同様，講義設計上の制約から課題を解決した時点で活動を終えることも多く，学習者に納得感・満足感を与えてしまいがちである（「商品化できた」と手放しに喜ぶ学生がいるのなど，見せかけの PBL が存在するのも事実である)。

PBL という教育手法は「実世界で直面する問題やシナリオの解決を通して，基礎と実世界を繋ぐ知識の習得，問題解決に関する能力や態度等を身につける学習」(溝上 2016, 9 頁）という定義からも理解できるように，自ら問題・課題を発見してそれを解決する能力を養うことを目的としている。ポイントは３つある。１つ目は実社会で直面する問題を学習材料とすることである。座学や

ケースメソッドに比べてリアルな現場感覚をもつことが求められ，問題解決経験が達成課題と判断される。2つ目は知識獲得と実践とを架橋することである。単なる思い付きで課題を解決しようとするのではなく，既に習得した知識を用いて課題を解決する姿勢，あるいは，課題が解決できないと判断すれば新たな知識を得ようとする姿勢こそが求められる。3つ目はPBLとはあくまで学習に目的を置くことである。産学連携活動やビジネスプランコンテストで商品化や受賞を目的とする学生がいるかもしれないが，それは本来的な意味でのPBLとはいえない。大切なのはあくまで，どれだけの多くの課題に直面し，その課題を解決するためにどれだけ学習をしたのか，何を学んだのかという点にある。知識を増やす，能力を伸ばす，新たな態度を身につけるといった「学習者の変化」がなければPBL紛いのことをしていたり，見せかけのPBLをしているだけだとみなすより他ない。

Ⅱ．PBLの実例：コンビニ弁当の企画

ここでは，PBLの実例として，2009年12月15日に開始された中京大学坂田隆文ゼミとサークルKサンクス（当時：現・ファミリーマート）との産学連携活動の事例を紹介しよう。サークルKサンクスでは2007年5月より「地元（JOMOTO)」，「もっと！（MOTTO)」，「もったいない（MOTTAINAI)」をテーマに地元密着型のコンビニエンス・ストアを目指し，地産地消推進活動の一環として「MOT PROJECT」という活動が行われていた。サークルKサンクスの同活動では既に数多くの商品化実績があり，当初は坂田ゼミにおいても商品化を活動目標におこうとする雰囲気が学生の中で浸透していた。

先述の通り，PBLを行う目標は商品化などの実績ではなく，学習そのものにある。そこで，筆者は商品化のみを意識しそうになっていたゼミ生に対して3つの事前課題を設けた。1つ目は商品企画あるいは発想法の関連図書を3週間で3冊読むということである[90]。2つ目は企画対象である弁当というカテゴ

90　具体的には，以下のうちの任意の3冊を必須とした。加藤昌治『考具』（阪急コミュニケーションズ），加藤昌治『アイデアパーソン入門』（講談社），グロービス『ビジネス仮説力の磨き方』（ダイヤモンド社），富田眞司『企画術』（秀和システム），古舘プロジェクト『企画術の↗

リー以外で売れている商品を１週間で 100 個挙げ，それらが売れているのが何故なのかについてそれぞれ仮説を立てるという作業をレポートとして課した。3つ目は企画対象である弁当で各自が翌週までにアイデアを 100 個以上ずつ持ち寄るという課題である。これら３つの課題を行わない学生に対しては，それ以降の参加を認めないと明言することで，当該産学連携活動があくまで学びを目的としたものであるということを強調したのである。

本節では，この産学連携活動に参加した４チームのうち，あるチームの活動プロセスを説明することによって実際の PBL の姿を理解してもらうことにしよう。当該チーム（3 年生１名，２年生２名）が初めに行ったのは，「何故，コンビニを利用する消費者でもコンビニ弁当を買う頻度が低いのか」に関する友人・知人へのヒアリングであった。このヒアリングの結果から既存のコンビニ弁当の課題を抽出しようとしたわけである。そこで聞けた意見から，大学生がコンビニ弁当を頻繁に買おうとしない理由として，①高カロリーなものばかりだから，②栄養が偏っているから，③添加物がたくさん入っているから，④嫌いなものが入っているから，⑤見た目がおいしくなさそうだから，⑥温めると，温めたくないものも温まってしまうから，⑦においが混ざっておいしく感じないから，⑧持ち運びしにくいから，⑨持っているのが恥ずかしいから，⑩飲料を一緒に買うと高くなってしまうから，という 10 個の要因を抽出した。ヒアリングを通してコンビニ弁当が抱える課題を抽出し，それを解決するための企画を立案しようとしたわけである。

そこで，これら 10 の要因を解消すべく，「食べたいものだけを食べたい！でも健康も気にしたい！」という消費者のニーズを解消する商品として，「健康セレクト弁当」と仮称される弁当を企画することとした。健康セレクト弁当とは，消費者が店頭で自由に商品を選び，パッケージに入れていくという弁当である。この健康セレクト弁当では，ご飯やおかず，汁物を１つずつ個別包装し，組み立て式のパッケージに入れることによって，10 の不満要因を解消しようとした。そして，健康を気遣い，可処分所得も比較的高い 30 代女性であ

↘教科書』（インデックス・コミュニケーションズ），ポール・バーチ＋ブライアン・クレッグ『アイデアのつくり方を仕組み化する』（ディスカバー・トゥエンティワン），山下貴史『3分でわかるラテラル・シンキングの基本』（日本実業出版社）。

れば「コンビニ弁当なのに健康に良さそう」と好感をもつだろうと想定し，この商品のターゲットを30代女性とした[91]。

サークルKサンクス担当者に対して中間報告を行う際には，当該企画を認めてもらうために，自分たちで段ボールを使って棚をつくり，それを使いながらどのように商品を並べるのか，顧客はどのように買い物をするのか，どういった点で既存弁当よりも人気が出そうなのかといったことを念入りにプレゼンしていった（写真6-1）。

しかし，プレゼンに対する評価は惨憺たるものであった。曰く，

・学生対象のヒアリングで出てきた課題を解決する弁当のターゲットが30代女性というのはおかしい。
・学生が企画するのに，ターゲットである30代女性の「本音」を理解できるのか。
・MOT PROJECTのコンセプトの1つである「地産地消」が具体的でない。
・個別包装されたメニューの中身が具体的でない。
・個別包装にする理由が不十分である。
・陳列時，メニューによって温度帯を変えることはできない。

写真6-1　企画発表の様子

出所：筆者撮影。

91　このようなターゲット設定の方法が不適切なのは言うまでもない。企画立案におけるターゲット設定及び商品コンセプトに関する議論としては坂田（2023a）を参照されたい。

・価格設定をどうするのかが検討されていない。
・価格設定を一律にしないなら，購入時に計算を強いるという問題が生じる。
・ばら売り対応をするのか。それをするなら，「弁当」ではなく「惣菜」ではないか。
・箱代をどうするのか。箱代をとらないなら，そのコストはどこに含めるのか。

などといった点で，学生の企画内容の「詰め」が甘いことが随所で指摘された。そして何よりも，学生が提案した企画の課題（問題点）を指摘してくれたのである。学生たちは約 1 か月後に行ったプレゼンにおいて，これらの指摘点を解消すべく，企画を一層具体化させたプレゼンを行った。

たとえば，30 代女性の本音を探るために入念なヒアリングを行い，メンバーなりに把握した「30 代女性像」を説明した。また，どのような売り方をするのかという点に関しては，実際に消費者が購入する時の流れを説明することで，理解を促した（写真 6–2）。さらには，企画を具体化させるために，メニューを具体化させ，販売スケジュールも検討した。

しかし，「ターゲットの本音が明らかになったとは思えない」，「地産地消という目的を果たせていない」，「販売方法が複雑すぎる」，そして何よりも「学

写真 6-2　企画発表用スライド

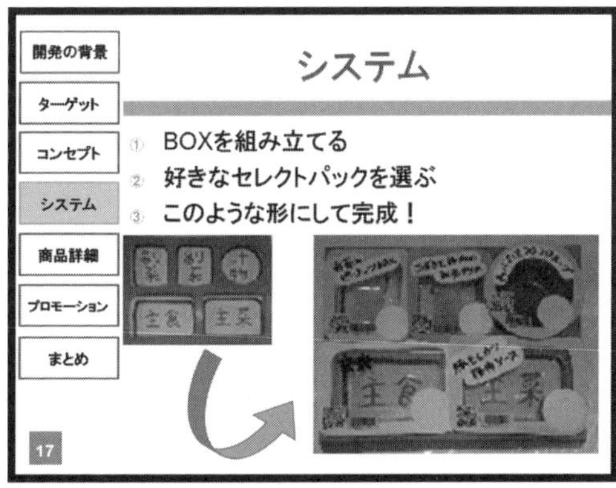

出所：中京大学坂田隆文ゼミ生提供。

生らしさがない」と，企業側からは好意的な評価が得られなかった。課題図書を各自3冊読み，弁当以外のヒット商品100個を自分たちなりに分析し，コンビニ弁当のアイデアを各自100個以上出し，企画を提案し，批判された点を改善したり説得力に欠ける部分を調査・分析したり，発表資料に工夫を凝らし，学生たちは学生たちなりに努力したのであろう。しかし，サークルKサンクスからの評価は芳しくはなかった。とはいえ，この結果はPBLによる学習の目指すところですらある。何故なら，PBLの目的は繰り返し課題に直面し，その課題を克服するために学習するというサイクルを回し続けることだからである。PBLの活動の目的は決して商品化ではない。学生たちはこのことを強く感じながら活動を続けたであろう。

後にこのチームは「(自分たちと価値観の近い）学生が欲しいと思える」，「名古屋らしい」という2つにこだわり，「カツまぶし」という商品を提案した（健康セレクト弁当という案を棄てるまでの学生たちの葛藤については，ここでは触れないでおくが，長時間にわたる話し合いが数えきれないほど行われたという点のみ指摘しておこう)。名古屋名物のひつまぶしを弁当にすることで，若者向けのボリューム感ある商品を提案したのである。この企画はサークルKサンクス担当者に対して比較的好意的に受け止められ，同社の弁当を製造するカネ美食品の協力のもと，試作品製作にまで到達することができた。

カツまぶしの試作品製作段階に進む前には，また新たな課題が発生した。学生たちはカネ美食品に協力してもらう前に自分たちで試作品を製作したのであるが，学生たちは価格とは（当該学生たちが日常的に知ることができる価格とは小売価格しかなかったが故に）小売価格のみをさすという誤ったスキーマや，商品の価格とは原材料の総和（だけ）で決まるという誤ったスキーマを強くもってしまっていた。そのため，スーパーで具材を購入し，試作品をつくり，それをもとに500円で作れる弁当を提案したところ，提案先企業から「具材の仕入れ値は小売価格とは違うし，商品の価格には原材料費以外の様々な費用がかかるので，(自分たちで具材を購入して500円で作れた商品であったとしても）売価は1,500円程度になってしまう。コンビニで1,500円の弁当なんて売れるわけがない」という指摘を受けたのである。「メーカーは小売業から原材料を仕入れるのか？（もしそうだとするならば，何故，そのようなこと

写真 6-3　学生企画商品「カツまぶし」

出所：筆者撮影。

を行うのか)」，「弁当を販売する際に原材料費さえあれば製造・販売できるのか？（もしそうだとするならば，何故，そのようなことがいえるのか)」という問いが足りずに誤ったマーケティング・スキーマをもったまま商品企画提案を行ってしまったが故の過ちであった。

その後，原材料費は必ずしも小売価格で計算しなくても良い一方で，売価とは原材料費以外にも人件費や物流費，工場における固定費など様々なコストの総和に利益を加えたものであるということを理解し，原材料を胡麻 1 粒まで見直しし，製造工程に対する検討を重ねた結果，小売価格 480 円で商品の実売に辿り着くことができた（写真 6-3)。この商品は 2010 年 12 月 2 日から 2 週間限定で中京地区のサークル K とサンクス（計 1,539 店舗）で発売されるに至った。

Ⅲ．PBL において検討すべき課題

繰り返しになるが，PBL の成否は商品化やコンテストでの受賞といった目に見えるものではない。大切なのは学生たちがいかに課題に直面し，その課題を解決するプロセスを通していかなる学びを得るのかという点にある。カツまぶしで学生たちがいかに課題に直面し続けたのかということは前節の事例紹介から垣間見て頂けるであろう。

すると，PBLにおいていかなる課題を取り扱うのかについては，非常に注意が必要であることが分かる。コンビニ弁当の事例でいうなら，当初学生相手に行ったヒアリングで出てきたコンビニ弁当の問題点を解決するという課題設定自体は良いものだったといえよう。しかし，その解決策として提示された健康セレクト弁当では，サークルKサンクスがそもそも求めていた地産地消という観点がすっぽり抜け落ちてしまっていた。とはいえ，仮に地産素材で弁当をつくれたとしても，今度はコンビニエンス・ストアのオペレーション（陳列時の温度帯の問題や価格設定の問題，販売方法の複雑さなど）という学生にとって手に余る課題が出てきてしまった。これでは課題設定の難易度が高くなりすぎ，学生自身が解決に近づくことができなくなってしまっている。

良い課題とはどのようなものかという点に関しては，「学生が興味をもち学習の動機づけになるもの，学生間で多様な意見が出る程度に複雑なもの，既知の学習内容を思い出しながら自分に不足する知識を特定できるもの」（中島 2015, 139頁）であるという指摘がある。しかしながら，これにフィットした課題が常に用意できるとは限らず，医療系をはじめとする理系のPBLに比べ，文系講義ではこの点が十分に確かめられずにPBLが進められていることは既に指摘されている通りである（溝上 2014）[92]。ここにマーケティング教育においてPBLを本格的に行う時の難しさがある。単純に商品になれば良い，コンテストで賞を獲れば良いというわけではないことは，教育する側が常に強く意識せねばならないのである。

とはいうものの，学生たちは常に課題に直面する。コンビニ弁当の事例で見たように，1つの課題を克服したと思えば次の課題が生まれ，学生の主観では永遠とも感じられる課題の出現に学生が主体的・能動的に取り組み続けられるのかという点にも注意が必要である。PBLのようなリアルな体験においても，ケースメソッドのような疑似体験同様，学生の意欲が欠けてしまうと学習効果が乏しくなるからである（Leonard and Swap 2005, p. 68）。そのうえ，PBLにおいては学生の学びの質も量も学生の参加度合いに依存せざるを得ず，

92　笹谷他（2017）が建設分野のPBL事例として紹介しているような事例は課題が明確かつ取り組みやすいものであり，マーケティング教育においても課題設定の明確化や取り組みやすさに関する議論が求められることが理解できる。

学生の一連の学習活動プロセス活動の成果が「不十分なものであったり，場当たり的なものであったりすると，PBL 自体がナンセンスな活動になる」（溝上 2014, 86–87 頁）。

特に PBL に慣れていない学生にとっては「PBL を好きになれない」（Woods 1994, p. 16）こともあり，学習プロセスに辟易することも生じうる。すると，「学び」という本人の主観によって左右されかねないものを目標にするよりも，商品化や受賞といった目に見えるものを目標にした方が学生の意欲が高まりやすいのもまた事実である。このジレンマを教員がどう受け止め，いかにして見せかけの PBL にしないようにするのかについても，PBL を本格的に行う際の難しさがある。

さらに，文系学問において PBL を用いた活動に参加した学生に対して評価を下さねばならない場合，客観的な評価ではなく参加者の主観的評価・自己評価によって行われることが多い（たとえば，羽藤他 2016 や武市他 2017；後藤監修 2017；小具 2021）[93]。このことも PBL の課題といえよう。評価というフィードバックがなければ，学習効果が落ちてしまうからである（Leonard and Swap 2005, p. 63）。一方，理系学問であれば「～できる」というかたちで客観的評価を導入している事例もある。たとえば，小野・松下（2015）は新潟大学歯学部で行った PBL において「理解した／できる」という項目がいくつあるかを評価基準にしている事例を紹介している。そこでは「口腔の構造と機能を理解する」，「口腔の健康増進とオーラルヘルスケアの重要性を理解する」といったように，理解さえすれば良い項目と，「安全確保を行う」，「歯科診療補助を行う」，「インフォームドコンセントの原則を順守する」といったようにできるかできないかが明確に線引きできる項目を区分し，計 29 項目を 4

93　能力の測定といった時に，特にそれが学習成果としての能力だった場合，教育学の領域では学生が「何ができると思っているか」という自己認識の報告によるもの（間接評価）と「何ができるか」を客観的に評価したもの（直接評価）という 2 つの評価指標を用いて測定されることがある（松下 2014, 238 頁）。前者の典型例として教育学における溝上（2009），中原・溝上（2014）や心理学における楠見（2014, 2018）のような先行研究があるが，本書ではマーケティングという実学を取り扱っていることからも，被調査対象者の主観に左右される間接評価を採用する調査には懐疑的立場をとっている。ただし，大山・畑野（2023）に見られるように，その尺度開発の難しさは最新研究でも試行錯誤している状態であることが指摘できよう。

段階で測定している[94]。

前節で紹介したカツまぶしの場合，少人数のゼミという場での活動ということで，教員である筆者と学生双方が評価基準について話し合い，納得いく評価をつけることができた。しかし，ある程度人数が増えてきた場合，学生たちの全ての活動を教員が把握できるわけもなく（カツまぶしの場合，正規のゼミ以外の時間に集まって話し合う機会が数えきれないほど存在した），評価の難しさから逃れることはできない。特に主観的な評価ということになると，自己肯定感が影響を及ぼすことがあったり，好成績を得るためのテクニックに走ってしまう者が現れたりすることも考えられる[95]。

ここで1つ，抽象的ではあるが，評価にまつわる例をとりあげることにしよう。A・B・Cという3人の受講生がいるとする。A氏は3人の中で最も（筆記試験などを行った場合の情報量という意味での）成績は良いが，アイデアを出したりプレゼン資料をつくったり，チームでの意見をまとめたりするなどといった，活動への貢献度は低い。B氏はA氏よりは貢献度はあるがC氏ほどではない。ただし，3人の中で（情報量という意味での）成績においては最も

表6-1　PBLにおける評価のモデル事例

	成績（1回目）	成績（2回目）	活動への貢献度
A氏	80	85	低
B氏	70	80	中
C氏	60	65	高

出所：筆者作成。

94　ただし，小野・松下（2015）が紹介している事例は，評価を学生自身で行っているため完全に客観的な評価だとは言い難い。とはいえ，当該講義受講生の歯科衛生士国家試験及び社会福祉士国家試験の合格率を確認するかたちで一種の追試が行われていることからも単なる主観的な評価ではないことが認められる。

95　もちろん，本書のテーマにしている問題解決能力を成績指標にするなら，このような数値化が困難であることはいうまでもない。特にマーケティング教育においては，唯一の問題解決方法が存在するなどと仮定することはできないからである。とはいえ，理系学問においても，齊藤（2016）が議論しているように，我々が思っている以上に答えの多様性は認められているようだ。一方，比較的客観的成績が指標化しやすいことが考えられる簿記の分野では，ビジネスゲームというかたちではあるが，PBLを用いることによって成績が伸びることを検証した研究がある（田中・藤野 2015）。

成長したことが分かる。C氏は非常に活動に貢献したが，残念ながら成績では3人中最下位である。

活動に関係なく成績評価をするというのであれば，もちろん，A氏が一番良い成績をつけられるのだろう。一番分かりやすく，ある意味（結果の公平性という意味）では平等といえる。一方，PBLが問題を解決するプロセスを通した学習を目標にするのであれば，A氏よりもB氏の方が高い評価を得られるべきかもしれない（成績の伸びで評価する）。あるいは，多くのPBLで行われているような主観的評価を成績に持ち込むのであれば，客観的評価ではなく参加者（同士）の主観によってC氏が高い評価を得ることもあるかもしれない（たとえば，「チームに貢献した」といった理由で）。

商品化やコンテストの受賞といった指標を用いたPBL紛いや見せかけのPBLであれば，学生の納得感を考慮せずに済むなら，評価するのも簡単である。商品化できたり受賞できたりすれば高評価，できなければ低評価とすれば良いだけだ。しかし，繰り返しになるが，それではPBL本来の目的である活動を通した学びからは遠く離れたものになってしまうだろう。商品化を目標にするのであれば，たとえば企業側から出た意見をそのまま受け止め，自分たちのこだわりなどもたず，ただただ受動的・機械的に作業を行えば良い。しかしそれでは，問題に出合い，そこから学ぶというPBLの根幹が崩れてしまうことにもなりかねない。このようなPBL紛いや見せかけのPBLにならないことが重要である。

Ⅳ．どうすれば良いのか

PBLにおいては評価の難しさという課題を解決するのは困難であるものの，学びという目標がぶれることなく，学生が問題に直面し，それを解決しようと学習し続けることが求められるということが分かった。とはいえ，PBLは「同じ主題内容を学ぶにも，時間が多くかかってしまう」（Woods 1994, p. 17）。

もちろん，丹羽（2016）が岐阜大学医学部の事例として紹介しているように学部全体のカリキュラムとしてPBLが導入されるというのであれば，時間がかかるという問題は解決できるかもしれない。この点においては，学生が主体

図6-2　座学知獲得とPBLの関係

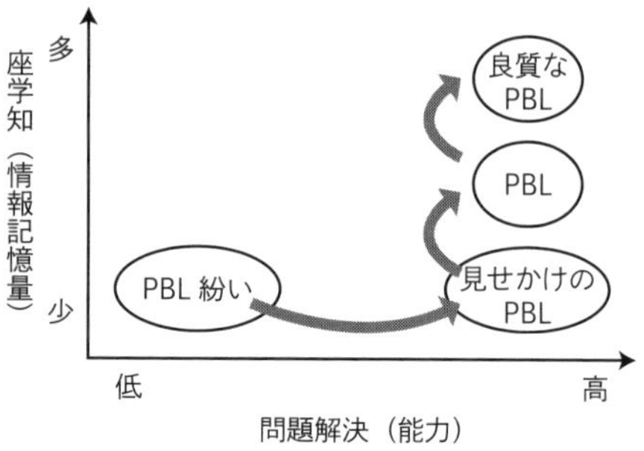

出所：筆者作成。

的・能動的・積極的に参加しなければ，講義自体が成立しなくなってしまうおそれすらあるケースメソッドと同じ課題をPBLも抱え続けることになろう。しかし，学生が主体的に学ぼうという意思さえあれば，ケースメソッドのように「切り取られた現実」よりも，よりリアルな現実に立脚した学びが可能になるのがPBLだといえる。

このPBLの関係を図式化したものが図6-2である。左下にある「PBL紛い」では，学生がそもそも問題に直面することすらしていない。そこから問題に直面し，解決することができれば，一見PBLとしては成立しているように思えるかもしれないが，そこには学習プロセスが存在しない。それではPBL本来の価値が損なわれてしまう。直面した問題を解決するために知識を獲得し，それを用いて問題を解決するというプロセスを繰り返すことによってはじめてPBLと言えるのである（図6-2においては図式の見やすさを意識して上方への曲線矢印の数を2つしか載せていないが，理想的には無数に存在しているべきである)。

大切なことは「いかに多くの問題・課題に直面し，いかにそこから学びを得るか，そのサイクルを何度も繰り返せるか」という点に尽きる。ここでは図の解像度の都合上，右側には3ステップしか描いていないが，これが何十，何百になっても良いということは言うまでもない。我々教員側の立場で考えるなら，学生たちにいかに多くの問題・課題に直面させるか，これに尽きる。ここでは我々は知識を提供するのでも答えを提示するのでもない。問題や課題自体を与えることが肝要だ。先のコンビニ弁当の事例では指導教員である筆者と提案先企業（サークルKサンクス）が学生に対して壁となって立ちふさがった。その壁が高ければ高いほど，多ければ多いほど，学生たちの学びは深まっていく。

この学びの深さを理解頂くために，次章では，具体的なPBLの事例をもう1つ紹介したい。これまでのマーケティング教育におけるPBLの実践紹介では，その記述があまりに限られたものであり，具体的な姿（特に，学生が直面する問題・課題）が描き切れてこなかった（髙橋 2014；後藤・河合 2016；小山 2016；羽藤他 2016；若林 2016；小澤 2017；後藤監修 2017；武市他 2017；佐野 2018；柴田他 2018）。そのため，PBLの実例を紹介すること自体にマーケティング教育学としての価値があると判断し，事例の紹介を行いたい。ここで紹介するのは中京大学坂田隆文ゼミが愛知県にある塗料製造中小企業である株式会社五合に対して行ったキャンププレートができるまでの様子である。繰り返しになるが，商品化したかどうかが問題なのではない。学生たちがどれだけの課題・問題に直面したのかがポイントである。章を改めよう。

第7章 PBLの実例

I．開始早々立ちはだかる壁

株式会社五合（愛知県春日井市，以下「五合」）が持つ特許技術「ゼロ・クリア」とは一言でいうと「水だけで汚れが落とせる塗料」であり，高温（約300度）で焼き付けることで主に金属類，磁器，ガラスなどに塗装できる100％無機塗料である。写真7-1にあるようにゼロ・クリア加工を施せば，油性マジックで描いた線すら水を流すだけで洗い落とすことができる。同塗料は，直火に弱い，完成品に塗装しないといけないといった制約はあるものの，

・抗菌効果や抗カビ効果が高い

写真7-1　ゼロ・クリアのコーティング技術

出所：五合社内資料。

図7-1　ゼロ・クリアによって汚れが取れるメカニズム

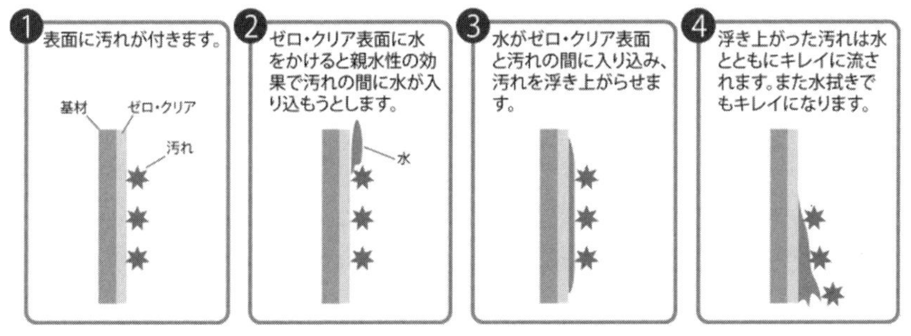

出所：五合社内資料。

・耐熱性が高く，雰囲気温度（炉内温度）500℃の耐熱性を有する
・高硬度による耐摩耗性が高く，鉛筆硬度9H以上の硬さで擦っても剝がれない

といった特長をもつ（図7-1）。

BtoBでしかゼロ・クリアを販売したことがない五合が中京大学総合政策学部坂田隆文ゼミと産学連携というかたちで活動を始めようとしたのは2020年度が始まる直前の2月26日，大学は春休み中のことであった。

4月7日，小川社長とその娘の登紀子氏が中京大学を訪問することによって産学連携活動がキックオフとなる説明会が開催される…，はずであった。しかし，新型コロナウイルス感染症（COVID-19）の拡大により大学の講義は延期，学外者の入構が禁止されるばかりか，学生すら大学へ通うことに制約をかけられることになった。このような中，本来であればゼロ・クリアに関する詳細な説明を小川社長・登紀子氏からゼミ生に行ってもらう予定であったにもかかわらず，ただただ時間が流れていくばかりであった。学生たちはそのような状況を打開すべく，「五合のホームページに載っている情報だけでもアイデアを出すことはできます」と言い出した。

そこで筆者は，（正確な情報が得られなかったとしても）五合のホームページに掲載されている情報をもとに，ゼロ・クリアを用いたBtoC商品を企画すべく，(1) 商品カテゴリー，(2) 商品名，(3) デザイン，(4) ターゲット，(5) 五合の技術がどのように使われているか，(6) 想定売価，(7) 何故その商品が良いと思ったのかの理由説明，という7点を検討するよう学生に指示した。

そこでは各学生が3～4程度の案に対して上記の7点を伝えるという作業を行った。たとえば学生が提案した「物干し竿」の場合，「物干し竿は，風に乗ってホコリや，黄砂，排気ガス，時には鳥のフン等様々な汚れがついている。しかし，その汚れは気づきにくく，せっかく洗った服に砂ぼこりや汚れがついて初めて物干し竿自体の汚れに気づくということが多い。この汚れを気にしている人でも，わざわざ物干し竿を定期的に拭くのはめんどくさいと思っている人のほうが多いと思う」という説明と「物干し竿の汚れを拭くのが面倒だと思っている人」というターゲット設定が行われたという具合にである。しかし，この案に対しては「物干し竿を購入するマーケットがどれくらいあるのかが分からない」，「販路も全くイメージが湧かない。また，競合商品がどれだけあるのか，そもそも物干し竿の製造に関する情報が（五合・学生双方に）あまりに乏しい」という指摘を受けた。

あるいは「ネックレスチェーン」という提案の場合，ゼロ・クリアを用いる理由として「自分の皮脂によってくすんでしまっているのが誰かに見られたりしたら恥ずかしい，また，大事なネックレスならそうなったときに残念に思う。そこで，本来薬品を使って落とすものを水で簡単に洗い流しても錆びないというのがいいのではないかと思った」といったように，学生らしい率直なアイデアが出されている。一方でこれに対する五合のコメントは「アクセサリーそのものではなくチェーンに目を付けたところは面白い。しかし，ネックレスのチェーンだけのニーズがどれだけあるのか，五合という会社が販売することで売れそうか，ゼロ・クリアのコーティング加工を行って高額になった商品が100均商品に勝てるのかといった疑問が残る。また，人の肌に直接ふれるものなので，アレルギー試験などのテストが必要」というものであった。

これらの提案・コメントのやりとりから分かったことは，十分な意思疎通が行われない状態では，技術や塗装工程，中小企業あるいはBtoB企業ならではの制約といったものに対する理解が乏しい学生と，製造・販売を実際に行う企業とでは，想定される企画の方向性が異なるということであった。

ホームページの閲覧やメールでのやりとりだけでは五合の技術（作業工程，

長短所，コスト，制約など）や初めて手掛けるBtoC商品にかける想いが学生に適切に伝わらないことが痛感され，五合・坂田ゼミ双方が活動の方向性を見失いそうになっており，産学連携活動自体の継続も危ぶまれていた。

新年度に入っても入学式や新入生ガイダンスは中止，講義開始の目途も立たず，中京大学ではオンライン講義の準備（ZOOMやGoogle Meetといったツールの契約・導入）も進んでいなかったことから，ゼミ活動自体が散発的なメールでしか継続できずにいた（そもそも大学の公式スケジュール上ではゼミは開講されていなかった）。4月に入ってから徐々に大学の基本方針が定まりつつあり，ゴールデンウィーク明けに全学的に講義を始動する，ただし，講義は全面的に対面でのものを禁止するということが決まった。このため，当時の五合と筆者とのやりとりの中にはCOVID-19が治まるまでは無期限で活動を中止するか否かの議論も交わされたこともあった。

世の中では徐々に「オンライン」,「テレワーク」,「ウェビナー」といった言葉が広まりつつあった5月15日，14時からようやくZOOMで五合と坂田ゼミ生との打ち合わせが開催された。同日の打ち合わせによって学生たちは五合が有する技術の特徴を詳しく説明され，小川社長・登紀子氏が今回の産学連携活動にかける想いをようやく聞くことができた。しかし，コロナ禍における大学のルール上，五合に直接出向いて作業工程を見学することがかなわなかったことから（また，作業工程を紹介するような動画の類を五合が準備していなかったことから），学生はゼロ・クリアにまつわる様々な制約を理解できずにいた。そこで学生たちは,「まずは玉石混交になってもいいから，ゼロ・クリアを使えそうな新商品のアイデアを思いつく限り出してみよう」と考えるに至った。

結果，この活動に参加した13人の学生たちから計3,139個のアイデアが寄せられた。まさに玉石混交とはいえ，分からないだらけなのだからこそ量で勝負するという姿勢をもったのである。しかし実際に3,139個のアイデアの中身を見てみると，

・技術的に実現可能性が低い
・想定ユーザーが見えない
・要するコストのわりに収益性が見込めない

・商品の特徴が分かりにくい
・ゼロ・クリアの効果を活かしきれていない
・競合に勝てるという説得力に欠ける
・市場ニーズが見えない
・チャネルが確保できそうにない
・価格設定が非現実的なものになってしまう

といった問題点が続々と挙げられた。まさに石ころだらけのアイデアだったのである[96]。

その事実から分かることは，現場経験のない学生は技術的制約や競合に対する優位性，コストといった，企画を行う上で外せない要素を考える力ももっていないということである。特に技術的制約に関しては，本来であれば工場見学を通して学習できた可能性もあったのであるが，COVID-19という特殊事情によって，（少なくとも学生にとっては）解決できない課題として圧し掛かることになってしまった。

そこで学生たちは，そもそも五合がBtoC商品を製造するとはどういうことかを考え直したうえで，以下の4つの作業を行った。それは第一に，ゼロ・クリア加工の技術的制約がどこにあるのかを五合ホームページやオンラインでの五合とのやりとりを通して学習し直すという作業である。第二に，水だけで汚れが落ちる特許技術というものがいかなる価値をもつのかを考え直すという作業である。これは，徹底的にユーザー目線で考えることで，学生が企画する意味を持たせることにした。第三に，100%無機塗料で自然環境にやさしいことがどのような市場ニーズと合致するのかについて検討することである。本来であれば様々なところに出向いてヒアリングをするといった方法もあったのであるが，コロナ禍で動きが制限されている（少なくとも，ゼミの正式な活動としては禁じられている）こともあり，インターネットでの情報収集に努めた。第

96　当時のことを振り返りゼミ生の一人は「立案しては坂田教授に跳ね返され，の繰り返しで学生側も心が折れる寸前。『夜な夜なゼミ生同士で電話して励まし合っていた』」（『日経ビジネス電子版』2021年8月6日）とも述べている。この参加学生のモチベーションという問題は，マーケティング課題とは異なるかたちとはいえ随所で露呈することもあり，PBLにおいては非常に重要なポイントといえる。

四に，産学連携活動によってBtoC商品が生まれれば五合にどのような結果をもたらすのかを考えてみるという作業である。この4つ目に限っては，活動の後半まで考え続けることにした。

Ⅱ．企画を具体化させる中での学習

3,139個の企画の種をもった状態で先の4つの作業を行った結果，キャンププレートの企画を具体化していこうという話になった。キャンププレートならばエコやSDGsといった昨今話題を集めている商品カテゴリーといえるし，キャンプブームも訪れている。それにもともと五合が取引をしている新潟県燕市の食器メーカーからプレートを仕入れ（それが可能であることは活動中盤のやりとりで学生たちが知ることになった），それに加工をしたかたちで「五合の商品」として販売できるし，高温でコーティングを行うことにも何の問題もない。さらには，実際にキャンププレートを「五合の商品」として発売することができれば，環境に優しい商品を扱う企業として五合の技術力を社会的にアピールすることにもつながるに違いない。こうしてキャンププレートを企画するという方向性が固まった。7月上旬のことであった。

提案商品がキャンププレートに決まったことで学生たちが最初に行ったのは市場規模の調査だった。テレビや雑誌などのメディアではキャンプに関する話題が出ていることは体感的には分かっていたが，学生の中でキャンプを実際に行っているという者はおらず，キャンプに関する情報は散発的にメディアからしか得ることができていなかったため，自分たちが提案しようとする企画を納得感のあるものにするためには実際の市場規模がどの程度なのかを数値化することが必要だと考えたのである。とはいえ，実際にキャンプ場に出向いてヒアリングを行ったり，自分たち自身がキャンプを行うということはできない（繰り返しになるが，当時はゼミの公的な活動として学外で人に接するということが認められていなかった）。そこで，キャンプ関係のデータ類をインターネットで探すという作業に徹することとした。

すると，様々なキャンプ関連情報を扱う一般財団法人日本オートキャンプ協会によるオートキャンプ参加人口の推移というデータが見つかった（次頁図

図7-2　オートキャンプ参加人口の推移

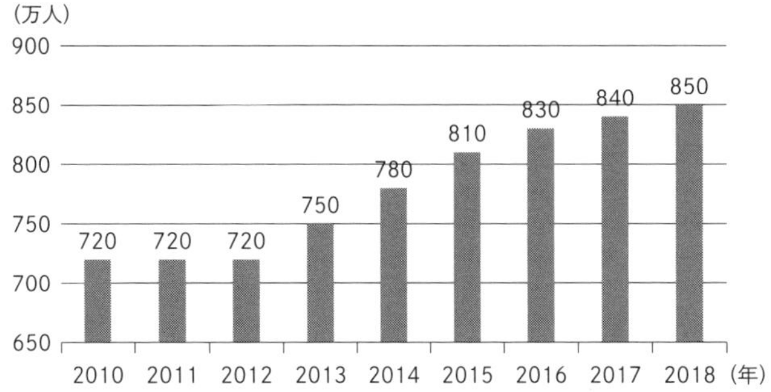

年	2010	2011	2012	2013	2014	2015	2016	2017	2018
参加人口（万人）	720	720	720	750	780	810	830	840	850

出所：日本オートキャンプ協会。

7-2)。このデータを見る限り，キャンプ人口は近年順調に推移しているということがいえそうである。つまり，市場規模としては今後も拡大していくことがデータからもいえそうだと判断した。

これと並行して学生たちは，SNSを駆使してキャンパーを中心に320人に五合の技術に関する調査を行った。具体的には，ゼロ・クリアコーティングによる効果を説明したうえで，五合が製作したキャンププレートなら欲しいと思えるかどうかに関する調査を実施した。調査結果は「かなり試してみたい」，「試してみたい」，「分からない」，「あまり関心がない」，「関心がない」という5段階で回答してもらえるようにし，五合のキャンププレートに対するニーズを明らかにしようと試みた。結果，「かなり試してみたい」と「試してみたい」という好意的な回答が合計83.2%となり，市場ニーズに見込みが持てるということが明らかになった（図7-3)。

この頃，五合では新潟県の食器メーカーとキャンププレートの製造に関する打ち合わせを進めており，学生のアンケート調査からキャンププレートの製造・販売に対する自信を強めていっていた[97]。キャンププレートをどのような

97　ただし，ゼロ・クリア技術を用いたキャンププレートの製作自体が簡単にできたというわけではない。当時の試作品（約100個）では，その9割が品質基準をクリアすることができず「不良品」という結果になり，小川登紀子氏は「もうやめてしまいたい！と思った」(Earth Gear公式Instagram，2021年7月23日）という。産学連携活動において学生側だけでなく企業側にも課題解決能力が求めれることの証左である。

図 7-3　坂田ゼミ生によるキャンパー調査

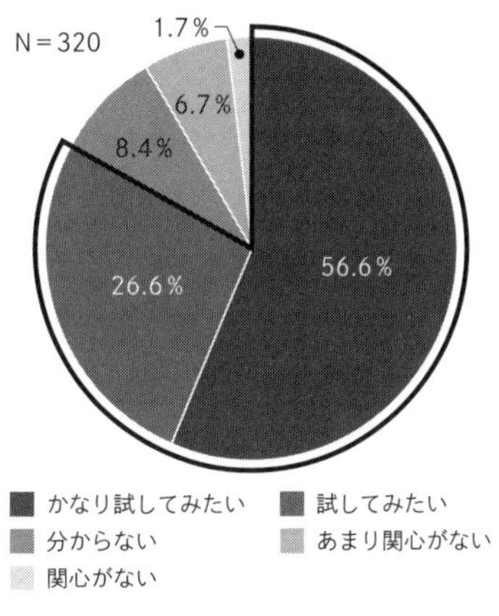

出所：坂田ゼミ生による調査。

形状にするのかに関する考察は食器メーカーに任せることにし，学生たちの作業は２つに集約された。それは第一に，五合が 100 均で購入した皿にゼロ・クリアをコーティングし，サンプル品を学生に配布し，学生たちが実際に食事で利用することで感想を挙げるということである。この時の感想にはゼロ・クリアの効果をはっきりと示す好意的なものもあれば，「水につけるだけでは汚れが落ちず，水で洗い流すことが必須だと感じた」，「水だけで汚れを落とせるが想定よりもかなり強い水圧が必要だった」，「簡単には傷はつかなかったが，金属製のものと擦れた際に多少の傷がついた」といった，後にプロモーションを行う際にポイントになる点もいくつか指摘された。

２つめの作業はゼロ・クリアでコーティングされたキャンププレートのネーミング案を出すことであった。学生たちは一人 100 個のネーミング案を出し，合計約 1,300 案が集まった。このネーミング案の中には「水面に水滴が落ちたとき波紋が広がっていくように，五合の環境への思いが世の中に広まっていく様子も連想でき」，「五合のコーポレートマーク（写真 7-2）が水が水面（みなも）に落ちたときの水紋に見える」という理由から「みなも」という手応えのあるネーミングもあれ

写真 7-2　五合社章

出所：五合。

ば，「なくなるーん」や「よごれんがや」という商品特長をそのまま使った思い付きレベルのものまで，玉石混交のものであった。

その中から「水だけで汚れが落ちるから環境にやさしい」，「100％無機コーティングであるため人体・環境に対して有害な有機溶剤を一切使用しない」という商品コンセプトを最も伝えられる商品名として「Earth Gear」という名前が選ばれた（後に商標登録取得）。商品名選考過程において学生たちからは，この商品名を検討するにあたり「自然や人類の未来を守るという地球にとって大変価値ある商品であるため，地球の未来にとって欠かせないキャンプギア商品であると考えた」，「人間が地球の未来について深く考えられるよう，地球と人間をつなぐ歯車（ギア）の役割も担っているという思いも込めた」という意見も添えられていた。

製造・販売する商品は水だけで汚れが落ちるキャンププレートに決まった。サンプル品を実際に使うことで商品そのものや PR 方法への課題も見えてきた。商品名も「Earth Gear」に決まった。この時点でエコや SDGs といった話題性ももてそうだという感触はあった。しかし，せっかく産学連携で出来上がった商品であるからには，それを購入者に伝えるための工夫があった方が良いだろう。そう考えた学生たちからは「自分たち（学生たち）が作ったメッセージカードを添えることで購入者に産学連携であるということが伝わりやす

写真 7-3　メッセージカード失敗例

出所：坂田隆文ゼミ生制作。

くなるのではないか」という意見が出てきた。

そこで，実際に発送する段になってから商品に同報されるメッセージカードを作成すべく，作業に取り掛かった。商品が購入者の手元に届いた時に Earth Gear 公式 Instagram（2020 年 10 月 21 日開設）にアクセスしてもらいフォロワーになってもらえれば，購入者同士で使用場面の画像を共有できるだろうと考え，学生が作ったカードには公式 Instagram の QR コードをつけた。また，坂田ゼミ生が運営しているホームページへのアクセス用 QR コードもつけることにより，産学連携を全面的に押し出すことを試みた[98]。

メッセージカードにはこれらの狙いがあったものの，出来上がった現物はパワーポイントを用いて商品説明と学生たちからの挨拶を記したものであり，無

写真 7-4　メッセージカード例

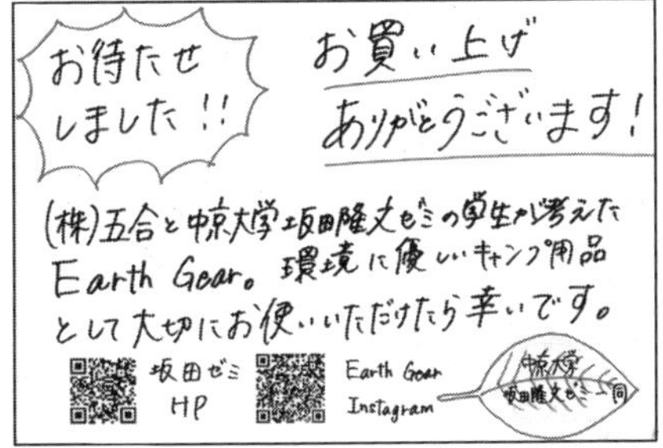

出所：坂田隆文ゼミ生制作。

98　Earth Gear 公式 Instagram（https://www.instagram.com/earthgear_japan/），中京大学総合政策学部坂田隆文ゼミホームページ（http://www.sakataseminar.jp/）。

機質で何ら学生らしさがなく，五合からは「これなら学生さんに作ってもらう必要がない」といわれるものであった（前々頁写真7-3）。

学生たちにしてみれば商品に同封される以上「しっかりしたもの」を作らねばならないと考えたそうであるが，それが結果的に「学生らしさ」を奪い，五合にしてみれば「産学連携活動での学生の存在意義」を損ねるものと映ったという。

そこで学生たちは改めて，学生たちが商品企画に関わったということを全面に押し出した，手作り感溢れるメッセージカードを作成することにこだわった。QRコードを除いて全て手書きで作成し，稚拙ながらもイラストを添え，学生らしさに徹底的にこだわったメッセージカードを合計10枚，ランダムに商品に入れられるようにした。それは購入者の中には家族用などで複数購入する人もいるからという理由から「色んなメッセージカードが入っていれば，それだけ自分たちの感謝の気持ちが伝わるのではないか」という学生の発言からであった（前頁写真7-4）。

Ⅲ．発売後も繰り返される学び

キャンププレート「Earth Gear」が製作・発売されることになった。しかし，(1) 五合はキャンプ用品を初めて取り扱う，(2) そもそも無名の会社である，(3) 販路があるわけでもない，(4) 商品特性・特許技術の特長が伝わり切るか分からない，といった不安を残したままであった。そこで五合はネット上で商品特長を伝えやすく，結果的に受注生産のかたちをとるため大量生産に踏み切ることのリスクを避けられ，販路としても利用できることから，クラウドファウンディング「Makuake」での販売を行うべく同サイトを運営する（株）マクアケと交渉を進めていった。

マクアケとの交渉の場に学生の出る幕はない。そこで学生たちは，発売前から公式Instagramで商品に関する発信を徐々に行うこととした（写真7-5)。ここでの発信内容は「産学連携」というものが最も多く，「学生たちが考えた企画である」ということを強調するために学生たちにそれが分かる写真の提供を求めた。具体的には，産学連携で生まれた商品であるということを一層周知すべく，学生たちからのメッセージ画像を10回分，順次掲載していくこととした（写真7-6）。このメッセージ画像ではEarth Gearのお勧めポイント，活動で大変だったこと，ゼミの紹介，学生からの五合へのメッセージ，学生から閲覧者へのメッセージを掲載し，学生発の商品であることを強調していった。

しかしこの学生画像においても，当初学生たちが撮影した画像では「写り方」を全く考慮せずメッセージが読みづらいものであったり，手に持っている用紙が（鞄の中に無造作に保管していたことから）くしゃくしゃになったものであったりと，五合から「これじゃ，現状Earth Gearの唯一のオフィシャルサイトともいえるInstagramに載せられるものではありません。会社名に傷がつくような画像は遠慮頂きたい」といわれるものであった（次頁写真7-7）。

その後Makuakeでの販売が決定してからは「エコ」（水だけで汚れが落ちるため，洗剤を使わなくても良く，環境に優しい）と「産学連携」を押し出したかたちでのPRを強調していった（次頁写真7-8）。とはいえ，これまでBtoC商品を扱ったことがない五合としては販促費をかけるという発想がなく，また，そもそも販促方法に関するノウハウをもっておらず，Earth Gearの販促はといえば，公式Instagramのフォロワーを増やすために学生たちに周

写真7-5　発売前の公式Instagram

出所：Earth Gear公式Instagram。

写真7-6
公式Instagramによる学生からの告知

出所：Earth Gear公式Instagram。

写真 7-7　Instagram 画像の失敗例と成功例

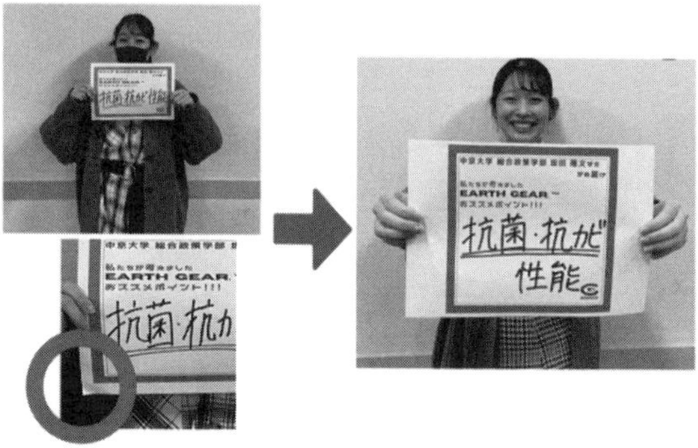

出所：坂田隆文ゼミ生提供を基に筆者作成。

知してもらうことくらいしかできなかった。また，Makuake でも発売直後こそは注目を集めるもののそれ以降は徐々に注目度も下がっていく傾向にあるため，「エコ」（と SDGs）や「産学連携」といったキーワードで地道に発信していくしかなかった。

たとえば，筆者の働きかけで大学ジャーナルオンライン（https://univ-journal.jp/60739/）において「中京大学坂田ゼミが BtoB 企業の特許技術を

写真 7-8　Earth Gear の発売告知画像

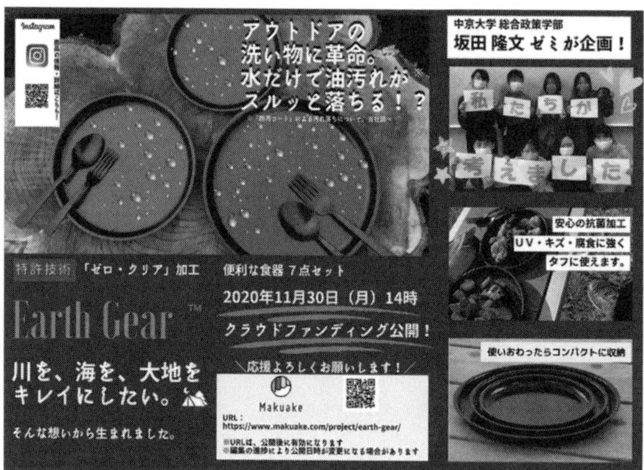

出所：五合。

使ったBtoC商品を企画，販売へ」というタイトルでEarth Gearの販売が予告されたのもその1つである。また，結果次第では話題につながるのではないかとの思いで坂田ゼミ生たちは起業家育成プロジェクト“Tongali”主催「アイデアピッチコンテスト」へ参加（11月15日）し，優秀賞とSMBC日興証券賞を受賞するに至った。この活動は後に中部経済新聞（2021年3月26日付）で五合の名前とともにとりあげられることになった。

写真 7-9　Earth Gear ロゴ

出所：五合。

さらに，発売後もEarth Gearのロゴをデザイン会社に依頼し，13案の中から学生の意見で最終版が選ばれるという作業が行われた（写真7–9）。また，商品を梱包するパッケージにおいても，学生たちなりに拘りをもって多数の案を出し，その中から「円柱形の段ボールの箱にすれば見た目からインパクトが出る」といった意見が出たものの，五合から「パッケージに金をかけるのは現実的ではない」と批判されるに至り，シンプルながらも「エコ」と「産学連携」をPRするデザイン案が採用された（写真7–10）。

その後も名古屋市内の東急ハンズに小川登紀子氏と学生とで営業に赴いて，学生たちが商品に込めた想いを拙いながらも売り場店員に伝えることで商品を陳列してもらう働きかけを行い，東急ハンズの担当者から「君たちの話はとに

写真 7-10　Earth Gear パッケージアイデアと成果

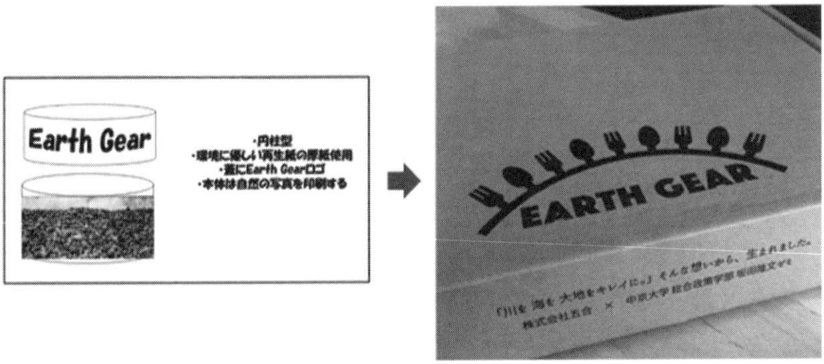

出所：坂田隆文ゼミ生提供を基に筆者作成。

かく熱意が込められていて，『商売っ気』が感じられないのが良い」と評され実際に陳列に至ったといったように，産学連携による BtoC 商品企画の試行錯誤は続いていた。

Ⅳ．本章の事例から分かること

前章で単なる産学連携活動を行うだけでは PBL 紛いや見せかけの PBL に陥ってしまう可能性があることを指摘した。本章で取り扱った五合と坂田ゼミとの産学連携活動においても，見せかけの PBL に陥ってしまいかねない場面は随所で見られる。たとえば COVID–19 のまん延によってリアルな現場に赴けないことが分かって早々，学生たちが物干し竿やネックレスチェーンのアイデアを出してそれで活動を終えるということも起こりえた（というよりも，現実的にはそれが妥当なのではないかという意見も五合と指導教員である筆者との間で幾度となく交わされていた）。しかし，「もっとできることはないか」，「他にやれることがあるはずだ」と学生が考えることにより，入手できる情報からだけでもアイデアを出し尽くそうとして 13 人で 3,139 個のアイデアの種を出してみたというのは，直面する課題を自分たちなりに解決しようとしたことの表れであったといえよう。

あるいは，提案商品がキャンププレートと定まって以降の市場調査も，COVID–19 によってリアルな現場（キャンプ場やキャンプ用品店）に出向くことができない中で，より納得感のある提案にするための情報を収集した。さらには発売後のことを考えて「学生ならでは」ということを全面に出したメッセージカードを自分たちで用意した。そしてそれらの活動の中で本書では描き切れなかったことも含め様々な試行錯誤を繰り返すことができた。

ここで肝心なことは，（冗長であるのを覚悟の上で繰り返すが）実際に商品化できたということにない。また，Makuake での販売が目標の 1,324％に到達したということでもビジネスプランコンテストで受賞した（起業家育成プロジェクト“Tongali”主催「アイデアピッチコンテスト」で優秀賞，SMBC 日興証券賞を受賞）ことでもメディアで学生の活動が取り上げられたことでもない[99]。学生たちが課題に直面し，その課題を解決するための努力をし，その努力の中から学びを得たというサイクルを次々とまわしていったことにある。それは思い付きの提案を行ってそれで終わりというわけではないこと。提案の説得力を高めるために時にはデータをもとにした論理性が求められるのだということ。あるいは写真 7-7 の Instagram 画像の写真一枚からですら，マーケティングにおけるプロモーションの大切さというものを学べたであろう。さらには写真 7-10 のパッケージからだけでも，商品化で実際に検討せねばならないコストという問題を学べたのであろう。それは PBL 紛いや見せかけの PBL からでは得られないかけがえのないものであったはずである。

とはいえ，PBL においては設定された課題以上のコミットメントが難しいのもまた事実である。たとえば，11 月 30 日の Makuake での発売直後に注文が入ったにもかかわらず，五合が受注生産というかたちにこだわってしまったが故に生産が後回しにされ，「受注即配送」というかたちをとれなかったことなどは，その最たる例であろう。学生が行ったのは商品企画とプロモーション立案（一部実施）に限られており，製造・生産には着手していない。そのため，11 月 30 日以前に生産が行われており受注即発送というプロセスをとっていたならば，12 月上旬には購入者の手元に届き，その購入者が Instagram や Twitter といった SNS で情報を発信してくれ，それが次の購入者につながったという好循環も起こりえた（実際，購入者の大半が後日 SNS に Earth Gear を掲載してくれていたのは確認済みである）。しかし実際には，発注者の手元に商品が届いたのは 3 か月近く経った，Makuake での販売を終えた後になってからであった。この事例などは，PBL で設定された課題以外については検

99　Earth Gear 関連で受けた取材としては，以下のものがある。『中日新聞』（「洗剤いらずのキャンプ用食器」2020 年 12 月 3 日付），CBC ラジオ『北野誠のズバリ』（「学生企画のアウトドア食器」2021 年 4 月 26 日放送），中京テレビ『キャッチ！』（商品紹介，2021 年 5 月 6 日放送），TBS『ラヴィット！』（商品紹介，2021 年 5 月 27 日放送），『日経ビジネス（電子版）』（「『水だけで汚れゼロ』の食器，学生が広げた販路と共感の輪」2021 年 8 月 6 日），『日経ビジネス（本誌）』（「隠れた技術広げた学生の熱意」2021 年 8 月 16 日付），CBC テレビ『Future Voice』（商品紹介，2021 年 8 月 31 日），『日本経済新聞』（「中小，知財ミックスで稼ぐ」2012 年 9 月 17 日付），関西テレビ『スローでイージーなルーティンで』（商品紹介，2021 年 9 月 27 日放送），テレビ愛知『お宝ちゃん』（商品紹介，2021 年 10 月 8 日放送），TBS ラジオ『森本毅郎　スタンバイ』（商品紹介，2021 年 10 月 21 日放送），NHK『おはよう日本』（商品紹介，2021 年 12 月 15 日放送），名古屋商工会議所『NAGOYA』（「産学連携を成功に導くポイント」2022 年 1 月号）。

討されない／できないというPBLの限界を指し示している。

また，五合のホームページはそれまでにも存在していたもののEarth Gearのサイトは事前に用意されておらず（後に2021年3月13日開設），Makuakeでの販売期間が終了してからしばらくの間，新規購入希望者が購入できるルートは存在しなかった。実際，InstagramなどではMakuakeでの購入者がEarth Gearを手にした後に「これ，いい。もうワンセット買いたいのに，どうすればいいか分からない」といった書き込みをしていたこともあり，販売機会を逸したことは否めない。これも学生が着手できる話ではなく，PBLが「設定された課題の中でしか学びを得にくい」ことの証左であろう[100]。

そもそも学生たちはいずれ大学を卒業していくものである。一方，産学連携活動を通してできた商品は学生の卒業後も継続して販売され続ける（こともある）。すると，PBLによる学びというのも大学生活の（あるいはゼミ活動の）一部でなされるものでしかなく，数年単位の長期的な活動ができるわけもない。それにもかかわらず学生たちが「自分たちの手で商品ができた」と喜んでしまっているだけでは，どれほど学びがあろうと「PBL紛い」や「見せかけのPBL」と大差ないことになってしまう。

もちろん，本書が問題としている大学におけるマーケティング教育において，この限界は超えようのないものである。しかし，どれほどコミットメントしようが限られた現実の中でしか活動できていないのだという点や，卒業（あるいは活動の終了）という時間的区切りが存在するという点を教員側が意識できなくては（あるいは学生に念入りに伝えられなくては），PBLが見せかけのものに陥ってしまうリスクをはらんでいるということはいくら強調しても強調しすぎることはない。この点については次章で「マーケティングの身体化」というかたちで検討することにしよう。

100　もちろん，ここで議論しているように学生を「課題を与えられる存在」という受動的な存在とみなすのではなく，「自ら課題を見出していく存在」という能動的な存在と捉えたならば議論は異なってくる。たとえばEarth GearのECサイトを（もちろん，許可を得たうえで）自ら立ち上げる学生が存在してもおかしくないだろう。しかしそうすると，教員側がPBL活動をどこまでどのようにコントロールするのかという問題が生じてくるというジレンマがあるのもまた事実である。

第8章 マーケティングの身体化とメタ問題発見

Ⅰ．マーケティング教育3類型のまとめ

本書ではこれまでにマーケティング講義を座学（大規模教室における講義），ケースメソッド，PBL（課題解決型学習）という3つに分類して議論してきた。この3類型でそれぞれ議論してきたことを振り返ってみると，第2・3章を通して座学に関して議論したことは7つある。それは第一に，学生は誤ったマーケティング・スキーマを有している可能性があるということである。マーケティングに出てくる概念は日常生活の中でも（専門的な意味とは異なるかたちで）用いられることがあり，それが講義受講以前に誤ったかたちで有されてしまうと，その確認や修正に時間を有することもあるということを指摘した。そのうえで第二に，講義を受ける学生の圧倒的多数に実務経験がなく，学生は消費者の立場でしか講義を受けられないことを指摘した。そして第三に，その消費者としての学生は「消費可能な代替財の構造」があるが故に，私的・個人的な方向での消費パターンへと向かい，そのため，マーケティング・スキーマがますます多種多様なものになってしまうことを指摘した。そして第四に，学生に講義を行う目的は単なる情報の伝達ではなく知識の提供であることと，知識とは「役立つ情報」であることを理論的に説明した。そのうえで第五に，知識の記憶という基準と問題解決能力という2つの評価基準をもつことがマーケティング教育において有用であることを指摘した。第六に，2軸の評価基準をもったなら学生の成長プロセスにも2パターン存在しうるということを説明した。そして第七に，大規模教室でマーケティングを講義しようと思ったなら，

概念や理論，フレームワークといった知識（あるいは情報）の一方的な伝達ではなく，マーケティング課題にまつわる「問いかけ」を与え続けることが重要であることを強調した。

次に第4・5章で議論したケースメソッドに関して議論したことは5つある。それは第一に，ケースメソッドに関する既存研究で指摘されているケースメソッドの特徴をまとめる作業を行った。第二に，具体的なショートケースを用いて，ケースメソッドの陥穽について議論した。第三に，セオリーづくりやセオリーの相対化を含めた効果的なケースメソッドを行うためには，ケースメソッドはそれ単体で行われるべきではなく，座学知との相補関係の中で行われるべきであることを指摘した。第四に，ケースメソッドで用いられるケースとは，ケース執筆者によって切り取られた現実なのであるということを論じた。そのため第五に，座学知とケースメソッドの相補関係は単数あるいは少数の結びつきではなく，何度も繰り返し行きつ戻りつすることが重要であることを指摘した。

第6・7章で議論したPBL（課題解決型学習）に関して議論したことは5つある。それは第一に，既存研究をもとにPBLの概略について説明した。第二に，そのPBLには産学連携における商品化やビジネスプランコンテストにおける受賞といった形式的な結果だけを求めた「PBL紛い」や「見せかけのPBL」も存在することを指摘した。そのうえで第三に，PBL紛いや見せかけのPBLにならないようにするためには，学生たちに絶えず課題・問題に直面させ，学生たちがその課題・問題を克服するために学習し続けることが重要であるということを繰り返し強調した。第四に，PBLにおいてはその取り組みが巧くいけばいくほど，学生たちは現実のマーケティング課題・問題に次々と直面することがあるということを具体的な事例を用いて説明した。第五に，とはいえ，学生はあくまで外部者（企業の外にいる存在）であるため，いくら現実の課題・問題に直面するといっても，設定された課題・問題の中でしか学びが得られないという点を指摘した。

次頁表8-1は本書第1章で掲載されたマーケティング教育3類型の区分をここまでの議論を通して加筆したものである。ここまでの議論で，それぞれの特徴をもったマーケティング教育3類型において，学生はリアルな現場を経験し

表 8-1　マーケティング論における主要講義タイプの区分（表 1-4 加筆版）

	座学	ケースメソッド	PBL
テキスト	あり	一部あり	なし
伝達情報	テキストの内容	ケース内で発生するイベント	達成課題
期待獲得知識	理論，概念，フレームワークなど	選択の理由（意思決定）	経験
知識の取得様式	読解，記憶	議論	体験
達成課題	知識定着度	意思決定モデルの取得	問題解決経験
直面するマーケティング課題のリアリティ	なし（あったとしても，口頭あるいは投影された画像・動画）	ケース執筆者（あるいは教員）によって切り取られた「現実」	活動の中で企業外から関われる範囲内での「現実」
学生の学びにリアリティを持たせるための教員の役目	問いの投げかけ	切り取られた現実を用いながらの座学知との架橋	学生に課題・問題に繰り返し直面させる

出所：坂田他（2023）をもとに筆者作成。

たことがない（すなわち，実務経験がない）以上，マーケティングにおけるリアリティを講義内でどのように体現させるかという点に３手法の特徴の違いが見られることが分かった。大規模教室においては教員が知りうるリアリティとの懸け橋になるような「問いかけ」というかたちでそれを行う。ケースメソッドではケース執筆者（あるいは，それを用いて講義しようとするケース使用者である教員）によって切り取られてはいるものの，机上の（紙上の）現実に直面させることができる。PBL においては（学生はあくまで社外に位置する存在である以上）全ての現実に直面するということはできないものの，様々な活動において可能な限り現実に生じる課題・問題に直面させることもできる[101]。

するとここまでの議論で浮き彫りにされたように，マーケティング教育を検討する際のポイントとして，リアリティや現実のマーケティング課題にまつわる経験という話が出てくる。確かに，そもそもマーケティングとはリアルな（具体的な，触れることができる，目に見える）モノを扱った学問である。マーケティング論の基本中の基本であるマーケティング・ミックスという概念

101　ただし，PBL においては教員が問いを投げかけるだけではなく，教員が現実を切り取るわけでもないことから，学生が直面する課題がマーケティングとは関係ないものにまで拡張されることもある。この点に関しては教員の PBL 運営スキルが求められることが否定できない。

で示される商品，価格，流通，販促という4要素を持ち出すまでもなく，触ったり，目で見たり，訪れたり，写真・動画に撮ったりすることができるリアリティこそがマーケティングという学問の醍醐味でもあることは本書冒頭から徹頭徹尾言及していることである。だからこそマーケティングを「実学」と称することを多くの大学が抵抗なく受け入れているのだろう（O'Brien and Kenneth 1995）。

ここで学生がマーケティングを机上の学問としてだけでなくリアルな現実として受け止めることを「マーケティングの身体化（Embodied Marketing）」と名付けたなら，マーケティングを教えるとはこのマーケティングの身体化という問題を我々がどのように考えるのかということが争点となる。第2章でデータとともに示したように，日本の大学における学生の圧倒的多数は実務経験などなく，リアルな意味でのマーケティングにほんの少しでも触れるとすれば，それはアルバイトやインターンシップといった極めて断片的なものか，あるいは消費者の立場からでしかない。つまり，マーケティングの身体化がいたって断面的なかたちでしか行われておらず，マーケティング教育においては，一方でリアリティを求めながら，他方ではそれが叶わないというジレンマを負っているのである。

医歯薬学や看護学といった医療系学問であれば臨床の場でまさにリアリティに触れることができるだろう[102]。スポーツ科学であれば実技というかたちで，教育学や農学，水産学，情報学，栄養学といった学問であれば実習というかたちでリアリティの場に立つこともできよう。また，工学や化学，建築学をはじめとする理系学問であれば実験というかたちで（意図的に切り取られた一部とはいえ）リアリティのある研究対象を相手に学ぶこともできる。臨床でも実技でも実習でも実験でもなく，講義中の問いかけや疑似体験というかたちでしかリアリティに触れることができないマーケティングという学問の教育をいかに

102　ただし，臨床を最も重視してきた分野ともいえる医療の分野において，1990年頃より現場よりも客観データを重視した姿勢が生まれてきたことを無視することはできない（Guyatt 1991）。そこでは目の前にある一事例（の積み重ね）よりも，（たとえネット情報だろうが）多数の事例が積み重ねられた客観的・科学的根拠を重視する姿勢が求められており，リアリティとは物理的なものに限らないというスタンスがとられている。

行えば良いか。この問題を考えるヒントとして，大学卒業後の学生（卒業生）の姿を確認すべく，節を改めよう。

Ⅱ．マーケティング教育におけるジレンマを超えて

学部時代（一部では短大や，医学部のような6年制のものも含む）にリアリティを伴った学びがあるかどうかということは，卒業後のキャリアと一定以上明確な結びつきがある。たとえば，医歯薬学や看護学を学んだ学生は，卒業後には（資格を取得できた暁には）医療従事者になるのが通例である。スポーツ科学を学んだ学生は体育教師になったりスポーツジムのインストラクターとして働くといった途もある。実習や実験を行う学問を習得した学生は既卒後にその専門性を活かした仕事に従事することも多々あろう。周知の通り，日本では歴史的に新卒一括採用という制度がとられている（菅山 2011；難波 2014；服部 2016；妹尾 2023）。日本国内だけでも18,725の職業があり（労働政策研究・研修機構『第5回改訂厚生労働省編職業分類職業名索引』），その細かな職業ごとの専門性と大学における専攻との相関に関する研究は欧米に比べて遅れをとっているものの（豊永 2018）[103]，新卒一括採用の際，学部時代にリアリティを伴った臨床・実技・実習・実験といった学習プログラムが組まれている分野ほど，専門性のある仕事（専門職）として採用される傾向にあることは概ね首肯できそうである。

その理由として単に資格の有無を挙げるだけでなく，大学生活の過ごし方を挙げることができる。中原・溝上（2014）によれば，全国大学生活協同組合連合会が文科系，理科系，医歯薬系の3領域の学生に対して大学生活で重点を置

103　受験科目（具体的には数学を受験科目にしたかどうか）と大学卒業後の賃金との相関を扱うような研究は存在する（浦坂他 2002；Nishimura et al. 2018）。また，日本の教育システムを企業の採用論理との関連で議論した研究も存在する（Takemura 2018）。しかし，「大学生の学力と仕事の遂行能力との関係を直接，実証的に分析する作業は，概念化の作業以上に難しい」（小方 2011, 32頁）うえに，本書脚注117で論じている通り，一義的に定義できない学力という概念を実証する必要性そのものについては熟考する必要があろう。たとえば学力に及ぼす影響に関する実証分析を膨大な研究レビューに基づいて論じているHattie（2009）においても，学力という概念そのものに関する議論は比較的浅薄なもので終わっている。

いたものを「豊かな人間関係」,「勉学」,「クラブ」,「趣味」,「何事もほどほどに」という5つの項目で調査をとったところ，理科系と医歯薬系の学生は突出して「勉学第一」の大学生活を送っていることが分かった（56-61頁）。すなわち，理科系や医歯薬系の学生に比べて文科系学問を専攻している学生たちは，そもそも大学生活を学問を中心に過ごしていないのである。学生時代に専門性を磨いていない学生が就職後に専門性のある仕事に就きたいというのも，おかしな話であろう。

一方，日本の雇用形態においては専門職を除くとジョブローテーションがとられるのが普通であり（金井 2002），マーケティングという学問を学んだ学生は，経済学や法学，政治学，社会学といった社会科学だけでなく，文学や歴史学，哲学といった人文科学，あるいは時には文系学際科目（複合領域にまたがり分類が曖昧な学問）を専門としてきた学生たちと十把一絡げに「文系採用」という枠に収まりがちであり，採用時にマーケティングという学問の専門性が問われることは寡聞にして聞かない。

企業における人材育成に目を転じると，研修といった場を通して知識を注入するのかOJTのような現場において経験を積むのかという両極のどちらか一方の極に触れがちであり，時代とともに教育手法にまつわる言説が両極を振り子のように揺れ続けてきた（中原 2014, 21-37頁）。そのうえ社会人の場合，社員の技能や能力を伸ばすために経験が及ぼす影響は70%以上だという既存研究もあり（Morrison and Brantner 1992, p. 926），経験を通しての学習が一定以上の価値をもつと捉えられている。このように考えると，リアリティを伴った経験がなされていない（とみなされる）うえに学生時代に専門性を磨かれていないマーケティングは専門職としての役割を果たすと期待されにくいことにも首肯せざるを得ないことが分かる。では，我々マーケティング教員はマーケティングを教える意義をどこに見い出せば良いのだろうか。

臨床・実技・実習・実験といった学習プログラムで教えることはHow，すなわち「どのように」という側面である。これはマーケティングにおいては問題解決を問う側面であり，本書でも問題解決能力の重要性という点で議論してきた。しかし，マーケティングにはHowというエンジニアリングとしてのものと，社会におけるWhyを扱う社会科学としての2種類の側面がある（石井

2001)。すると，マーケティング講義において（たとえそれがケースメソッドやPBLのような疑似体験を伴うものであったとしても）Howだけを扱うのではなくWhyが伴う理論命題を学生が学び，それら2つが常に架橋される学習プログラムを構築できれば，マーケティング独自の学習プログラムが成立するのではないだろうか。

マーケティングで教える／教わる内容がHowだけに偏ってしまったなら，疑似体験以上のリアリティを伴わないという限界を超えることはできない。たとえば学生が商品企画を行ったとしても，企画立案から実売までの全てのプロセスを学生が経験できるはずもない（坂田2021b, 2021c, 2022a)。すると，PBL紛いや見せかけのPBLに端的に示されるように，マーケティングごっこをやったに過ぎず，社会的には十把一絡げの扱いを受けることにもなる。

竹村（2021a）は科学的方法論を採った理論（命題）のある専門的研究テーマの知見が提供された講義であれば，それがたとえ哲学や倫理学，文学や歴史学など一般教育（教養科目）と呼ばれる科目であろうとも，ビジネスの現場における問題解決に役立つと主張している。ここでの理論命題とは「〜〜は…だ」という形式になっている言説である。この理論命題に「何故」という説明を伴わせると理論になる。つまり，理論命題とそれを説明する「何故」を教えることこそが重要であるというのである。

となれば，「〜〜」で示されている概念を教えるだけではビジネスの現場における問題解決に役立つわけもなく，本書の議論でいうならば，マーケティング・スキーマを正したり学生が知らない概念を教えるだけでは問題解決に役立つわけではないということは言うまでもない。大切なのは理論命題を説明する思考様式を学ばせることである。それができたならば，理論を現場に適用して，理論の予測値と実測値の差を特定し，何故そうなったのかという原因を特定する作業を学生（理論命題とその背景にある理論を学んだ者）ができるようになる[104]。

104　竹村（2021a）自身はこの主張に対して「理論的でもなければ，実証的でもない」(36頁）と認めている。とはいえ，その議論はまさに今井（2016）がいう科学的思考，すなわち「理論の検討のしかた，仮説の立て方，仮説の検討のための実験のデザインのしかた，データの解釈の仕方，結論の導き出し方，などの論理を組み立てるスキル」(162頁）を育むことに他なら↗

問題解決とは選択肢の中から1つを選び取る意思決定であり，「よい問題解決をするためには，まず選択肢をたくさん持っていること，そしてその中で目的に最適な一つを選ぶこと」（竹村 2021a, 17頁）が重要である。その時に学生が科学的方法論を採った思考もつことができていれば，理論を現場に適用できるようになる。つまり，この方法を採れば，本書でその必要性が問われたリアリティが（少なくとも学習の段階では）なかったとしても，マーケティングを学んだという専門性を担保できることになる。

我々は問題解決を行うにはHowこそが重要だと考えがちである。しかし，マーケティングとはHowとWhyの両面をもった学問であり，Whyがビジネス現場における問題解決に有用だという立場に立脚するならば，座学であろうとケースメソッドであろうとPBLであろうと，求められるは「Why」を問い続ける姿勢だということが分かる。マーケティング教育3類型のいずれにおいても「Why」を伴った理論命題の教育に徹することが，本書で議論してきたマーケティング問題を解決できる能力（すなわち，役立つ知識）の育成・涵養につながることが認められる。科学と実践の架橋の実体とは，HowとWhyを問い続けることだと考えられるのである。そしてその絶えることのない繰り返しこそがマーケティング教育の根幹を成すのだ考えるべきであろう。

Ⅲ．マーケティングの身体化

本書ではマーケティングにおけるリアリティの問題をHowとWhyの両立あるいは融合という考え方で捉えてきた。マーケティングにおいて実践的と称されたり，リアリティがあると評されたりする場合の多くは，本書で取り上げたように講義中に具体例を随所で挙げたり，ケースメソッドやPBLのかたちをとったりすることが多い。また，繰り返しになるが，学生たちはそもそも消費者という立場であればマーケティングに関わることができる。

さて，学生がマーケティングに関わる場面を考えた際，学生の属性・特徴に

↘ず，本田（2005b）の「思考力，独創性，目標達成力，対人能力等々は，それ自体を直接に習得することは難しいのに対して，『専門性』の構成要素である原則や概念，ノウハウは，一定の学習過程を通じて習得可能である」（262頁）という主張とも整合性がとれている。

よってその関わり方に差が出ることも考えられる。たとえば一人暮らしをしている学生と実家暮らしの学生の場合では，価格に対する感覚は異なるであろう。経済学的にいうならば，特定の商品に対する価格弾力性が両者の間で差が出ることが予想される。あるいは暮らしているエリアによって流通に対する捉え方が異なるであろう。筆者が大学時代を過ごした滋賀県彦根市と現在暮らしている愛知県名古屋市とでは，前者には百貨店が存在せず後者には存在し，前者に比べて後者には圧倒的多数のコンビニエンス・ストアが存在するといった違いがある。この違いは購買行動に影響するだけでなく，流通業への認識（たとえばコンビニエンス・ストアに対する便利さの感じ方）でも差が生まれることになろう。あるいは日常的にテレビを観たりラジオを聴いたりしている学生とそうでない学生との間では，広告視聴の感覚も変わるだろう。前者であれば広告に影響されて行う購買行動が存在するのに対し，後者であればそれがない。この違いが広告そのものの価値を認識できるかどうかに影響を及ぼすことも想定できる。さらに，特定の商品（たとえば衣服）へのこだわりや感度の有無が流行への敏感度合いを変えることもあるであろう。

価格であろうが流通であろうが広告や商品であろうが，マーケティングにまつわる情報や知識を単に「知っている」，「理解している」というだけでなく，マーケティング事象に触れ，マーケティングが自らをとりまく事象なのだと肌感覚で実感し，自身に影響を及ぼすものだと意識的・無意識に感じ取りながら自らが持っている知識を生きた知識として活用しようと意識できるようになることを「マーケティングの身体化」と呼んだならば，このマーケティングの身体化ができているかどうか，できるようになるかどうかで，学生のマーケティング学修の結果にも差が生まれそうである。それは今井（2016）が指摘している通り，「知識とは体の一部になってこそ生きて使えるようになる。逆に言えば，体の一部になっていない知識は，使えないということである」（33頁）からである。

組織心理学者のWeick（1995）は組織内で対象物に対して何らかの意味付けを行うことをセンスメイキングと呼んでいる。ここでいうマーケティングの身体化とは，学生個人が目の前の事象をマーケティング事象だと（意識的・無意識に）センスメイキングすることといえる。入山（2019）はセンスメイキングの本質を「納得」,「腹落ち」と捉えているが（417頁），これだけでは眼前の事象をマーケティング事象だと捉えられない場合はセンスメイキングできないということになる。そこで，ここでいう身体化とは，センスメイキングに「マーケティング問題にまつわる当事者意識」が含まれた概念だと想定している[105]。

2000年代に入ってから，心理学や認知科学，哲学，神経科学，言語学といった幅広い研究領域において身体化された認知の枠組みに基づいた研究が増えており，実証研究も積み重ねられつつある（Wittwer and Renkl 2010；Shapiro 2019；望月 2021）。身体性や身体化という概念に関しては，哲学や認知科学，心理学など様々な研究領域で議論されており，概念自体の多義性についても収束できていない状態にあるものの（呉羽 2021, 2022）[106]，そこで既に共通認識になっていることは，思考は身体から切り外すことができず（Glemberg et al. 2013），「身体は心と環境の境界となる」（藤波 2017, 214頁）という考え方であり，知識は身体的過程を通じて構築されるということである（Fincher-Kiefer 2019）。これらの議論においては「身体を介して得られた感覚運動情報

105　諏訪・大武（2017）は「身体知とは単に情報やどこかで聞きかじった知識とは異なり，身体感覚や生活文脈と照らし合わせて，まさに『腑に落ちる』ように理解した・体得した知のことである」（247頁）と解説している。ここでも「腑に落ちる」というキーワードは出てきているものの，眼前の事象に対して興味・関心をもたない場合を想定できていない。

なお，身体化あるいは身体知といった時には，生田（2007），倉島（2007），生田・北村編著（2011），Lawrence ed.（2012），諏訪（2016, 2018）が想定しているように，意識的な気づきに達する以前に身体の中にある知識に関する議論もある。すなわち，運動や芸術といった領域における動作にまつわる知識をもって身体知と呼び，テクニックやノウハウ，技／わざを身につけることや身体を通じた学習をもって身体化と呼ぶこともある。しかしながら本書が想定しているマーケティングの身体化とは，身体という言葉こそ用いているものの，物的な意味での身体との関係は想定していない。むしろ，学習が知能として個人に内部化するのは身体を通じて可能となると考えるという McFarland and Bösser（1993）の理論に依拠している。

ただし，マーケティングの身体化にまつわる議論はこれまでに議論されたことがなく，概念整理や実態の把握（特に中長期スパンで見た場合の学生のマーケティングの身体化の変容），そして理論化といった作業が別途求められることはいうまでもない。

106　菅原編著（2013）は認知科学の領域において身体化こそが最も重要な鍵概念になったことを指摘しつつ（ii頁），その概念を用いて文化人類学の認識の手がかりを得ようとしているが，その一冊の中ですら論者ごとに身体化という概念自体に統一感がもたれていない状態になっているようにも思われる。

を取り込みながら実行される情報処理」（大江 2016, 111 頁）を身体性認知と呼び，程度の差こそあれ，知識は身体的過程を通じて構築されると考えられており（Fincher-Kiefer 2019），近年では心理学や認知科学の領域においてその実証分析も進められつつある[107]。

ここで前提とされているのは，概念というのは生活経験に根ざすことなく抽象概念のままでは具体的なイメージができないままに終わってしまうということである。すなわち，意味を理解しない言葉（記号）を別の，意味を理解しない言葉で置き換えているだけでは，いつまでも人が言語で伝えようとする本当の「意味と意図」を理解できないままに終わってしまう（谷口 2016；橋田他 2016）。当初，人工知能の問題として捉えられたこの問題を認知科学者の Harnad（1990）は「記号接地問題（あるいはシンボルグラウンディング問題：Symbol grounding problem）」と呼んだ。このような状態とは逆に，「基本的な概念が接地していれば，そこから具体的なイメージを離れて抽象的な操作が自然にできる」（為末・今井 2023, 62 頁）ようになる。つまり，抽象的な概念の理解には身体な感覚をもつことが重要なのである[108]。

それらの議論では，具体的概念（たとえば物体の名称）と抽象的概念（たとえば専門用語）の間での理解度の差や，専門的経験が知識に及ぼす影響についての議論も進められている（Zwaan 2014）。本書執筆中に上梓された今井・秋田（2023）においても言語の本質とは何かという壮大なテーマを解き明かす鍵

107　たとえば，キーボードの普及以降，様々な言語において，左手で入力する文字（たとえば A，S，D，F）よりも右手で入力する文字（たとえば，H，J，K，L）を多く含んだ言葉の方が好意的に受け入れられるようになったという実証結果がある（Casasanto 2009；Jasmin and Casasanto 2012；Casasanto et al. 2014）。これらの実証分析が意味していることは，キーボードにおける入力のしやすさ（右利きの人の多さ）が感情にもポジティブに影響を及ぼしているということである。ただし，この実証結果は佐々木他（2019）において十分に支持されずに至っておらず，「認知心理学研究の知見の頑健性について再度吟味していく試みは極めて重要」（佐々木他 2019, 262 頁）であるという指摘からも分かる通り，この領域での実証分析は道半ばであるといえよう。

108　一方，記号接地問題とは言語の理解のための問題ではないという主張もある（Steels 2005；谷口 2016）。このような立場の違いは記号接地の「記号」の扱い方こそが原因だとみなされている（谷口 2020）。とはいえ，本章ではそこまで踏み込むことは考えておらず，身体化との関連で記号接地問題を捉えておく。

概念として「言語の身体性」(90頁）に関する考察を行っている。

これらの研究蓄積は今後，マーケティング教育に援用できる可能性も十分に考えられる。何故なら，テキストの文字だけで概念・理論・フレームワークを学ぶだけがマーケティングではなく，まさに「身をもって」学ぶことができるのがマーケティングという学問の特徴だからである（Henke et al. 1988；Finch et al. 2013）[109]。マーケティングの身体化といった時に身体的認知がどのように行われ，マーケティングにまつわる「死んだ知識としての情報」が「生きた知識」へとどのように変容するのかというメカニズムや理論構築については今後の研究を待たねばなるまいが，マーケティングが身体化されているかどうかを確認することは現時点でも簡単にできそうである。一例を挙げてみよう。

ここに筆者が名古屋市営バスに乗車した時にたまたま目にしたポスターがある（次頁図8-1）。ここに書かれていることは，新型コロナウイルス感染症（COVID-19）の感染拡大により市バスの乗車人数が減り，営業赤字が拡大しているということである。筆者はこのポスターを目にした際，市バスの乗車人数を増やすにはどうすれば良いのかを（もちろん，誰に頼まれたわけでもなく）マーケティングの問題として考えようとした。しかしながら，バス車内でスマートフォンを弄っている学生は（ビジネスパーソンも！），このポスターの存在に気づきすらしないかもしれない。

さて，では，マーケティングを学んだ（学んでいる）学生は，バスでこのポスターを目にした際，「このポスター内からマーケティング問題を発見せよ」と課題設定されずともマーケティング問題がここに存在することに気づけるだろうか。たとえばケース題材として「この問題を解消するには？」と課題設定された状態からであれば，そこに潜む問題を発見することもできるであろう。しかし，そうではない。ただバスに乗車しただけでこのポスターの存在を発見し，そこに潜む課題を自身で感じ取れるかどうかがポイントである。マーケ

109　守山（2021）は統計学という抽象度の高い学問においてすら，それを実例が溢れる学問と捉え，「身振り，手振りも加え」たことによって学生の理解度が高まったエピソードを紹介している。ただし，Wittwer and Renkl（2010）が実証している通り，概念的な知識と身体化された知識とを同一のものとみなして良いかどうかについては，今後議論が必要である。

図 8-1　名古屋市営バスに貼られていたポスター

	令和 2 年度	令和元年度	差
乗車人員（日）	26 万人	35 万人	9 万人減
営業収支（年間）	71 億円 赤字	27 億円 赤字	44 億円減
市バス全体 営業係数※	143	113	30 減
黒字系統数	3	32	29 減

※　市バスが 100 円の収入を得るために，費用がどれだけかかるかを示す値。

令和 2 年度は新型コロナウイルス感染症拡大により大変厳しい営業成績となりましたが，引き続き安全・安心・快適な運行に努めてまいります。

出所：名古屋市営バス車内ポスターを基に筆者作成，2022 年 3 月 5 日確認。

ティングが身体化された状態であれば，巧拙は別としても，この図を見て瞬時に考えられることなどいくつもあろう。

第一に，車内に目を転じてみると（時間帯によっては）スーツ姿のビジネスパーソンや制服姿の高校生，あるいは高齢者など，様々な乗客の姿を見ることができる。すると，その方々の市バス利用目的を想像し，その利用頻度を高める企画を思考実験することもできるであろう。第二に，車窓を眺める景色から，市バスに結び付けられる施設や景観を発見し，市バス乗車を促す施策を思いつくかもしれない。第三に，名古屋市の人口（約 232 万人，2023 年 3 月 1 日現在）を知っていたなら，市バス利用者の延べ人数の少なさが根本的に問題であり，STP という概念と結び付けた思考ができるかもしれない。第四に，COVID-19 やそれに伴う規制（自粛要請）があったといっても乗車人数は 74.2%（26 万人：35 万人）確保できており，営業自粛要請によって営業できなくなっていた飲食店に比べるとインフラとしての機能を果たすという大義名分があるぶん，営業しやすかったのではないかということも推測でき，そこから乗客のニーズを想像することもできる。第五に，そもそも市バス全体で営業係数が 113 だったということは，元から儲かるビジネスではないのだということはハッキリしている（ただしそれはマネジメントなど，マーケティング以外の要因かもしれない）。そのうえで第六に，「令和 2 年度は新型コロナウイルス感染症拡大により大変厳しい営業成績となりましたが」と書いているが，元々赤字で行政の補助等によって成り立っているバスなのだなということはすぐに分かる。第七に，一日あたりの乗車人数が74.2％になっただけなのに黒字系統数が9割減っているということは，元々収益分岐点上ギリギリの系統（路線）が多かったのだということが推測できる。第八に，第九に，第十に…。たった一枚のポスターからマーケティングに関係しそうなポイントはいくつも推測できるし，中には確信をもてるものもある。

もちろん，実際にこのマーケティング問題を解決しようと思ったなら，市バス利用者や全路線及びその周辺の施設・環境などに関する情報を入手したり，バスの整備費や減価償却を理解したり，あるいは運転士をはじめとした人件費などについても熟知する必要があるだろう。しかしながら，ここでの問題はマーケティングを身体化できているかどうかという点にある。「ほら，ここにマーケティングに関わる事象が存在しているよ」と言われずとも，自身の力でマーケティングに関する概念や理論，フレームワークから眼前のマーケティング問題を発見できる。そこにはマーケティングに対する当事者意識が必要だと言い換えることもできるかもしれない[110]。

しかし，ここで問題がある。それは「学生にいかにしてマーケティングを身体化させるのか」という点である。座学において具体例を挙げ，ケースメソッドで具体的な事例に触れさせ，PBLで実際のマーケティング課題を考えさせるといった，講義内での身体化ももちろん重要であろう。しかし，より重要なのは，講義を離れた場ですら学生たちがマーケティングを身体化できているかどうかということではないか。それができるようになれば，講義外で触れたマーケティング事象を念頭に講義を受けることができるのはもちろんのこと，講義で修得した概念や理論，フレームワークをもって講義外でマーケティング事象を捉えられるようになるという正の循環が生まれうる。しかしながら，

110　この議論は楠木（2013）がいうスキルとセンスの違いに似ている。スキルであればマニュアル化してみたりOJTを実施したり，研修を通して方法を指導・教授するといった方法をとることもできるが，センスを教えることはできないというのがそこでの議論である。マーケティングの身体化の問題も，学生がマーケティングを身体化するようになるための方法を議論することが果たして意味があるのかは，今後の議論を待たねばなるまい。

マーケティングの身体化をいかに果たすのかということに関する議論は緒にも就いていない状態である。

Ⅳ．もう１つの，忘れてはならない大切な課題

マーケティングにおいて問題解決能力を育成・涵養するためにHowではなくWhyを問う姿勢こそが重要だということは分かった。また，マーケティング教育において学生におけるマーケティングの身体化が重要だということも指摘した。すると我々には，もう１つ忘れてはならない課題が残されている。それは解決すべき問題をいかに発見するのかということである。問題発見こそが問題解決において最も難しいということは長らく指摘されており（安西1985），その解決策はというと，未だに明らかになっているとは言い難い。

本書第３章第４節で「本来であれば問題解決（能力）に対して問題発見（能力）が先行するのはいうまでもない。発見できない問題は解決しようがないからである。…（中略）…また，いわゆるビジネスシーンでは，問題を解決するよりも発見することの方が重要であるし，問題発見能力こそが求められる能力であるという意見も多数聞くことができる」と記述した。同節では本書が大学・学部教育を念頭に議論していることから受講生は問題を発見できる「現場」にいないため，問題発見（能力）の重要性を認識しながらも議論の焦点を問題解決（能力）に絞ってきた。一方，マーケティングを身体化できている学生であれば，理論的にはこの問題発見が（多少なりとも）できるようになるはずである。

ビジネスの現場にいる実務家であれば，少なくとも自身の業務の範囲は分かっており，問題発見のしやすさは相対的に高いといえる。それは，安西（1985）や鈴木（2016）がいうように問題を「現状と理想のギャップ」と考えたなら，少なくとも「現状」は目の前にあるからである。高岡（2022a, 2022b）が新しい現実を認知し，顧客が直面する課題を理解することの重要性を指摘していたり，マーケティングの文脈とは異なるが，大野（1978）が現地・現物・現実というリアルな空間において繰り返し何故を問うことを説いたのも，リアルな意味での顧客や現場というものがあってこそ成り立つものである。

なお，ここで「問題発見」といった時に重層的な意味があることにも注意が必要である。すなわち第一に，既にそこから問題を発見するよう設定されている，すなわち問題を発見するよう求められた状態で問題を発見する（それは時には「問題解決」というべき状態でもある）というものが1つ目の問題発見と呼べるものである。たとえばケースメソッドで描かれた「切り取られた現実」や実務家が業務として直面する課題・問題などがそれにあたるだろう。一方でより深層には，どこに問題があるか，そもそも問題があるのかどうかすら分からない状態で自ら問題に気づけるという問題発見も存在するのである。先の名古屋市営バスの事例がこれにあたるだろう。この場合，ポスターがあるということも，そこにマーケティング問題が潜んでいるということも，誰からも事前に指摘されているわけではない。

後者の問題発見（能力）のことをメタ問題発見（能力）と呼んでおくことにしよう。座学であれケースメソッドであれPBLであれ，問題（の範囲）が設定されさえすれば，そこに問題を発見することは比較的容易であることが想定できる。少なくとも，レポートや宿題といったかたちで「問題を発見せよ」と言われれば，学修意欲が高い学生や単位取得を求める学生であれば問題を発見しようとするだろう。一方，マーケティングが身体化されていない者であれば，設定されていない問題に気づくことはできないであろう。しかし，マーケティングが身体化された者であれば，「そこにマーケティング問題がありますよ」と言われずとも，自らの力で問題に気づくことができる。これがメタ問題発見（能力）である。

世界中で最も注目を集めている課題解決にまつわる議論の1つともいえるChristensen and Raynor（2003）やChristensen et al.（2016）における議論や，近年注目を集めているデザイン思考についてまとめた最良の本ともいえる廣田（2022）においては，前者，すなわち，問題がそこにあることを前提としながらそれを解決する方法を発見する手段として観察することの重要性を指摘している。たとえばChristensen and Raynor（2003）が紹介しているのは新しいミルクシェイクにおける問題発見方法である。その方法とは，車社会であるアメリカにおいてレストランの来店客を18時間かけて注意深く観察するという方法であった。これは社会学における参与観察に端を発した，いわゆる

「観察法」と呼ばれる調査手法である（佐藤 2010；佐々木 2012；廣田 2022)。ここで明らかになったことは，ミルクシェイクの購入者の約半数が早朝に購入していたということであった。そこでミルクシェイクを朝から飲むのは何故なのかを尋ねてみることにより，既存商品にはない「通勤時に退屈をしのぎながら朝食代わりに片手で飲める」という商品価値を込めたミルクシェイクを企画したというエピソードである。

しかしながら，このような議論ではそもそも問題をマーケティングによって解決しようという意識があることが前提にあり，その意識を持てるかどうかということは議論から捨象されており，問題を発見したというよりも，設定された問題を解決したという方が的確であるといえる。すなわち，問題発見といった時には問題があるという前提で議論してしまうのである。それはそうであろう。ビジネスを行っている以上，ミルクシェイク屋であればミルクシェイクを売ることの中から問題を発見しようとするはずである。そこではメタ問題発見については議論の射程外に残されたままである[111]。

一方，メタ問題発見とは，問題があるかどうかすら分からない状態に置かれた状態ですら問題を発見することであり，本質的には実務で求められるわけではない。何故なら，前述の通り，ビジネスの現場にいる実務家は，少なくとも自身の業務の範囲が分かっており，その与えられた範囲内でのみ問題を発見すれば良いからである。それは本質的には問題解決と重複したものであるといえよう。

一方，ここでポイントになるのは，たとえ学生であろうとも，本来であれば，テキストを離れ，講義を離れた場ですら，いくらでもマーケティングのリアリティ，マーケティング課題を発見することはできるはずだということである。「書を持って街へ出る」（佐藤 2006）にならっていうならば，「スマホを置いてマーケティング事象に目を向ける」とでもいうべきであろう。

111　高岡（2022b）は貧困国の水問題を解消する方法として南アフリカの建築家ハンス・ヘンドリクスが提唱した「Ｑドラム」という製品の事例を紹介している。これはドーナツ型のプラスチック容器で最大50リットル入るため，綺麗な飲み水を運ぶのに腕力を要さないというものである。このエピソードをもって重たい水を運ばなくてすむ方法を「発見した」と高岡（2022b）は述べているが，発見と解決を混同している事例だといえよう。

先の名古屋市営バスの事例の場合でいえば，マーケティング論における概念や理論，フレームワークによって市バスの赤字拡大という問題を解決できるのではないかと学生が思えるかどうか，すなわちメタ問題発見が問題だと考えれば，実は課題解決能力以上に「教育」するのが難しいのはそれだと容易に想像できる。何故なら，「ほらっ，これってマーケティングで解決できる問題なんだよ」と教えてしまった瞬間，学生自身が発見したことにならないからである。だからこそ，学生にマーケティングを身体化させることが重要だということは論を俟たない。

問題発見（特に，メタ問題発見）こそが重要であるにもかかわらず，問題を教えてはならない。これは高校までの学習内容では考えられないことである。何故なら，高校までは問題を提供・提示するのは教員，解答・回答するのは児童や生徒という役割分担が明確にあるからである。さらにいうなら，高校までの授業内容のように，問題が明確に存在すれば，解決方法を教えることは教員にとっては容易かもしれない（ただし，それが唯一絶対最適な解かどうかはここでは問わないこととする）[112]。一方，マーケティング問題に出合った時にそれがマーケティングで解決できる（かもしれない）問題であるということに自ら気づける方法はというと，これまでのマーケティング論ではほとんど議論されてこなかった[113]。

しかも，既に第2章で理論的に明らかになったように，消費者としての学生は我々教員が把握しきれない現実の中で生きており，ますます「私的・個人

112　この一例として，乗車人数減少で苦しむ弘南鉄道（青森県）沿線の活性化を図ろうと弘前実業高校と聖愛高校，黒石高校の生徒が地元事業者と連携して企画した商品がある（『東奥日報』2023年3月11日付）。これを企画したのは高校生であるが，音頭取りをしたのは県庁であり，高校生自身が問題を発見した（それに基づいて解決しようとした）わけではないことが分かる。

113　たとえば，一流のビジネス書として認められる内田（2006）は副題が「BCG流問題発見・解決の発想法」とされており問題発見の重要性を指摘しているにもかかわらず，そこで記されている議論の圧倒的な分量が「解決」に割かれており，「発見」はというと実務に携わる者であれば自然と発見できるかのようなスタンスをとっている（たとえば，58-62頁）。あるいは一流マーケターとして誰もが認める高岡（2022a）は新しい現実の認知を強調し，それを発見することの難しさを繰り返し強調しているが，それをいかにしてなすのかは本人次第ともいえるような論調でしか議論できていない。

的」な消費活動を行っていく。本書で示したマーケティング教育の３手法のいずれもが，問題解決能力の育成・涵養に有用だとしても，問題発見能力をもつことに有用であるとはいえそうにない（少なくとも，それを理論的・論理的に説明する材料を我々はもっていない）。それは学生が問題を問題として認識しようと意識した後（すなわち，「この課題を解決せよ」という課題設定された後）であれば先の「観察」などの方法もとれようが，問題を問題として認識しようと意識すらできていない状態（すなわち，マーケティングが身体化されておらず，課題が存在するかどうかすら自身の力で気づかねばならないメタ問題発見が求められる状態）であればなおさらである。すると，学生に対して彼（女）たちが直面するマーケティング問題を発見できるようにするなど，果たして我々教員にできることなのだろうか。

文部科学省中央教育審議会大学分科会「学士課程教育の構築に向けて（答申）」（平成20年12月24日）の「第２章　学士課程教育における方針の明確化」には，「各専攻分野を通じて培う学士力—学士課程共通の学習成果に関する参考指針—」として，

問題解決力

問題を発見し，解決に必要な情報を収集・分析・整理し，その問題を確実に解決できる。

という項目が載せられている。「言うは易く行うは難し」の最たる例であろう。これをいかにして行うのかの指針など一切示されておらず，マーケティング教育において問題発見（能力）をいかにして育成・涵養するかについては，本書とは別に一冊の書籍ができあがるほどの難問であるということのみ指摘しておきたい[114]。

114　なお，本書の問題意識からは外れるが，アメリカギャラップ社の調査によると日本企業においてエンゲージメント（仕事に対する意欲や熱意）が高い社員の割合は5%と極端に低く（state-of-the-global-workplace-2022-download.pdf，2023年３月30日閲覧），20人に一人しか仕事にまつわる興味・関心をもてていないことを考えると，マーケティング問題を発見することの重要性は企業社会にも当てはまることになりそうである。

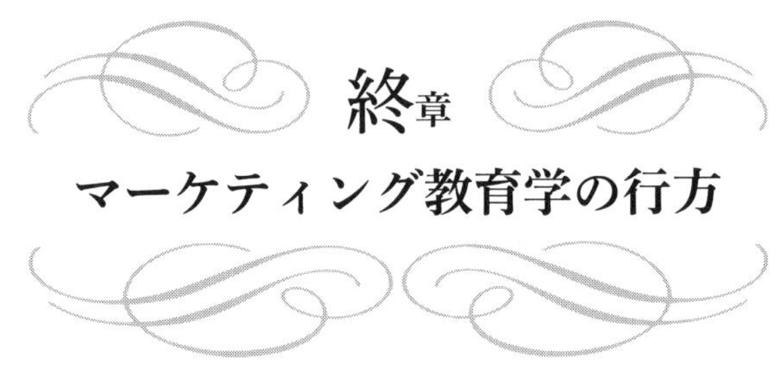

終章 マーケティング教育学の行方

ここまでの議論で筆者が現時点で伝えたいこと，考えていることは書ききった。残されるのは本書で議論しきれなかった課題を確認すること，そして，本書に少しでも価値・意義があるとすればそれはどこにあるのかを検討することである。まずは，山積みになったまま残されている課題について確認していこう。

山積みの課題

本書に残された課題は少なくとも 10 個ある（何故ここで「少なくとも」を強調しているのかについては，後述する）。第一に，本書のタイトルである「マーケティング教育学」固有の理論課題を明示せず，問題提起のみで終わっているという点である。本書においては実態の把握（データの収集），個別テーマへの分解，概念開発，次元・尺度の設定，そして統合といった通常の科学研究でなされるべき作業が十分になされず，マーケティング教育の 3 つの手法について説明し，理論的とすら言い難いまま議論を閉じようとしていることを認めねばなるまい。

そのうえ第二に，本書において最も議論されるべきであったはずのマーケティング独自の学習プログラムに関する検討が欠けているということが挙げられる。この場合の学習プログラムとは，Tang et al.（2002）や Kovachev et al.（2011）などにおいて既に議論されつつある講義のオンライン化といった話ではない。それは講義ツールの差異であり，ここで挙げているのは講義の中身そのものの話である。すなわち，マーケティング講義においては，たとえそれがケースメソッドやPBLのような疑似体験を伴うものであったとしても，HowだけをみがWhyが伴う理論命題を学生が学び，それら2つが常に架橋される必要があると論じた。では，それをいかに行うのか。本書ではこの議論が全くできていない。この作業を早急に進めねば，本書の問題提起はそれのみで終わってしまうだろう。

本書では座学知と問題解決能力という2軸でマーケティング教育について論じてきたが，両者の統合という問題については具体的な議論ができていない。坂田他（2023）で残したままの課題を何ら解決できずに終わってしまっているのである[115]。さらにいうなら，この統合作業こそが本来求められるべき作業であったはずであるにもかかわらず，マーケティング教育3類型を別個のものとして放置したままである[116]。

115　坂田他（2023）ではNonaka and Takeuchi（1995）の知識移転論を使うことでマーケティング教育3類型の相補関係について仮説的に検討した。そこでの主張は「座学であればテキストから知識移転が成功しているかどうか問うているし，ケースメソッドであればケースから問題点を明確に定義し解決ロジックに結びつくような知識移転が成功しているか問うているし，PBLにしても問題と解決が一対一対応するように知識を活用しているか問うている。知識移転論は，3講義形式の相補関係を議論するためには有力な理論枠組みだと考える」（93頁）というものであった。

しかし本書ではあえてそこに踏み込むことはしなかった。その理由は3つある。第一にこの相補関係を理論的に説明することがマーケティング教育学固有の理論課題なのかどうかということすら議論しきれていないからである。第二に，この相補関係の理論構築がなされた際には，その実証分析までも包括して議論すべきであり，筆者にはその準備がまだ整っていないためである。第三に，Wagner（1987）やSternberg and Wagner（1992）やNonaka et al.（2000），Nonaka and Teece（2001），Leonard and Swap（2005），金井・楠見（2012），Nonaka and Takeuchi（2019），楠見（2020）のようにNonaka and Takeuchiモデルは既に理論的・実証的な研究が進められており，それら全てを確認したうえでの理論モデルの構築が優先されるべき問題かどうかが明らかではないからである。特にLeonard and Swap（2005）は経験に基づく深い知恵としての経験知を「正式な教育だけでは身につかない」（16頁）とまで言っており，教育に焦点を当てた本書においては，経験と知識の関係に関する議論については他日を期するものと考えた。

116　ただし，この第一と第二の問題は，本書が大きく準拠してきた教育学においても長らく放置されてきた問題なのだそうだ。何が良い教育なのか（苫野 2011），それをどのようなエビデンスに基づいて実証的に分析するのか（松下 2015；惣脇 2019），そしてその事実をもとにいかなる実践を果たすのかということについては，十全な議論が行われているとは言いがたいという（苫野 2022）。そもそも良い教育とはいかなるものかという「問いに絶対的な答えを見↗

本書に残された課題として第三に，応用科学としてのマーケティング，実学としてのマーケティングという点を鑑みると，マーケティングにおける臨床教育に関する考察が一層求められるであろう。これまでにPBLというかたちで既にいくつかの取り組みが行われているが，PBL紛いや見せかけのPBLという言葉で端的に示したように，形式的・表層的な取り組みも存在しないわけではない。一方，周知の通り，医学・歯学・看護学といった医療分野では「現場」での教育が前提とされ（坂井 2011），たとえば医学では「臨床医学」という学問分野まで存在している。あるいは教育学の分野でも河合（1996）を嚆矢に「臨床教育学」という分野が提唱されており，応用科学・実学領域における臨床の重要性は否定しようがない。そのため，マーケティング教育においても，臨床の意義・意味をどのように捉えるべきか，臨床マーケティングというかたちをとるのであれば，それはどのように進められるべきかといった議論が今後必要となろう。

たとえば，Levitt（1961）の「マーケティング近視眼」にまつわる議論以降，我々は「顧客が求めているのはドリルそのものではなく，ドリルによって開けられる穴である」という議論をし，目的と手段の違いを認識することの重要性や商品とは顧客の問題を解決するためのものであるということを重視してきた。マーケティング論において，このことを教えたとしよう。では，学生たちが（時には卒業後も含めて）そのことを実践したマーケティングが即実行できるのかと言われれば，おそらく多くの教員が答えに窮するのではないだろうか。知識は単なる知識で終わるのではなく，身につけられねばならない。このためにはマーケティングの臨床的側面が必要であり，その中身に関する議論がさらに求められる。

第四に，本書では「座学知の記憶量」と「問題解決能力」という2つの評価軸でマーケティングの教育成果を示したが，果たしてこれが正しいのかという議論も求められよう。本書第3章において，情報の記憶だけでは「知識」を提供したことにならないという議論から，「役に立つ情報」にすべく問題解決能

↘出すことは不可能である」（苫野 2011，11頁）というのが現代教育学では常識化されているという指摘は本書の問題意識からは看過できない点である。

力という２つ目の軸をマーケティング教育成果として設定した。しかし，これは理論的な説明が十分にできているとは言い難く，さらにいうなら，３つ目の軸や４つ目の軸が存在しないなどということは一切保証できない。すると，そもそも我々は何を目標に学生に対してマーケティングを教えるのかという根源的な議論すら必要になるのかもしれない。

かつて，学園祭で屋台を出店し，（学生にとっては）大金を稼げたという学生がいた。当該学生は筆者のマーケティング講義を受講した後のレポートでその経験を説明しながら「私にはビジネスの才能がある」と豪語していたという記憶がある。もちろん評価はＤ（不可）である。なんとすれば，彼（だったか彼女だったかは，記憶が曖昧である）は大学の施設を借り（すなわち，テナント料も水道光熱費も支払わず），一緒に屋台を運営した仲間たちにアルバイト代を払うこともせず（すなわち，人件費をかけず），単に粗利が一定額あったというだけで儲かったと言っていたのである（講義中にコストという概念についても粗利と営業利益と経常利益の違いについても説明していたのにである）。筆者が自身のマーケティング講義のあり方に対して自信喪失に陥ったのは想像に難くないだろう。

本書に残された５番目の課題として，本書では本来なされるべき実証分析が全くなされていないという点も明白である。確かに，教育現場においては何が効果的なのかはほとんど解明されていないという指摘もあるが（Cook and Payne 2002），「経験談の寄せ集めはデータではない」（Leigh 2018, p. 9）という指摘にも真摯に耳を傾けるべきであろう[117]。

117　ただし，教育学者からの学力とは「何とでも定義しうるし，逆に多様な定義に対して批判も検証も不可能である…（中略）…どのような学術的研究においても『学力』を一義的に定義することは不可能」（佐藤 2009, 12-13 頁）であるという指摘や，「客観的な能力の測定は，専門家集団による判断の主観性と，測ろうとするものについての理論の不確かさを抱え続けている…（中略）…テスト理論に基づいて作られてきたさまざまなテストは，それに代わるもっとましな手段がないからこそ使用されているし，使用されるしかない」（広田 2011, 256-257 頁）という指摘，さらには「社会的に議論される抽象的な能力は，もともと厳格には測り得ない性質を持っている」（中村他 2018, 54 頁）という指摘，あるいは歴史学者による「世の中には，測定できるものがある。測定するに値するものもある。だが測定できるものが必ずしも測定に値するものだとは限らない」（Muller 2018, 4 頁）という指摘は傾聴に値する。これらの指摘に従うなら，実証分析の前に本書に残された１～４番目の課題を１つずつ解決していくこと↗

この実証分析に関しては，いくつかの方法が考えられよう[118]。第一に，坂田他（2023）で指摘したように，座学，ケースメソッド，そしてPBLを一学部の中に開講し，それらの連携を明示化して，実証成果を蓄積するといった作業が考えられる。第二にいくつかの大学・ゼミで連携して同一のマーケティング課題を座学のみ，ケースメソッドのみ，PBLのみで教育した場合の効果測定を行うといった試みも考えられよう。第三に，座学だけの実証研究を行うとしても，①実務家教員，②研究産出の多い教員，③研究産出の少ない教員の間で指導学生の学習成果がどのように伸展したのかを比較するといった調査設計も考えられる。いずれも学生対象の調査になるという性質上，研究倫理上のハードルが高いことは明らかである[119]。しかし，それさえクリアしたうえで大規模サーベイやランダム化比較試験（Randomized Controlled Trial：RCT）を行うことができたならば，将来的な研究蓄積には事欠かないであろう（Sheldon and Oakley 2002；Torgerson et al. 2005；Duflo et al. 2007；

↘が喫緊の課題である。

経済学の領域ではAkabayashi and Nakamura（2012）やHojo and Oshio（2012）に見られるように，既に点数化されている筆記試験の成績を学力とみなすことによってこの問題を解決することが一般的である。しかし，教育学の領域ではどのような教育が良い教育かが明らかになっていないにもかかわらず実証分析ばかりが先行されていることや，再現性の乏しい実証分析が行われてしまっていることは既に指摘されていることである（苫野 2022）。さらには，心理学の領域においても実証実験における再現性の問題は近年指摘されており（平石・中村 2021），「理論の正しさを証明するために実証実験するという考えが，そもそも誤り」（小坂井 2023, 27頁）であり，実証実験の前に内的整合性の高い理論構築がなされることの方が重要であることは既に指摘されている通りである（小坂井 2017）。

118　もちろん，本書全体にまつわるこれらの実証研究だけでなく，本稿が依拠したフィルターバブルやエコーチェンバー現象にまつわる実証研究を行っているGeschke et al.（2019）やMichiels（2023）のような先行研究を精緻化するという方向性も考えられるが，本書があくまでマーケティング教育を問題関心にしている以上，実証研究の方向性を拡散させることは得策でないと考えている。

119　教育分野で最初のRCTの一つと言われるWalters（1931）の頃には比較的低かったと思われる倫理的ハードルも，現在では非常に高くなっている。たとえば幼児教育が40歳になってからどのように影響するかを明らかにしているHighSchoop教育研究財団における調査（Schweinhart et al. 2005）や米国における高校生のマインドセットへの介入を大規模に調査したNational Study of Learning Mindsets（NSLM）による調査（Yeager 2019；Yeager et al. 2022）を見ると良い。詳しくはLeigh（2018）も併せて参照されたい。

Haynes et al. 2012；Bland 2015；Leigh 2018；Pearl and Mackenzie 2018）。

この実証分析においては，既に述べたように，羽藤他（2016）や武市他（2017），小具（2021）といった学生の成長に関する既存の実証分析で行われているような学生の主観に基づく能力評価ではなく，客観的な能力を測定するための尺度が求められる。それが座学だけであれば（設問の良否を度外視すれば）記憶量という，ある意味では分かりやすい指標になることも考えられる。しかし，問題解決（能力）を測定するための指標はというと，議論すら十分になされていない。さらには，もちろんのことであるが，この場合，「PBL 紛い」や「見せかけの PBL」という表現で批判的に述べたように，産学連携における商品化や各種コンテストにおける受賞が成果指標になるわけがないということも付言しておく。ビジネススクールの例ではあるが，同僚からの他者評価というかたちでリーダーシップを測定している既存研究もあることから（Page et al. 2021），評価手法にまつわる研究蓄積がまたれるところである。

本書に残された課題として，第六に，同じ実証研究においても，日本と欧米との国際比較が行われる必要も出てくるであろう。第2章で確認した通り，日本は初入学者平均年齢が 18 歳と，OECD32 か国中最年少であるというデータがある。すると，高卒後すぐに大学に入学した学生と，実務経験を経てから大学に入学した学生との間でのマーケティングに対する理解度や課題解決能力の伸びを比較するといった作業も行えよう。

第七に，本書では第2章においてデータで確認したように，日本では高校から実務経験や兵役などを経ずに大学に進学するという点において，大学生がもつ属性が諸外国のものとは違っているという前提で議論してきた。もちろん，Gurrieri and Reid（2022）でも議論されているように，教育というのは各国の制度や事情に基づくものであり，それぞれの国の独自性にのっとった議論に意味がないわけではない。しかしながら，日本の大学・学部でのマーケティング教育が諸外国のそれといかなる点でどのように異なるのかについて議論するためにも，海外におけるマーケティング教育にまつわる既存研究のレビューや実証データの収集，現地調査など，行うべき課題が山積みである[120]。

120　そのような議論の中には，薄井（2023）が日本の商業教育の歴史を議論し，Gray et al. ↗

第八に，本書では大学・学部におけるマーケティング教育に関する議論を行ったが，松繁（2004），小杉（2010），佐藤（2011），中原・溝上（2014），本田（2005b, 2009, 2014），本田編著（2018）などで既に議論されているような，大学での学びから就業後へのトランジションにまつわる議論をマーケティングで行うという作業も必要かもしれない。これらの既存研究では大学生を学部・専攻の別を重視することなく包括的に調査しているが，マーケティングを専攻した学生の「その後」にまつわる調査を行うことによって，また，それが他学問を専攻した学生のそれとどのように異なるのかを比較分析することによって，マーケティングにおける学びが他の文系学問・社会科学系学問における学びといかなる差を生むのかにまつわる分析を行うこともできるだろう[121]。そこに何らかの有意な差がないのだとすれば，マーケティング教育とは何のために行うのかという問題を問い直す必要が生じるかもしれないのである。

第九に，本書ではマーケティングの身体化やメタ問題発見にまつわる議論を行い，その重要性を指摘したが，この点に関する考察は緒にも就いていない。世の中はマーケティング問題に溢れており，学生がその問題に気づきさえすれば解決方法などいかようにも考えることができる（かもしれない）。しかし，どうすれば学生がマーケティングを身体化させ，マーケティング問題を発見できるようになるのかについては議論しきれなかった。本書が対象としたのは大学におけるマーケティング教育である以上，リアルなビジネスの現場にいない学生にいかにマーケティング問題に興味・関心をもってもらい，課題を与えられることなく自ら発見できるようになるにはどうすれば良いのかということについての議論を別途行う必要があろう[122]。

↘（2021）が *Journal of Marketing Education* 誌の35年の歴史を振り返っているように，教育史ともいえるような分析も含まれうる。何故なら，前者の場合，日本におけるマーケティング教育前夜ともいえるような時代の教育観を見ることができるし，後者の場合，時代ごとのマーケティング教育におけるトレンドを確認することもできるからである。

121　古くは経済学者の森嶋（1985）が日本の大学を就職活動の登竜門と位置付けるような考え方に対して否定的な発言をしている。筆者も大学の就職予備校化ともいえるような状況には徹底的に否定的な立場をとっていることを付言しておく。

122　高岡（2022a）はイノベーションの文脈ではあるが，問題発見能力を「学校教育で身につけられるものではありません」（130頁）と看破し，その最大の理由として学校教育における↗

本書の課題として第十に，座学，ケースメソッド，PBLのいずれの手法を用いるにせよ，マーケティング論固有の理論とは果たしていかなるものなのかということが十分に議論できなかった。本書では一般的・典型的な（「標準的」ではない）テキストを例にマーケティング講義について議論し，ケースメソッドやPBLについてはそれぞれ具体例を用いて議論したものの，これらがマーケティング論固有の理論に基づいたものであるということを十分に説明できていない。マーケティング論固有の理論課題を明確にしないまま論を進めたことは本書の大きな問題点であろう。

ほんの少しの貢献

本書に少しでも貢献があるとすれば，大別すると以下の5つが挙げられるだろう。それは第一に，マーケティングを教育という観点から論じたところである。そこには3つの意義があると考える。1つは，本書の議論を通して，マーケティングを教えるとは単なる情報の伝達でもなければHowの伝授でもないということが分かった。大切なことはマーケティングにおける理論（命題）の指導であるということは，マーケティング論における理論（命題）の蓄積がさらに求められるのだということである。すなわち，所謂ノウハウの蓄積やデータ分析（だけで終わってしまう研究）ではなくマーケティング論における理論構築の重要性をマーケティング教育の観点からも確認できたのである。

もう1つは，マーケティング教育を体系的に議論したことにより，我々教員が長年に亘って行ってきた教育スタイルに対する問題提起を行ったことである。マーケティングに標準的といえるテキストが存在しなくて良いのか，一方的な情報の伝達で良いのか，ケースメソッドで切り取られた現実をどのように扱うべきなのか，PBLの標準的手法の確立を行わなくて良いのかなど，様々な議論がこれから生まれ出てくることを期待している。特に本書が十全に議論できなかった問題発見を教えることの難しさを考えると，研究者というだけでなく教育者でもある我々は「研究即生活，生活即研究」（石井 2023, 49頁）だ

↘画一性を挙げている。筆者は現時点で，このことについて反論すべき理論的・実証的根拠をもてていない。マーケティング教育者として忸怩たる思いしかない。

けでなく「教育即生活，生活即教育」ともいえるスタイルをもつことが大切であろう。

最後は，これはマーケティングに限らず多くの大学教育に対して言えることであるが，我々大学教員は教育実習を受けて大学教員になったわけでも，教員免許を持って教員になれたわけでもない。研究業績が認められて教員になった（であろう）者がほとんどである。すると，教育という場面においては，素振りもしたことがない打者がいきなりバッターボックスに立つようなもので，それでヒットやホームランが打てるはずもない（極論をいうなら，バットの持ち方すら分からないかもしれない）。本書の問題提起がこの状況に一石を投じる試みなのだとすれば，今後より充実したマーケティング教育が全国で展開される可能性にもつながるだろう[123]。

本書の貢献として第二に，実務に対する貢献が挙げられる。大学における教員－学生という関係性，すなわち教育に特化した関係性の中でマーケティングを教えることがこれだけ難しいことが明らかになった以上，実務の世界でマーケティングを教えることが困難だということは言うまでもない。もちろん，実務家であれば各自の経験値を持っている。しかし，その経験もそれぞれのキャリアの中で「切り取られた現実」の中でのそれであり，たった一回（あるいは数回）の研修や独学，メンター制といった方法でマーケティングを修得できるのかということを考える契機にもなったであろう。

企業研修で定評のある立教大学中原淳教授は自身のブログの中で「いつも思うことのひとつにリーダーシップって，1時間の単発講演では『教えられない』んだけどなぁというものがあります」（2023年3月22日付）と述べている[124]。リーダーシップというマーケティングとは異なる分野ではあるが，中原氏が「リーダーシップ開発理論は，この20年で猛烈な勢いで発達しており，レビュー論文も出てきています。効果性にまつわる論文もあります。そうした研究知見をしっかり踏まえてカリキュラム設計を行う必要があるでしょ

123　恩蔵他（2003）が提示しているマーケティング教育独自の倫理観の問題は，この先にあるものとみなすべきであろう。

124　立教大学経営学部中原淳研究室ブログ（http://www.nakahara-lab.net/blog/archive/14941），2023年4月7日閲覧。

う」と述べていることは，マーケティングにおいても完全に合致するというのが筆者の見解である（Gray et al. 2012）。

すなわち，我々大学教員は半期15回90分の講義を通しても，学生にマーケティングを習得・修得させることができていない（ことが多い。もしそれができているのなら，世の中にもっと多くのスターマーケターが誕生していてもおかしくない）。もちろん筆記試験などを通して一定以上の教育目標に到達した学生に対しては単位を授与しているが，それをもって「マーケティングを修得した学生を育てた」と豪語する厚顔無恥な教員など，皆無に等しいのではないだろうか。そう考えると，企業におけるマーケティング修得の在り方に対しても，本書が問題提起できていることがあるのではないだろうか。

本書の貢献として第三に，天野（2013），苅谷（2002, 2008, 2012a, 2012b, 2013, 2020b），苅谷・吉見（2020），三谷（2017），佐藤編（2018），吉見（2016, 2020, 2021）といった既存の大学論に対する貢献が挙げられる。多くの大学論では日本の大学制度の問題や大学改革の問題を取り扱ってきた。それは文科省の方針にまつわるものや日米欧の比較など様々なものが存在するが，講義を受ける学生のことをこれだけ掘り下げて議論した研究はあまり見られないのではないだろうか。「学びの可能性が信頼されてもいない」（吉見 2020, 14頁）といわれる日本の大学教育において専門性の教育に焦点を当てることには，それだけで意義があるといえる。もちろん教育そのものを扱う教育学では教育というものについて真摯に議論が重ねられている。しかしながらその場合でも，多くの研究が英語をはじめとする一般教育にまつわる議論や包括的な議論で終わっており，特定の専門分野における教育論を論じたものは寡聞にして聞かない。

第四に，広い意味での認知科学を含む教育学の適用・応用可能性を指し示すことができた。既存研究の多くは教育社会学や教育心理学，教育経済学のように，他学問から教育（学）を分析しようとしたものである一方，教育学そのものの適用・応用可能性についてはあまり触れられてこなかった。本書が社会科学をはじめとする様々な学問における「教育」を論じることにつながれば，望外の喜びである。

最後に，本書最大の貢献として，マーケティングを教育という側面から論じるという論点を提供した，すなわちマーケティング論に対する新たな問題提起を行ったということを挙げておこう。極論すれば，『マーケティング教育学』というタイトルの本が図書館（の書庫）に並んだというだけで一定の貢献があるかもしれない。

マーケティングを教育することの大切さ，その方法論や関連する理論を問題提起のかたちででも出すことが今後のマーケティング教育，ひいてはマーケティング研究の発展につながり，それが世の中のマーケティングをより充実したものにするのであれば，本書があまりに渺々たる作業の中での眇たるを行ったに過ぎないとしても，そこに一定の価値が生まれるのではないだろうか。先に記した山積みの課題ですら，この研究領域における可能性を明示したことに他ならず，たった10個しか挙げられなかった課題を今後の議論によって一層明らかにしていくことが求められる。

あとがき

still a long way to go

これは本書の草稿を読んで下さった方がメモ書きとして記入下さった言葉です。「まだ先は長い」，まさにその一言に尽きます。本書では理論の定式化も実証的知見も示すことができておらず，ただ問題提起をしているに過ぎません。「So, What? としか言えへんやんやないけ」という声が聴こえてきそうです（本書が想定している読者層である紳士淑女であればもっと丁寧な言い方をなさるのでしょうが）。

もちろん，問題提起をしているだけに過ぎない本書を上梓することに散々迷いました。問題提起そのものに意義があるのか，また，隘路に陥ってばかりの私自身の思考プロセスをさらけ出すことに何の意味があるのか，そもそもこのようなテーマに興味をもつ方がどれだけいるのか，どこにも何の自信もありません。しかし，マーケティングを教えるとは国語教諭が四面楚歌を教えたり社会科教員が江戸幕府誕生年を教えたり数学講師が因数分解の公式を教えたりして児童・生徒の情報量を増やすこととは異なるに違いない，では，その達成目的とは何なのかを考えることがひいてはマーケティング教育を実りあるものにするのではないか，マーケティングという学問に何らかの寄与するものがあるのではないかと思い，本書を上梓しました。

この本にマーケティング（論）における価値が少しでもあるのだとすれば，4人プラス α の方々の存在なくしては本書を上梓することはできませんでした。大学時代からの親友である表弘一郎氏（現・城西大学経済学部准教授）からは「学ぶことの面白さ」を教わりました。不本意に経済学部に入学し，アルバイトに明け暮れ，講義をサボりまくっていた私が曲がりなりにも学問に携わることができたのは弘一郎さんのおかげです。また，教員になりたいと思っていたのに教職課程を履修することすら叶わず進路選択を迷走していた時に大学院進学の途を教えて下さったのも弘一郎さんでした。あなたは私の人生を変えてくれた人生で一番の刎頸の友です。

大学１回生の冬に『マーケティングの神話』(日本経済新聞社→岩波現代文庫）に出逢わねばマーケティングという学問の面白さに気づくこともできなかったでしょう。その著者である石井淳蔵先生（神戸大学名誉教授）の元で学びたいという想いが勉強嫌いの私が図書館に通う原動力になりました。また，同書に着想を得て書いた論文「恋愛の市場における商品価値」(滋賀大学経済学部学生懸賞論文２席）は人生で初めて書いた論文（というにもあまりにもお粗末なものですが）であり，初めて学術論文に引用された論文でもあります。

大学院に進学して石井先生と初めてお会いした時には，まるでアイドルのコンサートに行った中学生のように緊張と興奮が収まりませんでした。その後，ゼミ生として，研究者の卵として石井先生と対峙すると，その一言一言に人生観を変えられる思いをし，先生の研究に一歩でも半歩でも近づきたいと願うようになりました。博士課程時代に研究テーマに迷走していた私に対し「坂田は研究に思い入れがなさすぎる」というお言葉を投げかけて下さった時には，心の中で「だって俺がなりたいのは研究者じゃなく教育者なんやもん」と思っていました。今にして思えば何と傲慢なことをと思います。すみません…。

私が博士後期課程在籍中に石井先生が「坂田は教育問題を扱ってみたらどうや？」とおっしゃって下さったことがずっと頭の中にありました。本書は25年越しの宿題を終えた一冊です。とはいえ，本書を上梓してもなお石井先生の研究に１ミリも近づけていないことを猛省しております。石井先生は今もなお私にとって唯一絶対ともいえる憧憬の研究者です。

上記学生懸賞論文の審査をした教員が石井ゼミ出身者だと聞いたのは学部２回生の秋頃だったでしょうか。すぐにその方の講義を履修し，あまりに衝撃的でした。一言でいうなら「おもろい」。二言目をいうなら「格好良い」。三言目をいうなら「こんな風になりたい」。教員になることを諦めていた私に大学教員になるんだと思わせて下さったのは，インターネットがなかった時代の私に自分の世界を広げることの喜びを，楽しさを教えて下さったのは竹村正明先生（現・明治大学商学部教授）でした。先生の講義を履修し終えてしまった後は，先生が大学にいらっしゃるタイミングを狙って研究室の前で待ち伏せしてばかりでした。いま考えると先生のご都合を気にすることもなく，ただただ竹村先生の話を聞きたい，竹村先生の傍にいたいという想いばかりでした。ストーカーだと通報せずにいて下さり感謝しております。竹村先生が石井門下生だったおかげで何が何でも神戸大学に合格しようと決意できました。

今でも自分が教壇に立った時には「竹村先生ならどう教えるかな」と頭をよぎります。学生と対峙する際には竹村先生の真似ばかりしているような気がします。そのせいか，私のゼミにも何故か竹村ファンが多数おります。しかし，いまでも竹村先生の一番弟子は私だと，竹村先生の一番のファンは私だと自負しております。竹村先生が私のことを「坂田先生」でも「坂田さん」でもなく学部生時代のように「隆文」と呼んで下さると，アラフィフ親父になってしまった私が二十歳前後の学生の頃のように真っすぐな気持ちを取り戻せます。その竹村先生に本書の草稿をお読み頂けたことで本書を上梓する勇気をもてました。ただただ感謝しております。

最後の一人は，大学4回生の頃の恋人です。大学で留年が決まり就職を焦っていた私が当時付き合っていた彼女に進路相談した際に返してきた言葉は「(就職と大学院進学の) どちらを選んでくれてもいいけど，20年後とか30年後とかに愚痴らんといてよ」という言葉でした。18歳の恋人が数十年後のことまで考えて私と付き合ってくれているのだと感じられ，その言葉で自分が進む道を選ぶことができました。あれから四半世紀以上が経ったいま，私は妻となったあなたに愚痴をこぼしていないでしょうか（こぼしていたらごめんなさい)。あなたがいなければこの本は世に出ませんでしたよ。

そして中京大学商学部・総合政策学部坂田隆文ゼミの卒業生・学生との出逢いがなければ本書は出来上がりませんでした。その一人ひとりの名前を書き記すことはできませんが，皆さんにも感謝しています。あなたたちを指導し，あなたたちからたくさんのことを学ぶことができています。半学半教という言葉の存在を教えて下さったのは石井先生でしたが，その意味を体感できているのは素晴らしい教え子であるあなたたちに出逢えたからです。ありがとう。

新型コロナウイルス感染症（COVID-19）の脅威が忘れられつつある日に

坂田 隆文

初出一覧

はじめに：書き下ろし。

第１章：坂田隆文（2022b）「マーケティング教育の実態と課題に関する問題提起」日本マーケティング学会ワーキングペーパー，Vol. 9，No. 2 を基に大幅に加筆修正。

第２章：坂田隆文（2023d）「大規模教室でマーケティングを教えられなくなる日」日本マーケティング学会ワーキングペーパー，Vol. 9，No. 11；坂田隆文（2024）「マーケティング教育におけるフラグメンテーション問題」『総合政策論叢』第 15 号，1–16 頁を基に大幅に加筆修正。

第３章：坂田隆文（2023b）「マーケティング論における教育困難性に関する試論」『総合政策論叢』第 14 号，61–78 頁；坂田隆文（2023c）「マーケティング・スキーマの解消によるマーケティング教育効果の進展」日本マーケティング学会ワーキングペーパー，Vol. 9，No. 10 を基に大幅に加筆修正。

第４章：書き下ろし。

第５章：坂田隆文（2003）「マーケティング志向の成長戦略：オタフクソース株式会社」『マーケティング・ジャーナル』第 90 号，125–137 頁；坂田隆文（2005）「ソースを売らないソース会社」石井淳蔵・大西潔編著『マーケティング・クリエイティブ〔第１巻〕』碩学舎，33–48 頁を基に大幅に加筆修正。

第６章：書き下ろし。

第７章：坂田隆文（2022a）「株式会社五合：BtoB 企業における産学連携による BtoC 商品の企画発売」慶應義塾大学ビジネス・スクール＃ 90–21–15403 を基に大幅に加筆修正。

第８章：書き下ろし。

終　章：書き下ろし。

文中引用文献

Aaker, David (2014), *Aaker on Branding: 20 Principles That Drive Success*, Morgan James Publishing. (阿久津聡訳『ブランド論：無形の差別化をつくる 20 の基本原則』ダイヤモンド社，2014 年。)

Akabayashi, Hideo and Ryosuke Nakamura (2012), "Can Small Class Policy Close the Gap? An Empirical Analysis of Class Size Effects in Japan," *Japanese Economic Review*, 65 (3), pp. 253-281.

Almulla, Mohammed Abdullatif (2020), "The Effectiveness of the Project-Based Learning (PBL) Approach as a Way to Engage Students in Learning," *SAGE Open*, July-September pp. 1-15.

Anderson, Paul F. (1983), "Marketing, Scientific Progress, and Scientific Method," *Journal of Marketing*, 47 (Fall), pp. 18-31.

Armstrong, Gary and Philip Kotler (2020), *Marketing: An Introduction Global Edition*, 14th edition., Pearson Education Inc. (恩蔵直人監訳，バベルプレス株式会社訳『コトラーのマーケティング入門〔原書 14 版〕』丸善出版，2022 年。)

Asbury, Kathryn and Robert Plomin (2013), *G is for Genes: The Impact of Genetics on Education and Achievement*, Wiley Blackwell. (土屋廣幸訳『遺伝子を生かす教育：行動遺伝学がもたらす教育の革新』新曜社，2016 年。)

Barnes, Louis B., C. Roland Christensen and Abby J. Hansen (1994), *How to Teach The Case Method*, 3rd Edition, Harvard Business Press. (髙木晴夫訳『ケース・メソッド教授法』ダイヤモンド社，2010 年。)

Barrows, Howard S. (1985), *How to Design a Problem-Based Curriculum for the Preclinical Years*, Springer Publishing Co.

Barrows, Howard S. (1986), "A Taxonomy of Problem-Based Learning-Methods," *Medical Education*, 20 (6), pp. 481-486.

Bartlett, Frederic C. (1932=2010), *Remembering: A Study in Experimental and Social Psychology* (paper back), Cambridge University Press.

Belk, Russell W. and Nikhilesh Dholakia (1996), "Introduction: The Shaping of Consumption and Marketing Institutions," in R. W. Belk, N. Dholakia and A. Venkatesh (eds.), *Consumption and Marketing: Macro Dimension*, South-Western College Publishing, pp. 1-18.

Belk, Russell W., N. Dholakia, and A. Venkatesh (eds.) (1996), *Consumption and Marketing: Macro Dimension*, South-Western College Publishing.

Bland, Martin (2015), *An Introduction to Medical Statistics 4th edition*, Oxford University

Press.

Bonwell, Charles C. and James A. Eison (1991), *Active Learning: Creating Excitement in the Classroom*, Jossey-Bass.

Brown, Stephen (1997), "Marketing science in a postmodern world: introduction to the special issue," *European Journal of Marketing*, Vol. 31, No. 3/4, pp. 167-182.

Brown, Stephen (2001), "Art or Science? Fifty Years of Marketing Debate," *The Marketing Review*, Vol. 2, No. 1, pp. 89-119.

Casasanto, Daniel (2009), "Embodiment of Abstract Concepts: Good and Bad in Right- and Left-Handers," *Journal of Experimental Psychology: General*, Vol. 138, No. 3, pp. 351-367.

Casasanto, Daniel, Kyle Jasmin, Geoffrey Brookshire and Tom Gijssels (2014), "The QWERTY Effect: How typing shapes word meanings and baby names," in P. Bello, M. Guarini, M. McShane and B. Scassellati (eds.), *Proceedings of the 36th Annual Conference of the Cognitive Science Sosiety*, pp. 296-301.

Christensen, C. Roland, David A. Garvin and Ann Sweet (1992), *Education for Judgment: The Artistry of Discussion Leadership*, Harvard Business Review Press; Reprint.

Christensen, Clayron M. and Raynor, Michael E. (2003), *The Innovator's Solution*, Harvard Business School Publishing Corporation.（玉田俊平太監訳，櫻井祐子訳『イノベーションへの解』翔泳社，2003年。）

Christensen, Clayton M., Karen Dillon, Taddy Hall and David S. Duncan (2016), *Competing Against Luck: The Story of Innovation and Customer Choice*, Harper Business.（依田光江訳『ジョブ理論：イノベーションを予測可能にする消費のメカニズム』ハーパーコリンズ・ジャパン，2017年。）

Clancy, A., Cullen, J. G., Hood, A., and McGuinness, C. (2021), "Student engagement with experiential learning in large classes," *Journal of Management Education*, 45 (3), pp. 340-343.

Conley, Dalton and Jason Fletcher (2017), *The Genome Factor: What the Social Genomics Revolution Reveals About Ourselves, Our History, and the Future*, Princeton University Press.（松浦俊輔訳『ゲノムで社会の謎を解く：教育・所得格差から人種問題，国家の盛衰まで』作品社，2018年。）

Cook, Thomas D. and Monique R. Payne (2002), "Objecting to the objections to using random assignment in educational research," in Frederick Mosteller and Robert Boruch (eds.), *Evidence Matters: Randomized Trials in Education Research*, Brookings Institution Press. pp. 150-178.

Copeland, Melvin Thomas (1958), *And Mark an Era: The Story of the Harvard Business School*, Little, Brown.

Crittenden, Victoria L. (2023), "The (R) evolution of Marketing Education," *Journal of Marketing Education*, Vol. 45 (1), pp. 3-4.

Dean, Kathy Lund and Sarah Wright (2017), "Embedding engaged learning in high enrollment lecture-based classes," *Higher Education*, 74, pp. 651-668.

Deutscher, Guy (2010), *Through the Language Glass*, Arrow.（椋田直子訳『言語が違えば，世

界も違って見えるわけ』ハヤカワノンフィクション文庫，2022 年。）

Dholakia, Nikhilesh and Ruby Roy Dholakia (1985), "Choice and Choicelessness in The Paradigm of Marketing," in Changing the Course of Marketing: Alternative Paradigms for Widening Marketing Theory, *Research in Marketing*, Supplement 2, pp. 173-185.

Dholakia, Nikhilesh, Aron Darmody, Detlev Zwick, Ruby Roy Dholakia and A. Fuat Fırat (2021), "Consumer Choicemaking and Choicelessnessin Hyperdigital Marketspaces," *Journal of Macromarketing*, Vol. 41 (1), pp. 65-74.

Donovan, Paul and Alison Hood (2021), "Experiential Learning in the Large Classroom Using Performative Pedagogy," *Journal of Management Education*, Vol. 45 (3), pp. 344-359.

Duflo, Esther, Rachael Glennerster and Michael Kremer (2007), "Chapter 61 Using Randomization in Development Economics Research: A Toolkit," in T. Paul Schultz and John A. Strauss (eds.), *Handbook of Development Economics*, Vol. 4, Elsevier, pp. 3895-3962.

Ellet, William (2007), *The Case Study Handbook*, Harvard Business Press.（斎藤聖美訳『入門ケース・メソッド学習法』ダイヤモンド社，2010 年。）

Ericsson, K. Anders (ed.) (1996), *The Road to Excellence: The Acquisition of Expert Performance in the Arts and Sciences, Sports and Games*, Lawrence Erlbaum.

Exeter, Daniel J., Shanthi Ameratunga, Matiu Ratima, Susan Morton, Martin Dickson, Dennis Hsu and Rod Jackson (2010), "Student engagement in very large classes: the teachers' perspective," *Studies in Higher Education*, 35 (7), pp. 761-775.

Ewing, David W. (1990), *Inside the Harvard Business School: Strategies and Lessons of America's Leading School of Business*, Crown.（茂木賢三郎訳『ハーバードビジネス・スクールの経営教育』阪急コミュニケーションズ，1993 年。）

Finch, David, John Nadeau and Norm O'Reilly (2013), "The future of marketing education: A practitioner's perspective," *Journal of Marketing Education*, 35 (1), pp. 54-67.

Fincher-Kiefer, Rebecca (2019), *How the Body Shapes Knowledge: Empirical Support for Embodied Cognition*, American Psychological Association.（望月正哉・井関龍太・川﨑恵里子訳『知識は身体からできている：身体化された認知の心理学』新曜社，2021 年。）

Finke, Ronald. A., Thomas B. Ward and Steven M. Smith (1992), *Creative Cognition: Theory, Research, and Applications*, The MIT Press.（小橋康章訳『創造的認知：実験で探るクリエイティブな発想のメカニズム』森北出版，1999 年。）

Fiorella, Logan and Richard E. Mayer (2013), "The relative benefits of learning by teaching and teaching expectancy," *Contemporary Educational Psychology*, 38 (4), pp. 281-288.

Firat, A. Fuat (1977), "Consumption Patterns and Macromarketing: A Radical Perspective," *European Journal of Marketing*, Vo. 11, No. 4, pp. 291-298.

Firat, A. Fuat (1978), *The Social Construction of Consumption Patterns*, unpblished Ph.D. dissertation, Northwestern University, Evanston, IL.

Firat, A. Fuat (1985a), "A Critique of The Orientations in Theory Development in Consumer Behavior: Suggestions for the Future," *Advances in Consumer Research*, Vol. 12, pp. 3-6.

Firat, A. Fuat (1985b), "Ideology vs. Science in Marketing," in Johan Arndt and Nikhilesh

Dholakia (eds.), *Changing the Course of Marketing: Alternative Paradigms for Widening Marketing Theory, Research in Marketing*, Supplement 2, pp. 135-146.

Firat, A. Fuat (1987a), "The Social Construction of Consumption Patterns : Understanding Macro Consumption Phenomena," in A. Fuat Firat, N. Dholakia and R. Bagozzi (eds.), *Philosophical and Radical Thought in Marketing*, Lexington. pp. 251-267

Firat, A. Fuat (1987b), "Consumption Experiences and Consumption Patterns: Towards A Deeper Understanding of Underlying Dimensions," *unpublished*.

Firat, A. Fuat (1988), "A Critical Historical Perspective on Needs: The Macro or The Micro Rationale?," in Shapiro, Stanley and A. H. Walle (eds.), *1988 AMA Winter Educators' Conferences, Marketing: A Return to the Broader Dimensions*, American Marketing Association, pp. 289-295.

Firat, A. Fuat (1992), "Fragmentations in the postmodern," *Advances in Consumer Research*, 19, pp. 203-206.

Firat, A. Fuat (1997), "Globalization of fragmentation: A framework for understanding contemporary global markets," *Journal of International Marketing*, 5 (2), pp. 77-86.

Firat, A. Fuat and Clifford J. Shultz II (1997), "From segmentation to fragmentation," *European Journal of Marketing*, Vol. 31, No. 3/4, pp. 183-207.

Firat, A. Fuat and Dholakia, Nikhilesh (1982), "Consumption Choices at the Macro Level," *Journal of Macromarketing*, Vol. 2 (Fall), pp. 6-15.

Firat, A. Fuat and Dholakia, Nikhilesh (1998), *Consuming People: From Political Economy to Theaters of Consumption*, Routledge.

Flaxman, Seth, Sharad Goel and Justin M. Rao (2016), "Filter bubbles, echo chambers, and online news consumption," *Public Opinion Quarterly*, Vol. 80, pp. 298-320.

George, Alexander L. and Andrew Bennett (2005), *Case Studies and Theory Development in the Social Sciences*, The MIT Press.（泉川泰博訳『社会科学のケース・スタディ』勁草書房，2013年。）

Geschke, Daniel and Jan Lorenz and Peter Holtz (2019), "The triple-filter bubble: Using agent-based modelling to test a meta-theoretical framework for the emergence of filter bubbles and echo chambers," *British Journal of Social Psychology*, 58, pp. 129-149.

Glemberg, Arthur M., Jessica K. Witt and Janet Metcalfe (2013), "From the Revolution to Embodiment: 25 Years of Cognitive Psychology," *Perspectives on Psychological Science*, Vol. 8 (5), pp. 573-585.

Gray, Deborah M., James W. Peltier and John A. Schibrowsky (2012), "The Journal of Marketing Education: Past, Present, and Future," *Journal of Marketing Education*, 34 (3), pp. 217-237.

Gurrieri, Lauren and Mike Reid (2022), "The Future of the Australasian Marketing Academy: Challenges and Priorities," *Australasian Marketing Journal*, Vol. 30 (3), pp. 161-167.

Guyatt, Gordon H. (1991), "Evidence-Based Medicine," *ACP Journal Club*, No. 114, Mar-April, p. A-16.

Hampton, David R. (1993), "Textbook Test File Multiple-Choice Questions can Measure (A)

Knowledge, (B) Intellectual Ability, (C) Neither, (D) Both," *Journal of Management Education*, 17 (4), pp. 454-471.

Hanson, Norwood Russell (1958), *Patterns of Discovery: An Inquiry into the Conceptual Foundations of Science*, Cambridge University Press.（村上陽一郎『科学的発見のパターン』講談社学術文庫，1986 年。）

Hanson, Norwood Russell (1969), *Perception and Discovery*, Freeman Cooper & Company.（野家啓一・渡辺博訳『知覚と発見：科学的探究の論理（上）』紀伊国屋書店，2000 年。）

Harnad, Steven (1990), "The Symbol grounding problem," *Physica D: Nonlinear Phenomema*, 42, pp. 335-346.

Hattie, John (2009), *Visible Learning: A Synthesis of Over 800 Meta-Analyses Relating to Achievement*, Routledge.（山森光陽監訳『教育の効果：メタ分析による学力に影響を与える効果の可視化』図書文化，2018 年。）

Hayes, David (1997), "Helping teachers to cope with large classes," *ELT Journal*, Volume 51, Issue 2, pp. 106-116.

Haynes, Laura, Owain Service, Ben Goldacre and David torgerson (2012), *Test, Learn, Adapt: Developing Public Policy with Randomized Controlled Trial*, Cabinet Office (https://www.bi.team/wp-content/uploads/2013/06/TLA-1906126.pdf).

Henke, John W., Jr., William B. Locander, John T. Mentzer and George Nastas III (1988), "Teaching techniques for the new marketing instructor: Bringing the business world into the classroom," *Journal of Marketing Education*, 10 (1), pp. 1-10.

Hojo, Masakazu and Takashi Oshio (2012), "What Factors Determine Student Performance in East Asia? New Evidence from the 2007 Trends in International Mathematics and Science Study," *Asian Economic Journal*, Vol. 26, pp. 333-357.

Hunt, Shelby D. (1990), "Truth in Marketing Theory and Research," *Journal of Marketing*, 54 (July), pp. 1-15.

Hunt, Shelby D. (1991), "Positivism and Paradigm Dominance in Consumer Research," *Journal of Consumer Research*, 18 (June), pp. 32-44.

Hunt, Shelby D. (1992), "For Reason and Realism in Marketing," *Journal of Marketing*, 56 (April), pp. 89-102.

Jasmin, Kyle and Daniel Casasanto (2012), "The QWERTY Effect: How typing shapes the meanings of words," *Psychonomic Bulletin & Review*, 19, pp. 499-504.

Kelly, Francis J. and Heather Mayfield Kelly (1986), *What They Really Teach You at The Harvard Business School*, Warner Books, Inc.（近藤純夫訳『ハーバードビジネススクールは何をどう教えているか』経済界，1987 年。）

Kofinas, Alexander K. and Crystal Han-Huei Tsay (2021), "In Favor of Large Classes: A Social Networks Perspective on Experiential Learning," *Journal of Management Education*, Vol. 45 (5), pp. 760-785.

Kolb, David A. (2014), *Experiential Learning: Experience as the Source of Learning and Development*, 2nd edition, Pearson FT Press.

Kosinskia, Michael, David Stillwella and Thore Graepelb (2013), "Private traits and attributes are predictable from digital records of human behavior," *PNAS.*, Vol. 110, No. 15, pp. 5802-5805.

Kovachev, Dejan, Yiwei Cao, Ralf Klamma, and Matthias Jarke (2011), "Learn-as-you-go: New Ways of Cloud- Based Micro-learning for the Mobile Web," *10th International Conference on Web-Based Learning*, pp. 51-61.

Lawrence, Randee Lipson (ed.) (2012), *Bodies of Knowledge：Embodied Learning in Adult Education*, Wiley Periodicals, Inc. A Wiley Company.（立田慶裕・岩崎久美子・金藤ふゆ子・佐藤智子・荻野亮吾・園部友里恵訳『身体知：成人教育における身体化された学習』福村出版，2016年。）

Leonard, Dorothy and Walter Swap (2005), *Deep Smarts: How to Cultivate and Transfer Enduring Business Wisdom*, Harvard Business School Publishing Corp.（池村千秋『〔新装版〕経験知を伝える技術』ダイヤモンド社，2013年。）

Leigh, Andrew (2018), *Randomistas: How Radical Researchers Changed World*, Black Inc.（上原裕美子訳『RCT大全：ランダム化比較試験は世界をどう変えたのか』みすず書房，2018年。）

Lévi-Strauss, Claude (1949), *Les structures élémentaires de la parenté*, Paris, Presses Universitaires de France.（福井和美訳『親族の基本構造』青弓社，2000年。）

Levitt, Theodore (1960), "Marketing Myopia," *Harvard Business Review*, July-August.（DIAMONDハーバード・ビジネスレビュー編集部訳「マーケティング近視眼」ハーバード・ビジネス・レビュー編集部編『マーケティングの教科書』ダイヤモンド社，2017年，75-114頁。）

Lombardo, Michael M. and Robert W. Eichinger (2010), *The Career Architect Development Planner: A Systematic Approach to Development Including 103 Research-based and Experience-tested Development Plans and Coaching Tips: For Learners, Managers, Mentors, and Feedback Givers*, 5th edition, Korn/Ferry International.

Mankiw, N. Gregory (2018), *Principles of Economics*, 8th ed., Cengage Learning.（足立英之・石川城太・小川英治・地主敏樹・中馬宏之・柳川隆共訳『マンキュー入門経済学〔第3版〕』東洋経済新報社，2019年。）

Mantai, Lilia and Elaine Huber (2017), "Networked Teaching: Overcoming the Barriers to Teaching Experiential Learning in Large Classes," *Journal of Management Education*, Vol. 45 (5), pp. 715-738.

Maringe, Felix and Nevensha Sing (2014), "Teaching large classes in an increasingly internationalising higher education environment: Pedagogical, quality and equity issues," *Higher Education*, 67 (6), pp. 761-782.

Mayer, Jerry and Jhon P. Holms (1996), *Bite-Size Einstein: Quotations on Just about Everything from the Greatest Mind of the Twentieth Century*, St Martins Pr.（ディスカヴァー21編集部訳『アインシュタイン150の言葉』ディスカヴァー・トゥエンティワン，1997年。）

Mayer, R. E. and M. C. Wittrock (1996), "Problem-solving transfer," Berliner, David C. and Calfee, Robert C. (eds.), *Handbook of Educational Psychology*, Macmillan, pp. 47-62.

Mayhew, Matthew J., Alyssa N. Rockenbach, Nicholas A. Bowman, Tricia A. D. Seifert, Gregory C. Wolniak (eds.) (2016), *How College Affects Students: 21st Century Evidence that Higher Education Works*, Volume 3 Edition, Jossey-Bass.

McFarland, David and Tom Bösser (1993), *Intelligent Behavior in Animals and Robots*, MIT Press.

McNair, Malcolm P. (ed.) (1954), *The Case Method at the Harvard Business School*, McGraw-Hill Book Company Lnc.（慶應義塾大学ビジネス・スクール訳『ケース・メソッドの理論と実際』東洋経済新報社，1977 年。）

Memar, Noushan, Angelina Sundström and Toon Larsson (2021), "Teaching Causation and Effectuation in the Large Classroom: A Production-Trade Game," *Journal of Management Education*, Vol. 45 (3), pp. 438-478.

Michiels, Lien, Jorre Vannieuwenhuyze and Robin Verachtert (2023), "How Should We Measure Filter Bubbles? A Regression Model and Evidence for Online News," *RecSys '23: Proceedings of the 17th ACM Conference on Recommender Systems*. pp. 640-651.

Morrison, Robert F. and Thomas M. Brantner (1992), "What Enhances or Inhibits Learning a New Job? A Basic Career Issue," *Journal of Applied Psychology*, Vol. 77, No. 6, pp. 926-940.

Muller, Jerry Z. (2018), *The Tyranny of Metrics*, Princeton University Press.（松本裕訳『測りすぎ：なぜパフォーマンス評価は失敗するのか？』みすず書房，2019 年。）

Nishimura, Kazuo, Junichi Hirata, Tadashi Yagi and Junko Urasaka (2018), "Science Subjects Studied and Relation to Income after University Graduation -An Empirical Analysis in Japan," *Journal of Higher Education Theory and Practice*, Vol. 18, No. 1, pp. 49-63.

Nonaka, Ikujiro and David Teece (eds.) (2001), *Managing Industrial Knowledge: Creation, Transfer and Utilization*, Sage Publications.

Nonaka, Ikujiro and Hirotaka Takeuchi (1995), *The Knowledge-Creating Company: How Japanese Companies Create the Dynamics of Innovation*, Oxford University Press.（梅本勝博訳『知識創造企業〔改定新版〕』東洋経済新報社，2020 年。）

Nonaka, Ikujiro, Ryoko Toyama and Noboru Konno (2000), "SECI, Ba and Leadership: A Unified Model of Dynamic Knowledge Creation," *Long Range Planning*, Vol. 33 (1), pp. 5-34.

Nonaka, Ikujiro and Hirotaka Takauchi (2019), *The Wise Company: How Companies Create Continuous Innovation*, Oxford University Press.（黒輪篤嗣訳『ワイズカンパニー：知識創造から知識実践への新しいモデル』東洋経済新報社，2020 年。）

O'Brien, E. M. and Kenneth R. Deans (1995), "The position of marketing education: A student versus employer perspective," *Marketing Intelligence & Planning*, 13 (2), pp. 47-52.

Pagani, Laura, Gianluca Argentin, Marco Gui and Luca Stanca (2016), "The impact of digital skills on educational outcomes: evidence from performance tests," *Educational Studies*, Vol. 42 (2), pp. 137-162.

Page, Nadine C., Amanda J., Nimon-Peters and Alexander Urquhart (2021), "Big Need Not Be Bad: A Case Study of Experiential Leadership Development in Different-Sized

Classes," *Journal of Management Education*, Vol. 45 (3), pp. 360-386.

Pariser, Eli (2011), *The Filter Bubble*, Penguin Books.（井口耕二訳『閉じこもるインターネット：グーグル・パーソナライズ・民主主義』早川書房，2012年。）

Pearl, Judea and Dana Mackenzie (2018), *The Book of Why: The New Science of Cause and Effect*, Penguin.（夏目大訳『因果推論の科学：「なぜ？」の問いにどう答えるか』文藝春秋，2022年。）

Peter, J. Paul (1992), "Realism or Relativism for Marketing Theory and Research: A Comment on Hunt's Scientific Realism," *Journal of Marketing*, 56 (April), pp. 72-79.

Peter, J. Paul and Jerry C. Olson (1983), "Is science marketing?," *Journal of Marketing*, 47 (4), pp. 111-125.

Pokropek, Artur, Francesca Borgononvi and Maciej Jakubowski (2015), "Socio-economic disparities in academic achievement: A comparative analysis of mechanisms and pathways," *Learning and Individual Differences*, 42, pp. 10-18.

Polanyi, Michael (1966), *The Tacit Dimension*, Doubleday & Company, INC.（高橋勇夫訳『暗黙知の次元』ちくま学芸文庫，2003年。）

Pritchard, Duncan (2018), *What is this thing called Knowledge?* 4th ed., Routledge.（笠木雅史訳『知識とは何だろうか：認識論入門』勁草書房，2022年。）

Rhodes, Samuel C. (2021), "Filter bubbles, echo chambers, and fake news: How social media conditions individuals to be less critical of political misinformation," *Political Communication*, 39 (1), pp. 1-22.

Ritzer, George (1993), *The McDonaldization of Society*, Pine Forge Press.（正岡寛司監訳『マクドナルド化する社会』早稲田大学出版部，1999年。）

Ritzer, George (1998), *The McDonaldization Thesis*, Sage Publication.

Ritzer, George (2001), *Explorations in the Sociology of Consumption: Fast Food, Credit Cards and Casinos*, Sage Publication.

Robson, Karen and Adam J. Mills (2022), "Teaching, Fast and Slow: Student Perceptions of Emergency Remote Education," *Journal of Marketing Education*, Vol. 44 (2), pp. 203-216.

Rossiter, John R. (2001), "What is marketing knowledge? Stage I: forms of marketing knowledge," *Marketing Theory*, Vol. 1 (1), pp. 9-26.

Rothwell, William J. and H. C. Kazanas (2004), *Improving On-the-Job Training: How to Establish and Operate a Comprehensive OJT Program*, 2nd ed., Pfeiffer.

Sakata, Takafumi and Masaaki Takemura (2024), "Knowledge Fragmentation of Marketing Schema by Digital Devices in Large Class," *MOBTS Oceania 2024 Proceedings*.

Sakata, Takafumi and Masaaki Takemura (forthcoming), "Vanishing Standard Marketing Knowledge by Digital Devices in Large Class Lecture in Japan," *IMOBTS 2024 Proceedings*.

Sasahara, Kazutoshi, Wen Chen, Hao Peng, Giovanni Luca Ciampaglia, Alessandro Flammini and Filippo Menczer (2021), "Social influence and unfollowing accelerate the emergence of echo chambers," *Journal of Computational Social Science*, 4 (1), pp. 381-402.

Schweinhart, Lawrence J., Jeanne Montie, Zongping Xiang, W. Steven Barnett, Clive R.

Belfield and Milagros Nores (2005), *Lifetime Effects: The High/Scope Perry Preschool Study Through Age 40 (Monographs of the High/Scope Educationa Research Foundation)*, High/Scope Foundation.

Shapiro, Lawrence (2019), *Embodied Cognition: New Problems of Philosophy*, Routledge.

Sheldon, Trevor and Ann Oakley (2002), "Why we need randomised trials," in Lelia Duley and Barbara Farrell (eds.), *Clinical Trials*, BMJ Publishing, pp. 13–24.

Sheth, Jagdish N. (1985), "Presidential Adress: Broadening The Horizons of ACR and Consumer Research," *Advances in Consumer Research*, Vol. 12, pp. 1–2.

Simon, Herbert A. and Chase, William G. (1973), "Skill in chess," *American Scientist*, 61 (4), pp. 394–403.

Singh, Maliha Kaur Kuldip and Narina A. Samah (2018), "Impact of smartphone: A review on positive and negative effects on students," *Asian Social Science*, 14 (11), pp. 83–89.

Skinner, Burrhus F. (1974), *About Behaviorism*, Knopf.（犬田充訳『行動工学とは何か：スキナー心理学入門』佑学社，1975 年。）

Sloman, Steven and Philip Fernbach (2017), *The Knowledge Illusion: Why We Never Think Alone*, Riverhead Books.（土方奈美訳『知ってるつもり：無知の科学』早川書房，2021 年。）

Smart, Denise T., Craig A. Kelley and Jeffrey S. Conant (1999), "Marketing Education in the Year 2000: Changes Observed and Challenges Anticipated," *Journal of Marketing Education*, Vol. 21 (3), pp. 206–216.

Spear, Steven and H. Kent Bowen (1999), "Decoding the DNA of the Toyota Production System," *Harvard Business Review*, Sep.-Oct., pp. 1–12.

Steels, Luc (2008), "The symbol grounding problem has been solved, so what's next?," in Manuel de Vega, Arthur Glenberg and Arthur Graesser (eds.), *Symbols, Embodiment and Meaning*, Oxford University Press, pp. 223–244.

Sternberg, Robert J. and Richard K. Wagner (1992), "Tacit Knowledge: An Unspoken Key to Managerial Success," *Creativity and Innovation Management*, 1 (1), pp. 5–13.

Stiglitz, Joseph Eugene and Carl E. Walsh (2006), *Economics*, 4th ed., Norton & Company Inc.（藪下史郎・秋山太郎・蟻川靖浩・大阿久博・木立力・宮田亮・清野一治共訳『スティグリッツ入門経済学〔第 4 版〕』東洋経済新報社，2012 年。）

Sunstein, Cass R. (2001), *Republic.com*, Princeton University Press.（石川幸憲訳『インターネットは民主主義の敵か』毎日新聞社，2003 年。）

Takemura, Masaaki (2018), "Education, Enterprise Capitalism, and Equity Challenges: The Continuing Relevance of the Correspondence Principle in Japan," *Markets, Globalization & Development Review*, 3 (4), pp. 1–9.

Tang, Changjie, Qing Li, Rynson W. H. Lau and Xiaodong Huang (2002), "Supporting Practices in Web-Based Learning," *Advances in Web-Based Learning*, pp. 300–309.

Torgerson, Carole J., David J. Torgerson, Yvonne F. Birks and Jill Porthouse (2005), "A comparison of randomised controlled trials in health and education," *British Educational Research Journal*, Vol. 31, No. 6, pp. 761–785.

Tversky, Barbara (2019), *Mind in Motion: How Action Shapes Thought*, Basic Books.（渡会圭

子訳『Mind in Motion：身体動作と空間が思考をつくる』森北出版，2020 年。）

Ulusoy, E. and Firat, A. Fuat. (2012), “Revisiting the subculture: Fragmentation of the social and the venue for contemporary consumption,” *Advances in Consumer Research*, 30, p. 558.

Vaidhyanathan, Siva (2011), *The Googlizaion of Everything: And Why We Should Worry*, University of California Press.（久保儀明訳『グーグル化の見えざる代償：ウェブ・書籍・知識・記憶の変容』インプレスジャパン，2012 年。）

Wagner, Richard K. (1987), “Tacit knowledge in everyday intelligent behavior,” *Journal of Personality and Social Psychology*, 52 (6), pp. 1236–1247.

Walters, J. E. (1931), “Seniors as counsellors,” *Journal of Higher Education*, Vol. 2, pp. 446–448.

Watson, John B. (1962), *Behaviorism*, Chicago University Press.（安田一郎訳『行動主義の心理学』河出書房，1980 年。）

Weick, Karl E. (1995), *Sensemaking in Organizations*, Sage Publications.（遠田雄志・西本直人訳『センスメーキングインオーガニゼーションズ』文眞堂，2001 年。）

Wittwer, Jörg and Alexander Renkl (2010), “How Effective are Instructional Explanations in Example-Based Learning A Meta-Analytic Review,” *Educational Psychology Review*, 22, pp. 393–409.

Woods, Donald R. (1994), *Problem-based Learning: How to Gain the Most from PBL*, W L Griffen Printing.（新道幸恵訳『PBL　Problem-based Learnin：判断能力を高める主体的学習』医学書院，2001 年。）

Woollacott, Laurie, Shirley Booth and Ann Cameron (2014), “Knowing your students in large diverse classes,” *Higher Education*, 67 (6), pp. 747–760.

Yeager, David S. (2019), “The National Study of Learning Mindsets, [United States], 2015-2016 (ICPSR 37353) [Data set],” *Interuniversity Consortium for Political and Social Research*.

Yeager, David S., Jamie M. Carroll, Jenny Buontempo, Andrei Cimpian, Spencer Woody, Robert Crosnoe, Chandra Muller, Jared Murray, Pratik Mhatre, Nicole Kersting, Christopher Hulleman, Molly Kudym, Mary Murphy, Angela Lee Duckworth, Gregory M. Walton and Carol S. Dweck (2022), “Teacher Mindsets Help Explain Where aGrowth-Mindset Intervention Does and Doesn't Work,” *Psychological Science*, 33 (1), pp. 18–32.

Yin, R. K. (1994), *Case Study Research: Design and Methods*, 2nd ed., SAGE Publications.（近藤公彦訳『ケース・スタディの方法（第 2 版）』千倉書房，1996 年。）

Zwaan, Rolf A. (2014), “Embodiment and language comprehension: reframing the discussion,” *Trends in Cognitive Sciences*, Vol. 18, pp. 229–234.

青木幸弘（2015）『ケースに学ぶマーケティング』有斐閣。

青島矢一（2008）「全体観の欠如と個性の罠」青島矢一編著『企業の錯誤／教育の迷走：人材育成の「失われた 10 年」』東信堂，184–195 頁。

阿部慶賀（2019）『創造性はどこからくるか：潜在処理，外的資源，身体性から考える』共立出版。

天野郁夫（2013）『大学改革を問い直す』慶應義塾大学出版会。
新井紀子（2018）『AI vs 教科書が読めない子どもたち』東洋経済新報社。
新井紀子（2019）『AI に負けない子どもを育てる』東洋経済新報社。
安西祐一郎（1985）『問題解決の心理学：人間の時代への発想』中公新書。
生田久美子（2007）『「わざ」から知る』東京大学出版会。
生田久美子・北村勝朗編著（2011）『わざ言語』慶應義塾大学出版会。
池尾恭一（2015）『マーケティング・ケーススタディ』碩学舎。
池尾恭一（2021）『ポストコロナのマーケティング・ケーススタディ』碩学舎。
池尻良平・池田めぐみ・田中聡・鈴木智之・城戸楓・土屋裕介・今井良・山内祐平（2021）「経験学習の測定時における因子構造の考察：若年労働者を対象とした調査をもとに」『日本教育工学会論文誌』45（2），247–255 頁。
石井淳蔵（1983）『流通におけるパターと対立』千倉書房。
石井淳蔵（1993）『マーケティングの神話』日本経済新聞社。
石井淳蔵（2001）「マーケティングを研究するとは，何を研究することか」石井淳蔵編著『マーケティング』八千代出版，3–23 頁。
石井淳蔵（2005）「序」石井淳蔵・大西潔編著『マーケティング・クリエイティブ　第 1 巻』中央経済社。
石井淳蔵（2009）『マーケティング・インサイト』岩波新書。
石井淳蔵（2023）「研究の思い出」『マーケティング史研究』第 2 巻第 1 号，45–50 頁。
石井淳蔵・大西潔編著（2005）『マーケティング・クリエイティブ　第 1 巻』中央経済社。
石井淳蔵・栗木契・嶋口充輝・余田拓郎（2013）『ゼミナール　マーケティング入門〔第 2 版〕』日本経済新聞社。
石井淳蔵・廣田章光・清水信年（2020）『1 からのマーケティング〔第 4 版〕』碩学舎。
石井英貴（2010）「学力論議の現在：ポスト近代社会における学力の論じ方」松下佳代編著『〈新しい能力〉は教育を変えるか：学力・リテラシー・コンピテンシー』ミネルヴァ書房，141–178 頁。
石原武政・竹村正明・細井謙一編著（2018）『1 からの流通論〔第 2 版〕』碩学舎。
石原武政・矢作敏行編（2004）『日本の流通 100 年』有斐閣。
泉美貴・小林直人（2019）「アクティブ・ラーニングとは（総論）」『薬学教育』第 3 巻，1–5 頁。
伊丹敬之・加護野忠男（2022）『ゼミナール経営学入門〔新装版〕』日本経済新聞社。
今井むつみ（1997）『言葉の学習のパラドックス』共立出版。
今井むつみ（2010）『ことばと思考』岩波新書。
今井むつみ（2013）『ことばの発達の謎を解く』ちくまプリマー新書。
今井むつみ（2016）『学びとは何か：〈探究人〉になるために』岩波新書。
今井むつみ（2020）『親子で育てることば力と思考力』筑摩書房。
今井むつみ・秋田喜美（2023）『言語の本質：ことばはどう生まれ，進化したか』中公新書。
今井むつみ・楠見孝・杉村伸一郎・中石ゆうこ・永田良太・西川一二・渡部倫子（2022）『算数文章題が解けない子どもたち：ことば・思考の力と学力不振』岩波書店。
今井むつみ・野島久雄・岡田浩之（2012）『新・人が学ぶということ：認知学習論からの視点』北樹出版。

今井むつみ・針生悦子（2000）「語意学習メカニズムにおける制約の役割とその生得性」今井むつみ編著『心の生得性』共立出版，131-171 頁。
今井むつみ・針生悦子（2007）『レキシンコンの構築』岩波書店。
今井むつみ・針生悦子（2014）『言葉を覚えるしくみ』ちくま学芸文庫。
入山章栄（2019）『世界標準の経営理論』ダイヤモンド社。
薄井和夫（2023）「わが国商業学の夜明け前：19 世紀末著作に見る商業学形成の準備状況」『マーケティング史研』第 2 巻第 1 号，3-23 頁。
内田和成（2006）『仮説思考：BCG 流　問題発見・解決の発想法』東洋経済新報社。
内田和成（2010）『論点思考』東洋経済新報社。
内田和成（2018）『右脳思考』東洋経済新報社。
内村直之・植田一博・今井むつみ・川合伸幸・嶋田総太郎・橋田浩一（2016）『はじめての認知科学』新曜社。
浦坂純子・西村和雄・平田純一・八木匡（2002）「数学学習と大学教育・所得・昇進：『経済学部出身者の大学教育とキャリア形成に関する実態調査』に基づく実証分析」『日本経済研究』第 46 巻第 46 号，22-43 頁。
大磯正美（1996）『「大学」は，ご臨終』徳間書店。
大江朋子（2016）「身体と外界の相互作用から醸成される社会的認知」『実験社会心理学研究』第 55 巻第 2 号，111-118 頁。
大竹文雄（2010）『競争と公平感：市場経済の本当のメリット』中公新書。
太田直子（2007）『字幕屋は銀幕の片隅で日本語が変だと叫ぶ』光文社新書。
太田信夫・厳島行雄編（2011）『記憶と日常』北大路書房。
大野耐一（1978）『トヨタ生産方式：脱規模の経営をめざして』ダイヤモンド社。
大林小織・石原俊彦（2021）「高等教育の市場化における教育サービス・マーケティング：価値共創の視点から」『ビジネス&アカウンティングレビュー』28 号，99-116 頁。
大山牧子・畑野快（2023）「授業の経験に対するリフレクションと学習成果の関連：大学生を対象としたリフレクション尺度の開発を通して」『日本教育工学論文誌』第 47 巻第 2 号，217-228 頁。
小方直幸（2011）「大学生の学力と仕事の遂行能力」『日本労働研究雑誌』No. 614，28-38 頁。
岡本哲弥（2011）「産学連携による陶器の商品開発：マーケティングの実践教育として」，『経済教育』30 号，23-29 頁。
小川孔輔（2009）『マーケティング入門』日本経済新聞出版社。
小川勤（2017）「アクティブ・ラーニング論考：アクティブ・ラーニングの本質と課題を考える」『山口大学教育機構「大学教育」』第 14 号，1-9 頁。
小具龍史（2021）「経営系大学生を対象とした AL（Active Learning）型マーケティング教育の効果に関する実証的研究：非経営系大学生との比較分析結果を中心として」『国際政経論集』27 号，49-64 頁。
小澤亘（2017）「『観光』をキーワードとする連携教育プログラムの実践：産社らしいアクティブ・ラーニングを求めて」『立命館産業社会論集』53 巻，7-27 頁。
音部大輔（2021）『The Art of Marketing　マーケティングの技法：パーセプションフロー・モデル全解説』宣伝会議。

音部大輔（2023）『マーケティングの扉：経験を知識に変える一問一答』日経 BP。
小樽商科大学ビジネススクール編（2020）『MBA のためのケース分析〔三訂版〕』同文舘出版。
小野和宏・松下佳代（2015）「教室と現場をつなぐ PBL」松下佳代・京都大学高等教育研究開発推進センター編著『ディープ・アクティブラーニング』勁草書房，215-240 頁。
小野和宏・松下佳代・斎藤有吾（2020）「PBL カリキュラムにおける長期的な学習成果の直接評価：新潟大学歯学部でのパフォーマンス評価の縦断研究にもとづいて」『京都大学高等教育研究』第 26 号，1-12 頁。
小野和宏・松下佳代・斎藤有吾（2023）「専門教育で身につけた問題解決スキルの汎用性の検討：遠い移転に着目して」『日本教育工学会論文誌』47（1），27-46 頁。
恩藏直人・M. Joseph Sirgy・J. S. Johar・芳賀康浩（2003）「日本のマーケティング教育者の倫理観」『マーケティング・ジャーナル』第 23 巻第 2 号，42-56 頁。
恩蔵直人・坂下玄哲学編（2023）『マーケティングの力：最重要概念・理論枠組み集』有斐閣。
恩蔵直人・冨田健司編著（2022）『1 からのマーケティング分析〔第 2〕』碩学舎。
加護野忠男・吉村典久（2012）『1 からの経営学〔第 2 版〕』碩学舎。
金井壽宏（2002）『働くひとのためのキャリア・デザイン』PHP 新書。
金井壽宏・楠見孝（2012）『実践知：エキスパートの知性』有斐閣。
金丸輝康・坂田隆文・竹村正明（2022）「独創的商品企画の構造的抑圧問題に関する試論」『大阪学院大学　商・経営学論集』第 48 巻第 1 号，1-28 頁。
金子元久（2007）『大学の教育力：何を教え，学ぶか』ちくま新書。
亀倉正彦（2016）『失敗事例から学ぶ大学でのアクティブラーニング』東信堂。
苅谷剛彦（2001）『階層化日本と教育危機：不平等再生産から意欲格差社会』有信堂高文社。
苅谷剛彦（2002）『教育改革の幻想』ちくま新書。
苅谷剛彦（2005）『学校って何だろう：教育の社会学入門』ちくま文庫。
苅谷剛彦（2008）『教育再生の迷走』筑摩書房。
苅谷剛彦（2009）『教育と平等：大衆教育社会はいかに生成したか』中公新書。
苅谷剛彦（2012a）『アメリカの大学・ニッポンの大学：TA・シラバス・授業評価』中公新書ラクレ。
苅谷剛彦（2012b）『イギリスの大学・ニッポンの大学：カレッジ，チュートリアル，エリート教育』中公新書ラクレ。
苅谷剛彦（2013）『なぜ教育論争は不毛なのか：学力論争を超えて』中公新書クラレ。
苅谷剛彦（2014）『〔増補〕教育の世紀：大衆教育社会の源流』ちくま学芸文庫。
苅谷剛彦（2018）「誰のための，何のための研究評価か：文系研究の日本的特徴」『学術の動向』24-29 頁。
苅谷剛彦（2019）『追いついた近代　消えた近代：戦後日本の自己像と教育』岩波書店。
苅谷剛彦（2020a）「教育改革神話を解体する」『中央公論』2020 年 2 月号，42-54 頁。
苅谷剛彦（2020b）『コロナ後の教育へ：オックスフォードからの提唱』中公新書ラクレ。
苅谷剛彦・吉見俊哉（2020）『大学はもう死んでいる？：トップユニバーシティーからの問題提起』集英社新書。
苅谷夏子（2012）『大村はま：優劣のかなたに』ちくま学芸文庫。
河合隼雄（1996）『臨床教育学入門』岩波書店。

上林憲雄（2017）「神戸大学 MBA で学ぶ」，『日本労務学会誌』Vol. 18，No. 2，30-47 頁。
吉川徹（2006）『学歴と格差・不平等：成熟する日本型学歴社会』東京大学出版会。
絹川正吉（2006）『大学教育の思想：学生課程教育のデザイン』東信堂。
楠木建（1995）「大学での知的トレーニング：アタマがナマっている人へのメッセージ」『一橋論叢』第 113 巻第 4 号，399-419 頁。
楠木建（2013）『経営センスの論理』新潮新書。
楠見孝（2003）「暗黙知：経験による知恵とは何か」小口孝司・楠見孝・今井芳昭編著『エミントン・ホワイト：ホワイトカラーへの産業・組織心理学からの提言』北王子書房，6-24 頁。
楠見孝（2014）「ホワイトカラーの熟達化を支える実践知の獲得」『組織科学』第 48 巻 2 号，6-15 頁。
楠見孝（2018）「熟達化としての叡智：叡智知識尺度の開発と適用」『心理学評論』第 61 巻 3 号，251-271 頁。
楠見孝（2020）「熟達したホワイトカラーの実践的スキルとその継承における課題」『日本労働研究雑誌』第 62 巻 11 号，85-98 頁。
倉島哲（2007）『身体技法と社会学的認識』世界思想社。
栗田佳代子・日本教育研究イノベーションセンター編著（2017）『インタラクティブ・ティーチング：アクティブ・ラーニングを促す授業づくり』川合出版。
呉羽真（2021）「身体化された心の哲学と知能ロボティクス」『日本ロボット学会誌』第 39 巻第 1 号，28-33 頁。
呉羽真（2022）「オンラインの身体性」『認知科学』第 29 巻第 2 号，158-162 頁。
黒田龍之介（2004）『はじめての言語学』講談社現代新書。
国立大学法人お茶の水女子大学（2018）「保護者に対する調査の結果と学力等との関係の専門的な分析に関する調査研究」（https://www.nier.go.jp/17chousa/pdf/17hogosha_factorial_experiment.pdf）。
小坂井敏晶（2017）『答えのない世界を生きる』祥伝社。
小坂井敏晶（2023）『矛盾と創造：自らの問いを解くための方法論』祥伝社。
小杉礼子（2010）『若者と初期キャリア：「非典型」からの出発のために』勁草書房。
後藤こず恵・川合宏之（2016）「高大連携事業における商品開発の取り組み：明石商業高等学校の実践を通して」『流通科学大学論叢』第 29 巻第 1 号，177-191 頁。
後藤文彦監修，伊吹勇亮・木原麻子編著（2017）『課題解決型授業への挑戦』ナカニシヤ出版。
小林敬一（2020）「他の学習者に教えることによる学習はなぜ効果的なのか？」『教育心理学研究』68，401-414 頁。
小林雅之・濱中義隆・劉文君（2013）「大学進学と学費負担構造に関する研究：高校生保護者調査 2012 年から」日本高等教育学会第 16 回大会 III-5「大学進学」部会報告資料。
小山理子（2016）「ブライダルをテーマにした PBL」溝上慎一・成田秀夫編著『アクティブラーニングとしての PBL と探究的な学習』東信堂，106-119 頁。
齊藤萌木（2016）「科学の深い理解を支援するアクティブ・ラーニング」『大学の物理教室』22 号，71-74 頁。
斉藤有吾・小野和宏・松下佳代（2015）「PBL の授業における学生の問題解決能力の変容に影響を与える学習プロセスの検討」『大学教育学会誌』37（2），124-133 頁。

酒井敏（2019）『京大的アホがなぜ必要か：カオスな世界の生存戦略』集英社新書。
坂井建雄（2011）「19世紀における臨床医学書の進化」『日本医史学雑誌』第57巻第1号，19-37頁。
坂田隆文（2000）「消費者行動論におけるマクロ研究の現状と課題」神戸大学大学院経営学研究科修士学位論文。
坂田隆文（2001）「マクロ消費研究の意義と展望」『流通研究』第4巻第2号，49-60頁。
坂田隆文（2003）「マーケティング志向の成長戦略：オタフクソース株式会社」『マーケティング・ジャーナル』第90号，125-137頁。
坂田隆文（2005）「ソースを売らないソース会社」石井淳蔵・大西潔編著『マーケティング・クリエイティブ〔第1巻〕』碩学舎，33-48頁。
坂田隆文（2012）「顧客ニーズの確認」西川英彦・廣田章光編著『1からの商品企画』碩学舎。
坂田隆文（2015）「井村屋株式会社：商品企画を通した市場創造」『総合政策フォーラム』第10号，33頁。
坂田隆文（2016）「マーケティングの戦略展開：花王ヘルシア緑茶」石井淳蔵・廣田章光・坂田隆文編著『1からのマーケティング・デザイン』碩学舎，167-179頁。
坂田隆文（2021a）「商品企画論という新研究領域：その必要性」『総合政策論叢』第12号，67-78頁。
坂田隆文（2021b）「商品を企画するとは何をすることか」『総合政策論叢』第12号，79-92頁。
坂田隆文（2021c）「中小BtoB企業による産学連携型商品企画によるブランド構築」日本マーケティング学会ワーキングペーパー，Vol. 8，No. 5。
坂田隆文（2022a）「株式会社五合：BtoB企業における産学連携によるBtoC商品の企画発売」慶應義塾大学ビジネス・スクール＃90-21-15403。
坂田隆文（2022b）「マーケティング教育の実態と課題に関する問題提起」日本マーケティング学会ワーキングペーパー，Vol. 9，No. 2。
坂田隆文（2023a）「商品コンセプトがもつ意味とその理論的課題」『総合政策論叢』第14号，43-60頁。
坂田隆文（2023b）「マーケティング論における教育困難性に関する試論」『総合政策論叢』第14号，61-78頁。
坂田隆文（2023c）「マーケティング・スキーマの解消によるマーケティング教育効果の進展」日本マーケティング学会ワーキングペーパー，Vol. 9，No. 10。
坂田隆文（2023d）「大規模教室でマーケティングを教えられなくなる日」日本マーケティング学会ワーキングペーパー，Vol. 9，No. 11。
坂田隆文（2024）「マーケティング教育におけるフラグメンテーション問題」『総合政策論叢』第15号，1-16頁。
坂田隆文・金丸輝康・竹村正明（2023）「経営知識移転論を用いたマーケティング学教育成果の理論枠組み」『総合政策論叢』第14号，79-96頁。
佐々木恭志郎・米満文哉・山田祐樹（2019）「利き手側の良さ：事前登録されたCasasannto（2009）の直接的追試」『心理学評論』62巻3号，262-271頁。
佐々木千穂（2012）「観察法」西川英彦・廣田章光編著『1からの商品企画』碩学舎，37-56頁。
笹谷康之・吉川敦文・宮内隆行（2017）「大学生のアクティブ・ラーニングを支援する『まちづ

くりマップ』の開発」『地理情報システム学会学術研究発表大会講演論文集』27 巻。
佐藤郁哉（2006）『フィールドワーク：書を持って街へ出よう』新曜社。
佐藤郁哉（2008）『質的データ分析法：原理・方法・実践』新曜社。
佐藤郁哉（2010）『フィールドワークの技法』新曜社。
佐藤郁哉（2019）「Syllabus とシラバスのあいだ：大学改革をめぐる実質化と形骸化のミスマネジメント・サイクルを越えて」『同志社商学』第 71 巻第 1 号，23-64 頁。
佐藤郁哉編（2018）『50 年目の「大学解体」20 年後の大学再生』京都大学学術出版会。
佐藤智彦・三田地真実・岡田徹太郎（2019）「大学経済学専門科目の『大人数講義型授業』における『アクティブ・ラーニング型授業』導入効果の検証」『京都大学高等教育研究』第 25 号，1-12 頁。
佐藤学（2009）「学力問題の構図と基礎学力の概念」東京大学学校教育高度化センター編『基礎学力を問う：21 世紀日本の教育への展望』東京大学出版会，1-32 頁。
佐藤善信（2011）「経営学の理論は現場で役に立つのか？」『ビジネス＆アカウンティングレビュー』第 7 号，1-18 頁。
佐藤善信監修・髙橋広行・徳山美津恵・吉田満梨著（2015）『ケースで学ぶケーススタディ』同文館出版。
佐藤章（2023）『湖池屋の流儀：老舗を再生させたブランディング戦略』中央公論新社。
佐野享子（2003）「大学院における高度専門職業人養成のための経営教育の授業法に関する実証的研究：ケースメソッド授業がめざす経営能力の育成とその方法に焦点を当てて」『大学研究』第 26 号，93-116 頁。
佐野享子（2009）「大学マーケティング導入期におけるマーケティング概念の形成と意味」『筑波大学教育学系論集』第 33 集，69-81 頁。
佐野享子（2018）「大学主体の商品開発へのラテラル・マーケティング適用の可能性」『筑波大学大学研究センター大学研究』No. 45，49-63 頁。
柴田典子・永松陽明・芹澤美智子（2018）「大学マーケティング教育における商品開発プロセスの構築」『横浜市立大学論叢社会科学系列』Vol. 70，No. 3，59-80 頁。
澁谷覚（2009）「マーケティング研究におけるケース・スタディの方法論」嶋口充実監修『マーケティング科学の方法論』白桃書房，111-139 頁。
島一則（2018）「大学教育の効用：平均と分散：低偏差値ランク私立大学に着目して」『個人金融』13 巻 3 号，22-32 頁。
島一則（2021）「大学ランク・学部別の大学教育投資収益率についての実証的研究：大学教育投資の失敗の可能性に着目して」『名古屋高等教育研究』第 21 号，167-183 頁。
菅山真次（2011）『「就社」社会の誕生：ホワイトカラーからブルーカラーへ』名古屋大学出版会。
菅原和孝編著（2013）『身体化の人類学：認知・記憶・言語・他者』世界思想社。
鈴木宏昭（2004）「創造的問題解決における多様性と評価：洞察研究からの知見」『人工知能学会論文誌』19 巻 2 号，145-153 頁。
鈴木宏昭（2013）「問題解決」藤永保監修『最新心理学事典』平凡社，711-714 頁。
鈴木宏昭（2016）『教養としての認知科学』東京大学出版会。
鈴木宏昭（2017）「教育ごっこを超える可能性はあるのか？：身体化された知の可能性を求め

て」大学教育学会2016年度課題研究集会開催校企画シンポジウム「学び方・考え方の転換：知識伝達をこえた大学教育と支援」。
鈴木宏昭（2020a）『類似と思考〔改訂版〕』ちくま学芸文庫。
鈴木宏昭（2020b）『認知バイアス：心に潜むふしぎな働き』講談社ブルーバックス。
鈴木宏昭（2022）『私たちはどう学んでいるのか』ちくまプリマー新書。
諏訪正樹（2016）『「こつ」と「スランプ」の研究：身体知の認知科学』講談社選書メチエ。
諏訪正樹（2018）『身体が生み出すクリエイティブ』ちくま新書。
諏訪正樹・大武美保子（2017）「生活と身体知」『人工知能』第32巻第2号，247-254頁。
妹尾麻美（2023）『就活の社会学：大学生と「やりたいこと」』晃洋書房。
惣脇宏（2019）「エビデンスに基づく教育：歴史・現状・課題」『教育行財政研究』第46号，19-24頁。
高岡浩三（2022a）『イノベーションの道場：極限まで思考し，人を巻き込む極意』幻冬舎。
高岡浩三（2022b）『問題発見の教科書』朝日新聞出版。
髙木晴夫・竹内伸一（2006）『実践！日本型ケースメソッド教育』ダイヤモンド社。
髙木晴夫・竹内伸一（2010）『ケースメソッド教授法入門：理論・技法・演習・ココロ』慶應義塾大学出版会。
髙橋広行（2014）「社会に役立つ学生の成長のために：実学（産学連携企画）を通じたゼミ活動」『流通科学大学教育支援センター紀要』第1号，13-36頁。
武市祥司・田中吉史・竹内諭・神宮英夫（2017）「地域店舗と協同する教授型・問題解決型のアクティブ・ラーニングの取組」『工学教育』65巻6号，113-117頁。
竹内伸一（2013）「ケースメソッド教育の実践を支える組織的サポートに関する研究：ハーバード・ビジネス・スクールと慶應義塾大学ビジネス・スクールの事例から」『広島大学大学院教育学研究科紀要』第三部第62号，69-78頁。
竹内伸一（2015）「ケースメソッド教育の思想と機構に関する研究：その組織的実践の起源・伝承・変容」広島大学大学院教育学研究科教育人間科学専攻博士学位論文。
竹内洋（1995）『日本のメリトクラシー：構造と心性』東京大学出版会。
竹内弘高（1989）「ケース・メソッドを考える」『一橋論叢』第99巻第4号，455-472頁。
竹村正明（2002）「ケースメソッド：思考プロセスの事前経験」『彦根論叢』334号，199-220頁。
竹村正明（2021a）「大学の教養教育成果は経営の実践で，これほど役にたつ」『明大商學論叢』103（3），15-37頁。
竹村正明（2021b）「書評：小川進・北村裕花『はじめてのマーケティング』千倉書房」『明大商学論叢』第102巻第2号，119-143頁。
橘木俊詔（2010）『日本の教育格差』岩波新書。
田中幸治（2014）「高等学校における商業教育の変遷とその課題：昭和23年以降の教育（各改訂学習指導要領の比較による）について」『総合文化研究』第20巻第2号，19-44頁。
田中敬幸・藤野真也（2015）「経営学におけるアクティブ・ラーニング：ビジネスゲームの教育効果の検証」『麗澤経済研究』22巻22号，15-27頁。
谷口忠大（2016）「記号創発問題：記号創発ロボティクスによる記号接地問題の本質的解決に向けて」『人工知能』第31巻第1号，74-81頁。
谷口忠大（2020）『心を知るための人工知能：認知科学としての記号創発ロボティクス』共立出

版。
田村正紀（2006）『リサーチ・デザイン：経営知識創造の基本技術』白桃書房。
田村正紀（2015）『経営事例の質的比較分析：スモールデータで因果を探る』白桃書房。
田村正紀（2016）『経営事例の物語分析：栄枯盛衰のダイナミクスをつかむ』白桃書房。
為末大・今井むつみ（2023）『ことば，身体，学び：「できるようになる」とはどういうことか』扶桑社新書。
丹羽雅之（2016）「岐阜大学の医療系 PBL」溝上慎一・成田秀夫編著『アクティブラーニングとしての PBL と探究的な学習』東信堂，89-105 頁。
土屋守章（1974）『ハーバード・ビジネス・スクールにて』中公新書。
寺尾敦・楠見孝（1998）「数学的問題解決における転移を促進する知識の獲得について」『教育心理学研究』第 46 巻，461-472 頁。
徳山美津恵（2015）「ケースメソッドの進め方 2：授業の準備と進行」佐藤善信監修，髙橋広行・徳山美津恵・吉田満梨著『ケースで学ぶケーススタディ』同文館出版，174-188 頁。
戸田山和久（2002）『知識の哲学』産業図書。
戸田山和久（2005）『科学哲学の冒険：サイエンスの目的と方法をさぐる』NHK 出版。
戸田山和久（2020）『教養の書』筑摩書房。
苫野一徳（2011）『どのような教育が「よい」教育か』講談社選書メチエ。
苫野一徳（2014）『教育の力』講談社現代新書。
苫野一徳（2022）『学問としての教育学』日本評論社。
豊永耕平（2018）「大学での専攻分野を通じた不平等生成メカニズムに関する研究：社会階層と専攻分野の関連に着目して」『東京大学大学院教育学研究科紀要』第 56 巻，129-138 頁。
中沢康彦（2010）『星野リゾートの教科書：サービスと利益　両立の法則』日経 BP。
中沢康彦（2023）『教科書経営：本が会社を強くする』日経 BP。
中島英博（2015）「事例から学ばせる」中井俊樹編著『シリーズ大学の教授法 3　アクティブラーニング』玉川大学出版部，131-141 頁。
中園篤典・谷川裕稔（2018）『アクティブラーニング批判的入門：大学における学習支援への挑戦 4』ナカニシヤ出版。
中原淳（2010）『職場学習論』東京大学出版会。
中原淳（2012）『経営学習論』東京大学出版会。
中原淳（2014）『研修開発入門：会社で「教える」，競争優位を「つくる」』ダイヤモンド社。
中原淳・溝上慎一編著（2014）『活躍する組織人の探求：大学から企業へのトランジション』東京大学出版会。
中原淳・島村公俊・鈴木英智佳・関根雅泰（2018）『研究開発入門「研修転移」の理論と実践』ダイヤモンド社。
中原淳・関根雅泰・島村公俊・林博之（2022）『研修開発入門「研修評価」の教科書：「数字」と「物語」で経営・現場を変える』ダイヤモンド社。
中村丈洋・大星航・小濱翔太・行正信康・上野一郎（2018）「保険医療教育におけるアクティブ・ラーニングとしての学生主導型授業および反転授業」『香川県立保健医療大学雑誌』第 9 巻，9-14 頁。
中村高康（2011）『大衆化とメリトクラシー：教育選抜をめぐる試験と推薦のパラドクス』東京

大学出版会。
中村高康・平沢和司・荒牧草平・中澤渉編（2018）『教育と社会階層：学歴・学校・格差』東京大学出版会。
中村美智太郎・鎌塚優子・竹内伸一編著（2022）『探求的な学び×ケースメソッド』学事出版。
中村雄二郎（1992）『臨床の知とは何か』岩波新書。
中室牧子（2017）『「学力」の経済学』ディスカヴァー・トゥエンティワン。
永守重信（2022）『大学で何を学ぶか』小学館新書。
難波功士（2014）『「就活」の社会史：大学は出たけれど・・・』祥伝社新書。
沼上幹（2011）『戦略分析ケースブック』東洋経済新報社。
野家啓一（2015）『科学哲学への招待』ちくま学芸文庫。
野崎華世・樋口美雄・中室牧子・妹尾渉（2018）「親の所得・家庭環境と子どもの学力の関係：国際比較を考慮に入れて」NIER Discussion Paper Series，No. 008。
野中郁次郎（1990）『知識創造の経営：日本企業のエピステモロジー』日本経済新聞社。
野中郁次郎（2003）『知識創造の方法論』東洋経済新報社。
野村幸正（1999）『臨床認知科学』関西大学出版部。
箱田裕司・都築誉史・川畑秀明・萩原滋（2010）『認知心理学』有斐閣。
橋田浩一・嶋田総太郎・今井むつみ（2016）「仮説検証サイクルと記号接地」『Cognitive Studies』23（1），65-73頁。
服部泰宏（2016）『採用学』新潮選書。
羽藤雅彦・後藤こず恵・東利一（2016）「マーケティング人材育成プログラムの教育効果」『流通科学大学高等教育推進センター紀要』第1号，41-64頁。
濱中淳子・日下田岳史（2017）「教育の社会経済的効果をめぐる研究の展開」『教育社会学研究』第101巻，185-214頁。
濱中義隆（2007）「現代大学生の就職活動プロセス」小杉礼子編『大学生の就職とキャリア：「普通」の就活・個別の支援』勁草書房，17-49頁。
平石界・中村大輝（2021）「心理学における再現性危機の10年：危機は克服されたのか，克服され得るのか」『科学哲学』52巻2号，27-50頁。
廣田章光（2022）『デザイン思考』日本経済新聞出版。
広田照幸（2011）「能力にもとづく選抜のあいまいさと恣意性：メリトクラシーは到来していない」宮寺晃夫編『再検討　教育機会の平等』岩波書店，247-272頁。
広田照幸（2015）『教育は何をなすべきか』岩波書店。
広田照幸（2022）『学校はなぜ退屈でなぜ大切なのか』ちくまプリマー新書。
平沢和司（2014）『格差の社会学入門：学歴と階層から考える』北海道大学出版会。
福島真人（2009）「暗黙知再考：その由来と理論的射程」『インターナショナルナーシングレビュー』第32巻第4号，19-22頁。
藤波努（2017）「特集『身体知の発展』にあたって」『人工知能』第32巻第2号，214頁。
藤本隆宏（2003）「Field-Based Research Methods（FBRM）：実証研究の方法論」『赤門マネジメント・レビュー』2巻5号，177-204頁。
本田由紀（2005a）『多元化する「能力」と日本社会：ハイパー・メリトクラシー化のなかで』NTT出版。

本田由紀（2005b）『若者と仕事：「学校経由の就職」を超えて』東京大学出版会。
本田由紀（2009）『教育の職業的意義：若者，学校，社会をつなぐ』ちくま新書。
本田由紀（2014）『社会を結びなおす：教育・仕事・家族の連携へ』岩波ブックレット。
本田由紀（2020）『教育は何を評価してきたのか』岩波新書。
本田由紀編著（2018）『文系大学教育は仕事の役に立つのか：職業的レリバンスの検討』ナカニシヤ出版。
牧野幸志・吉田佐治子・久保貞也・鳥居祐介・小野晃正・米山雅紀・植杉大・柳沢学（2019）「大学におけるアクティブ・ラーニングの現状とその課題：実施状況と学部ごとの特徴」『摂南大学地域総合研究所報』4 号，83-92 頁。
牧野眞貴（2015）「英語リメディアル教育を必要とする大学生が考える理想の英語教師」『リメディアル教育研究』10 巻 1 号，62-70 頁。
松尾睦（2006）『経験からの学習：プロフェッショナルへの成長プロセス』同文舘出版。
松尾睦（2014）「経験から学ぶ能力を高める指導方法」『名古屋高等教育研究』第 14 号，257-276 頁。
松尾睦（2021）『仕事のアンラーニング：働き方を学びほぐす』同文館出版。
松岡亮二（2019）『教育格差：階層・地域・学歴』ちくま新書。
松繁寿和（2004）『大学教育効果の実証分析：ある国立大学卒業生たちのその後』日本評論社。
松下佳代編（2010）『〈新しい能力〉は教育を変えるか：学力・リテラシー・コンピテンシー』ミネルヴァ書房。
松下佳代（2014）「学習成果としての能力とその評価：ルーブリックを用いた評価の可能性と課題」『名古屋高等教育研究』第 14 号，235-255 頁。
松下佳代・石井英真編（2016）『アクティブラーニングの評価』東信堂。
松下佳代・京都大学高等教育研究開発推進センター編著（2015）『ディープ・アクティブラーニング』勁草書房
松下良平（2015）「エビデンスに基づく教育の逆説：教育の失調から教育学の廃棄へ」『教育学研究』第 82 巻第 2 号，16-29 頁。
松村亜矢子・坂田隆文・竹村正明（2023）「買い物難民の解消方法に関する比較研究の理論的枠組み」『中部大学リベラルアーツ論集』第 5 号，103-121 頁。
水野由香里（2016）「ケースメソッド教授法と PBL の導入によるサービス人材の育成」『サービソロジー』第 2 巻第 4 号，8-15 頁。
水野由香里・黒岩健一郎（2022）『ケース・メソッドの教科書：これさえ読めば授業・研修ができる』碩学舎。
溝上慎一（2009）「『大学生活の過ごし方』から見た学生の学びと成長の検討：正課・正課外のバランスのとれた活動が高い成長を示す」『京都大学高等教育研究』第 15 号，108-118 頁。
溝上慎一（2014）『アクティブラーニングと教授学習パラダイムの転換』東信堂。
溝上慎一（2016）「アクティブラーニングとしての PBL・探究的な学習の理論」溝上慎一・成田秀夫編著『アクティブラーニングとしての PBL と探究的な学習』東信堂，5-23 頁。
三谷尚澄（2017）『哲学しててもいいですか？：文学部不要論へのささやかな抵抗』ナカニシヤ出版。
道又爾・北崎充晃・大久保街亜・今井久登・山川恵子・黒沢学（2011）『認知心理学：知のアー

キテクチャを探る〔新版〕』有斐閣。
光永悠彦（2017）『テストは何を測るのか：項目反応理論の考え方』ナカニシヤ出版。
光永悠彦・西田亜希子（2022）『テストは何のためにあるのか：項目反応理論から入試制度を考える』ナカニシヤ出版。
武藤浩子（2023）『企業が求める〈主体性〉とは何か：教育と労働をつなぐ〈主体性〉言説の分析』東信堂。
望月正哉（2021）「概念は何に基盤化されているのか：身体化された認知と基盤化された認知に基づく概念処理と単語認知」『認知科学』第 28 巻第 4 号，629-641 頁。
森岡毅（2016）『USJ を劇的に変えた，たった 1 つの考え方：成功を引き寄せるマーケティング入門』角川書店。
森岡毅（2018）『マーケティングとは「組織革命」である。個人も会社も劇的に成長する森岡メソッド』日経 BP。
森嶋通夫（1985）『学校・学歴・人生：私の教育提言』岩波ジュニア新書。
守山正樹（2021）「統計学の本質に立ち返り身体化して学ぶ：新型コロナウイルス禍の下での遠隔教育の試み」『日本赤十字九州国際看護大学紀要』第 19 号，17-26 頁。
安井健悟・佐野晋平（2009）「教育が賃金にもたらす因果的な効果について：手法のサーヴェイと新たな推定」『日本労働研究雑誌』第 51 巻第 7 号，16-37 頁。
山口真子（2019）「知識の獲得と観察の理論負荷性」『Journal of Science and Philosophy』2 巻 1 号，37-72 頁。
山田忠彰監修・用語集「倫理」編集委員会編（2012）『用語集　倫理（最新第 2 版）』清水書院。
山田英夫（2017）『成功企業に潜むビジネスモデルのルール』ダイヤモンド社。
山田英夫（2019）『ビジネス・フレームワークの落とし穴』光文社新書。
山田浩之（2009）「ボーダーフリー大学における学生調査の意義と課題」『広島大学大学院教育学研究科紀要』3（58），27-35 頁。
山鳥重（2002）『「わかる」とはどういうことか：認識の脳科学』ちくま新書。
芳沢光雄（2020）『AI 時代に生きる数学力の鍛え方』東洋経済新報社。
吉田聡・尾碕眞・加藤千景（2021）「商業教育の現状と課題について」『AGU ビジネスレビュー』第 1 号，1-38 頁。
吉見俊哉（2016）『「文系学部廃止」の衝撃』集英社新書。
吉見俊哉（2020）『大学という理念：絶望のその先へ』東京大学出版会。
吉見俊哉（2021）『大学は何処へ：未来への設計』岩波新書。
余田拓郎・田嶋規雄・川北眞紀子（2020）『アクティブ・ラーニングのためのマーケティング・ショートケース』中央経済社。
若林隆久（2016）「PBL による大学生に対するキャリア教育と地域貢献」『地域政策研究』第 19 巻第 1 号，79-89 頁。
和田充夫（2006）「マーケティング研究における取材の技法：失敗と成功の軌跡」小池和男・洞口治夫編著『経営学のフィールド・リサーチ』日本経済新聞社，43-68 頁。
和辻哲郎（1964）『鎖国』筑摩選書。

索　引

【あ行】

【か行】

【さ行】

【た行】

【な行】

【は行】

【ま行】

著者紹介

坂田 隆文（さかた・たかふみ）

中京大学総合政策学部教授。博士（商学）。

1974年大阪生まれ。1998年滋賀大学経済学部卒業，2003年神戸大学大学院経営学研究科博士後期課程修了。2014年より現職。

日本マーケティング学会理事，同学会マーケティング教育研究会リーダー。

専攻はマーケティング論，流通論，商品企画論。

経済産業省認定「平成19年度産学連携による社会人基礎力の育成・評価事業」企画・運営担当講師，名古屋大学経済学部非常勤講師，名古屋市立大学経済学部非常勤講師，科学技術振興機構（JST）「研究成果展開事業 大学発新産業創出プログラム〈社会還元加速プログラム（SCORE）大学推進型（拠点都市環境整備型）〉」プログラム共同代表者，科学技術振興機構（JST）「大学発新産業創出プログラム（START）大学・エコシステム推進型スタートアップ・エコシステム形成支援」プログラム共同代表者。

主な受賞歴に，日本マーケティング学会マーケティングカンファレンス2021ベストポスター賞，日本マーケティング学会ワーキングペーパー2022トップダウンロード賞。

主な著書に，「顧客ニーズの確認」西川英彦・廣田章光編著『1からの商品企画』（碩学舎，2012年），「市場創造のための商品企画」『100万社のマーケティング（第3号）』（宣伝会議，2015年），『1からのマーケティング・デザイン』（石井淳蔵・廣田章光との共編著，碩学舎，2016年）等。

中京大学総合政策学部坂田隆文ゼミ HP
http://www.sakataseminar.jp/

マーケティング教育学

2024年 7月 1日　第1版第1刷発行　　検印省略
2024年10月15日　第1版第2刷発行

著　者　坂　田　隆　文
発行者　前　野　　　隆
発行所　株式会社　文　眞　堂
東京都新宿区早稲田鶴巻町533
電　話 03(3202)8480
FAX 03(3203)2638
https://www.bunshin-do.co.jp/
〒162-0041 振替00120-2-96437

印刷・モリモト印刷／製本・高地製本所

定価はカバー裏に表示してあります
ISBN978-4-8309-5259-3　C3034